高等职业教育商务类专业精品课程系列规划教材

货物学

HUOWUXUE

主 编 李云松 蒯晓蕾

苏州大学出版社
Soochow University Press

图书在版编目(CIP)数据

货物学 / 李云松，蒯晓蕾主编. — 苏州 ：苏州大学出版社，2025. 7（2025. 7 重印）. —（高等职业教育商务类专业精品课程系列规划教材）. — ISBN 978-7-5672-5240-0

Ⅰ. F252

中国国家版本馆 CIP 数据核字第 202539QE09 号

书　　名：货物学

主　　编：李云松　蒯晓蕾
责任编辑：施小占
封面设计：刘　俊

出版发行：苏州大学出版社(Soochow University Press)
社　　址：苏州市十梓街 1 号　**邮编**：215006
印　　装：镇江文苑制版印刷有限责任公司
网　　址：www. sudapress. com
邮　　箱：sdcbs@suda. edu. cn
邮购热线：0512-67480030
销售热线：0512-67481020

开　　本：787 mm×1 092 mm　1/16　**印张**：15. 25　**字数**：325 千
版　　次：2025 年 7 月第 1 版
印　　次：2025 年 7 月第 2 次印刷
书　　号：ISBN 978-7-5672-5240-0
定　　价：58. 00 元

前言

Preface

随着全球经济一体化的深入发展，物流行业在现代经济体系中的地位日益凸显。作为物流管理的重要组成部分，货物学不仅是物流管理专业的核心课程之一，更是现代物流从业人员必须掌握的基础知识。货物学的研究对象是物流过程中所涉及的各种货物，涵盖了货物的分类、质量、检验、包装、储存、养护等多个方面。通过对货物学的系统学习，学生能够全面了解货物的特性、管理要求以及相关技术标准，从而为从事物流管理工作奠定坚实的理论基础和实践技能。

本书在借鉴和吸收国内外先进的货物学基础理论和最新研究成果的基础上，以现代物流管理专业的需求为导向，结合行业和教学实际，采用项目任务式的结构，以实际工作任务为导向，通过任务驱动方式，引导学生主动学习，在理论与实践相结合的过程中，掌握货物学的基本知识和技能，培养学生的职业认同感，提高其解决实际问题的能力，为未来的职业发展打下坚实的基础。

本书注重实践性和应用性，结合了最新的职业教育理念及教学研究成果，具有以下特色：

(1) 任务驱动，实践导向。本书采用项目任务式的编写结构，以实际工作任务为导向，通过任务驱动的方式引导学生主动学习。

(2) 立足行业，贴近实际。本书紧密结合现代物流行业的最新发展趋势和实际需求，并参考了国内外最新的行业标准和研究成果，确保内容的实用性和前沿性。

(3) 理实融合，提升能力。本书注重理论与实践的结合，帮助学生将理论知识应用于实际问题的解决，提升综合能力。

(4) 模块设计，灵活教学。本书采用模块化的编写方式，教师可根据教学需求灵活调整教学内容和进度，满足个性化学习需求。

为方便教学，本书配有丰富的配套教学资源，包括习题集、电子课件、电子教案等，欢迎登录苏州大学出版社网站(www. sudapress. com)下载。

本书的编写团队成员都是长期从事物流管理教学和研究的一线专业教师，在货物学领域有着丰富的教学经验。在编写过程中，团队充分考虑了现代物流行业的发展趋势和实际需求，力求使本书内容既符合学科前沿，又贴近行业实践。同时，本书还参考了国内外相关领域的最新研究成果和行业标准，确保内容的科学性和实用性。本书由李云松和蒯晓蕾老师担任主编，负责全书框架结构设计和统稿，具体分工如下：项目一由陈思老师负责编写，项目二由蒯晓蕾老师负责编写，项目三由陈蓉琪老师负责编写，项目四由赵晓君老师负责编写，项目五由陆一鸣老师负责编写，项目六由冒栾老师负责编写，项目七由马荣老师负责编写。本书在编写过程中得到了多位专家的支持和帮助，在此表示衷心的感谢。同时，苏州大学出版社为本书的出版提供了全方位的支持，特此致以最诚挚的感谢。

在本书编写过程中，编者参考、引用和改编了一些专家的研究成果及相关的网络资源，在此表示深深的感谢。

由于编者水平有限，书中难免存在一些不足之处，恳请广大读者予以指正，以便日后修订时改正。

编者

2025 年 2 月

目录 Contents

项目一 货物基本认知

项目导学

- 货物基本认知
  - 任务一　货物与货物学
    - 货物的含义
    - 货物的性质
    - 货物学的研究对象
    - 货物学的研究目的
  - 任务二　货物分类
    - 货物分类的概念
    - 货物分类的基本原则
    - 货物分类的方法
  - 任务三　货物编码
    - 货物编码的概念
    - 货物编码的原则
    - 货物编码的方法

任务一 货物与货物学

建议教学时数：2

学习目标

1. 知识目标

(1) 了解货物的基本概念；

(2) 掌握货物的基本性质。

2. 能力目标

(1) 能够正确区分货物、商品与产品；

(2) 能够正确判别货物的基本性质。

3. 素质目标

(1) 培养学生认真严谨的工作态度；

(2) 具备从事物流职业的基本素养。

案例导入

物流企业的转型与升级

某传统物流企业，在早期运营阶段主要依赖于人工操作和简单的信息管理系统来处理货物的收发、储存和运输。随着市场竞争的加剧和客户需求的多样化，该企业发现原有的运营模式已经无法满足市场的需求，急需进行转型与升级，以应对新的挑战。

为了应对市场需求的变化，该物流企业决定从货物管理入手，学习和掌握货物学的相关知识，了解货物的特性、分类方法和储存要求；掌握先进的货物管理技术和管理理念，优化货物管理流程，提高管理的效率和质量。于是，该企业引入了先进的货物管理系统，实现了对货物的实时监控和追踪；对员工进行货物学知识的培训，提高了员工的专业素质和操作技能；根据货物的特性和分类方法，对仓库进行重新规划和布局，提高了储存效率和货物安全性。

案例思考

1. 简要分析学习货物学知识对物流企业的作用。
2. 该物流企业转型后取得哪些效果？

分析提示

相关知识

一、货物的含义

（一）货物的概念

货物(cargo)通常是运输部门承运的各种原料、材料、工农业产品、商品以及其他产品的统称，凡是经由运输部门承运的物品，都称为货物。

（二）从物流的角度认识货物

现代物流以物的动态流转过程为主要研究对象，在国家标准物流术语中，将“物”称为物品(article)。物品在不同领域中有着不同的名称，在生产制造企业称为产品(product)；在商业领域称为商品(commodity)；当进入物流系统，由运输部门承运时，将其称为货物(cargo)。

（三）货物与产品、商品的区别

货物与产品、商品的区别如表 1-1 所示。

表 1-1 货物与产品、商品的区别

区别	货物	产品	商品
含义不同	交易、购买或出售的物品或商品	提供给市场，被人们使用和消费，能满足人们的某种需求	用于交换的劳动产品，具有价值和使用价值
领域不同	运输环节	生产环节	销售环节
用途不同	作为物流、仓储和运输等环节的对象	满足消费者的需求	作为交换的媒介，实现价值转移
范围不同	原材料、半成品或成品	自然界的产物（如农产品），或化学或工业过程的生成物（如药品、电子产品等）	具有使用价值和交换价值，满足人们某种需要的劳动产品
属性不同	价值属性	价值属性	交换属性

说一说

如何区分货物、产品和商品呢？

二、货物的性质

（一）货物的物理性质

1. 货物的物理性质的概念

货物的物理性质是指货物具有受外界的温度、湿度、阳光、雨水等因素的影响而发生物理变化的性质。货物发生物理变化时，虽不改变其本质，但会造成数量减少、质量降低甚至是损坏。

2. 货物发生物理变化的形式

在运输过程中，货物发生物理变化的形式主要有吸湿、散湿、吸味、散味、挥发、热变、膨胀、溶化、凝固、冻结等。

(1) 吸湿。吸湿是指货物吸附水蒸气或水分，从而导致货物发生质量变化的现象。货物的吸湿性主要受货物的化学成分和结构、货物蒸发水分的气压和空气的温湿度等因素的影响。如果货物的化学成分中含有亲水性基团（如蛋白质、糖、果酸等），则该类货物极易吸收水分；如果货物的结构为疏松多孔，如棉、麻、茶叶等，则具有较强的吸湿性。当货物表面水气压小于空气中水气压时，货物会吸湿；反之，货物会散湿。当空气温度较高，相对湿度较小时，货物易散发水分；当空气温度较低，相对湿度较大时，货物易吸收水分。

(2) 挥发。挥发是指液体货物表面迅速汽化从而变成气体散发到空气中的现象。易挥发的气体主要有汽油、原油、酒精等。通常当温度高、沸点低、空气流动速度快、液面大、空气压力小时，货物挥发的速度就快；某些固体货物可以直接升华，如硫黄、樟脑等。

(3) 热变。热变是低熔点的货物在超过一定温度范围后发生的形态变化，如软化、变形、粘连、熔化等。热变容易造成货损、货垛倒塌，沾污其他货物，从而影响装卸作业。如松香、橡胶、石蜡等低熔点的货物均易发生热变。

想一想

货物发生物理变化时，其本身的成分是否也发生变化？

（二）货物的机械性质

1. 货物的机械性质的概念

货物的机械性质是指货物的形态、结构在外力作用下发生机械变化的性质。货物的机械变化主要取决于货物的质量、形态与包装强度。货物在运输过程中所受的外力作用如表 1-2 所示。

表 1-2 货物所受的外力作用

类型		具体表现
外力	静态作用力	堆码压力
	动态作用力	震动冲击
		翻倒冲击
		跌落冲击

最常用的机械性指标是货物和包装的抗压强度。抗压强度即抗压性，是指物质单位面积上所能承受的极限压力，单位为帕(Pa)。抗压强度决定了货物的堆码高度或耐压强度。

2. 货物发生机械变化的形式

(1) 破碎。破碎是指由于货物质脆或包装强度弱，承受较小的外力作用后就容易破损。玻璃制品、陶瓷制品、电视机及用玻璃、陶瓷等包装的货物均为易碎货物。

(2) 变形。变形是具有可塑性的货物发生的变化。可塑性是指货物受外力作用后发生变形,而当移去外力后,不能完全恢复原状的性质。这类货物虽不易破碎,但受到超过自身所能承受的压力时就会发生变形,从而影响质量,如橡胶制品、塑料制品、皮革制品和铝制品等都易发生变形。

(3) 渗漏。渗漏是指因货物包装容器质量不佳、封口不严密、灌装不符合要求、受撞击等或受高温作用而造成的内容物流失的现象。

(4) 结块。结块是指粉粒晶体等类型的货物由于装载时堆码超高或受重货所压,以及在水湿、干燥、高温、冷冻等因素影响下造成的货物结块现象。如水泥、食糖、化肥、矿粉等都易发生结块。

议一议

如何防止货物在运输过程中发生机械变化?

(三) 货物的化学性质

1. 货物的化学性质的概念

货物的化学性质是指货物在光、氧、水、酸、碱等作用下,改变物质本身性质的化学变化。货物发生化学变化就意味着其质量发生了变化,轻者会使货物丧失价值,重者会殃及其他货物,还可能导致严重事故的发生。

2. 货物发生化学变化的形式

(1) 氧化。氧化是指货物与空气中的氧或放出氧的物质所发生的化学变化,又称氧化作用。氧是活泼气体,易与物质发生氧化反应从而使货物变质,甚至发生危险事故。易于氧化的货物主要有金属类、油脂类、自燃类货物等。

(2) 腐蚀。腐蚀是指某些货物具有的能对其他物质产生破坏作用的性质。引起腐蚀的原因主要是货物具有酸性、碱性、氧化性和吸水性。如烧碱能与油脂作用,灼伤人的皮肤;浓硫酸能吸收植物水分,使之碳化变黑;漂白粉的氧化性能破坏有机物;等等。

(3) 燃烧。燃烧是指物质之间相互化合而发生光和热的过程。一般而言,燃烧反应是物质与氧激烈的化合所发生的化学反应。物质若要燃烧或继续燃烧,必须同时具备三个条件,即可燃物、助燃物(氧或氧化剂)和一定的温度。

(4) 爆炸。爆炸是指物质非常迅速地发生化学或物理变化而形成压力急剧上升的一种现象。爆炸分为化学性爆炸和物理性爆炸。化学性爆炸是指物质受外因的作用,产生化学反应而发生的爆炸;物理性爆炸是指货物包装容器内部气压超过容器的承受强度而发生的爆炸。

查一查

易于发生爆炸的货物主要有哪些?

（四）货物的生物性质

1. 货物的生物性质的概念

货物的生物性质是指有生命的有机体货物及寄附在货物上的生物体，在外界各种条件的影响下，为了维持其生命而发生的变化。货物的生物性质主要包括货物本身的生命活动（呼吸过程消耗营养物质）和微生物在有机营养体内的活动两个方面，如粮谷、豆类、油籽、果菜等通过缓慢氧化（吸收）维持生命，鲜鱼、肉类等会因为微生物的生命活动而导致营养物质被分解。

2. 货物发生生物变化的形式

（1）酶的作用。酶又名酵素，在生物变化中起着重要作用。酶是生物新陈代谢的内在基础，一切生物体内物质分解与合成都要靠酶的催化来完成，如粮谷的呼吸、后熟、发芽、发酵、陈化等都是酶作用的结果。

（2）呼吸作用。呼吸作用是有机体货物在生命活动过程中的新陈代谢现象，是一切活的有机体货物最普遍的生物现象。呼吸作用可分为有氧呼吸和无氧呼吸两类。有氧呼吸是有机体货物中的葡萄糖、脂肪、蛋白质等，在通风良好、氧气充足的条件下受氧化酶的催化发生氧化反应，产生二氧化碳和水，并释放出热量的过程；无氧呼吸是有机体货物在无氧条件下，利用分子内的氧呼吸。

（3）微生物作用。微生物作用是指微生物依据外界环境条件，吸取营养物质，经细胞内的生物和化学变化，进行生长、发育、繁殖的生理活动过程。有机体货物在微生物作用下，会发生霉变、腐败、发酵、发热等质量变化，易受微生物作用的货物主要有肉类、鱼类、蛋类、乳制品、水果、蔬菜等。

（4）虫害作用。虫害对有机体货物的危害性很大，害虫会破坏货物组织结构，造成其破碎、出现孔洞、发热和霉变等现象。害虫的分泌物、粪便还会沾污货物，降低货物的质量。如粮谷害虫能使粮谷结露、陈化、发热和霉变等，老鼠、白蚁等会破坏货物的包装、库场建筑物并引发传染病等。

练一练

判断下列货物发生变化的类型。

1. 黄磷自燃　2. 塑料老化　3. 酒精挥发　4. 货物鼠咬

三、货物学的研究对象

货物学的研究对象是货物，研究范围包括货物的分类、成分、结构及其物理、化学、生物、机械性质，货物的包装、标志、测量、积载因数，货物的检验、保管、养护等内容。学习和研究货物学，有助于我们进一步掌握货物储存和运输的条件，提高作业效率，保障货物的安全性和完整性，为企业的生产提供有力支持。

四、货物学的研究目的

货物学的研究目的是通过对上述问题的分析、研究，阐明货物与运输有关的性质，揭示货物质量变化的科学规律，制定货物运输的安全防护措施，以保证货物数量完整、质量完好。与此同时，货物学还承担了探索科学管理货物运输的方法，改善货物的运载条件，改进货物的运输包装与标志，提高运输过程中配积载、装卸、库场保管的技能水平，充分利用运输工具的载质量以及有效使用物流基础设施和设备，加快货物周转速度，提高运输生产效率，降低运输成本，提高物流企业的经济效益。

知识拓展

货物学与物流管理

一、货物学与物流管理的关系

（一）研究对象的相关性

货物学的研究对象是货物，是物流过程中各种货物的种类、包装、标志及其物理、化学、机械和生物性质；物流管理则是对物流活动进行计划、组织、指挥、协调、控制和监督，这些活动都围绕着货物展开。

（二）知识体系的互补性

货物学为物流管理提供关于货物的详细知识和理论基础，包括货物的分类、特性、包装、储存、运输等方面的内容；物流管理则运用这些知识来优化物流流程，提高物流效率，降低物流成本。

（三）实践应用的协同性

在物流实践中，货物学知识被广泛应用于货物的包装、装卸、运输和储存等环节，以确保货物的质量和安全；物流管理则通过整合各种资源，包括人力、物力、财力等，协调和控制整个物流过程。

二、货物学在物流管理中的应用

（一）货物分类与编码

货物学提供货物分类的原则和方法，有助于物流企业根据货物的特性和需求进行科学的分类和编码，从而提高物流管理的效率。

（二）货物包装与标志

货物学研究货物的包装材料和包装方法，为物流企业提供合适的包装方案，以保护货物免受损坏；研究货物的标志和标签，有助于物流企业在运输和储存过程中识别和管理货物。

（三）货物储存与养护

货物学研究货物的储存条件和储存方式，为物流企业提供科学的储存策略，以确保货物在储存过程中保持质量完好；提供货物养护的方法和措施，以延长货物的使用寿命。

（四）货物运输与配送

货物学研究货物的运输方式和运输条件，为物流企业提供合适的运输方案，以确保货物能够安全、准时地到达目的地；研究货物的配送策略和方法，以提高配送效率和服务质量。

案例分析

一、案例背景

某公司通过货代公司订舱计划将一批鱼粉运输至指定地点，在办理出运手续时，托运人误将鱼粉认定为普通货物运输，未将托运的危险货物的正式名称、危险性质以及应当采取的防护措施等信息通知承运人。在运输过程中，由于鱼粉的自燃性质，货物发生了自燃事故，直接造成经济损失50余万元。

二、问题分析

鱼粉是一种常见的饲料原料，含有较高的脂肪，易氧化升温，且钙、磷含量高，磷被游离出来后成为单质磷，燃点很低，不需要明火即可自燃。此外，鱼粉含盐量高，易吸潮，有利于细菌、霉菌和酵母的繁殖，也可能引起温度上升，导致自燃。因此，鱼粉在国际危险品规定中属于危险品。案例中，鱼粉运送违反了《中华人民共和国海上交通安全法》的相关规定。

三、处理措施

（一）货物性质识别

鱼粉作为一种含有高脂肪和易氧化物质的货物，其自燃性质是显而易见的。托运人在运输前应充分了解货物的性质，并采取相应的防护措施。

（二）危险品运输规定

根据相关法律法规，危险品在运输过程中需要严格遵守特定的规定和程序，包括申报、包装、标记、运输方式等。托运人应如实向承运人报告货物真实名称和是否属于危险品性质的有关情况。

（三）责任认定

在本案例中，托运人误报货物性质，违反了相关法律法规，要因此承担相应的法律责任。我们在运输危险品时，必须严格遵守相关规定，确保货物的安全运输。

四、案例启示

在运输货物时，必须充分了解货物的性质，并采取相应的防护措施。对于危险品而言，更应严格遵守相关法律法规，确保货物的安全运输。托运人和承运人应加强合作和沟通，共同确保货物的安全和质量。

实训任务

实训项目：绘制关于货物性质的思维导图。

实训目的：掌握货物的基本性质。

实训内容：

（1）选择思维导图绘制工具；

（2）绘制关于货物性质的思维导图；

（3）正确判断货物的性质；

（4）了解货物保管养护的措施。

实训要求：利用工具，按规范绘制关于货物性质的思维导图。

评分要点：评分要点如表 1-3 所示。

表 1-3　“绘制货物性质的思维导图”评分要点

序号	评分要点	分值	得分
1	货物的性质梳理正确	30	
2	思维导图绘制清晰	20	
3	货物的性质判断正确	20	
4	货物保管养护措施得当	20	
5	小组分工明确，成员参与度高	10	
合计		100	

任务二 货物分类

建议教学时数：4

学习目标

1. 知识目标

(1) 了解货物分类的概念；

(2) 掌握货物分类的方法。

2. 能力目标

(1) 能够正确对货物进行分类；

(2) 能够运用相关方法准确查找货物。

3. 素质目标

(1) 培养学生对从事物流职业的认同感；

(2) 激发学生对货物分类的学习兴趣。

案例导入

S超市的商品分类

S超市经营的商品多达上万种，为了对商品进行有效管理，使其既适应陈列及顾客购买的需要，又能提高管理的效率，S超市对其经营的商品进行了细致的分类编组。

第一大类：冷冻食品类，包括冷冻肉类、速冻蔬菜、冷冻制品、熟肉制品、冷饮等。

第二大类：饮料食品类，包括碳酸饮料、果汁、茶饮料、饮用水、纯奶、奶制品饮料、其他饮料、咖啡类、麦片类、冲剂、酸奶、其他饮料补品等。

第三大类：糖果糕点类，包括糖果、巧克力、果冻、布丁、饼干、膨化食品、蛋糕、面包等。

第四大类：炒货蜜饯类，包括葵花子、开心果、杏仁、豆子、果仁、松子、榛子、核桃、核桃仁、山楂、陈皮、话梅、水果干等。

第五大类：调味品类，包括盐、糖、酱油、火锅调料及底料、味精、鸡精、醋、炝料、蘸料、淀粉、汤羹料、色拉酱、花生酱、辣酱、麻油、辣油、蚝油、芥末、食用油等。

第六大类：烟酒茶类，包括茶叶、白酒、黄酒、啤酒、米酒、葡萄酒、洋酒、果酒、烟等。

第七大类：软包装食品，包括肉干类、鱼干类、海苔类、油面筋、肉松、火腿肠、豆腐干、粽子及其他软包装食品等。

第八大类：酱菜罐头类，包括散称酱菜、果酱、果泥、八宝粥、腐乳、肉制罐头、水果罐头、素制罐头、其他罐头类食品等。

第九大类：南北货腌腊制品，包括桂圆、枣类、枸杞、木耳、银耳、菇类、笋类、莲心、百合、虾皮类、鱼制品类、豆类、仁类、海蜇、海带、紫菜、咸鸭蛋、皮蛋、其他腌腊制品等。

第十大类：洗涤化妆用品类，包括洗衣粉、家具护理剂（蜡）、防霉防蛀用品、洗发露、沐浴露、香皂、洗手液、脸部清洁用品、护肤用品、护理卫生用品、宠物洗涤用品、其他洗涤化妆用品等。

分析提示

案例思考

1. S超市对商品分类的依据是什么？
2. 商品分类后如何表示各类目之间的关系？

相关知识

一、货物分类的概念

货物分类是指为了一定的目的或满足某种需要，按照货物的性质或其他特性，选择恰当的分类标志，将货物划分为不同类别的过程。通常，我国将货物（商品）划分成门类、大类、中类、小类、品类以及品种、规格、花色等。货物（商品）分类的类目、划分标准及应用举例如表 1-4 所示。

表 1-4　货物分类的类目、划分标准及应用举例

货物（商品）类目名称	划分标准	应用举例
门类	国民经济行业的共性	消费品
大类	商品生产和流通中的行业	日用工业品
中类	若干具有共同性质或特征的商品	家用化学品
小类	商品的某些特点	洗涤用品
品类	具体的商品种类或系列	肥皂
品种	商品的性质、成分等特征	洗衣皂
细目	商品品种的详细区分	透明洗衣皂

查一查

我国商品的门类数及大类数各有多少？

二、货物分类的基本原则

（一）统一性原则

货物分类应从最广泛的类别开始，逐步细化到更具体的子类。在整个分类过程中，应使用统一的标准和原则，以确保分类的一致性和准确性。

（二）适用性原则

货物的分类形式应适应企业的不同需求，如有些企业可能更注重货物的功能或用途，而有些企业可能更注重货物的材质或产地。企业应根据自身的业务模式、经营策略以及客户需求来选择合适的分类形式。

（三）系统性原则

货物分类是一个系统的过程，应逐步进行，从大类到小类，再到更具体的子类，每个分类层级之间应有明确的界限和层次，以便在需要时能够快速找到所需货物。

（四）明确性原则

每个货物类别应有明确的定义和范围，以避免与其他类别产生重叠或交叉。分类的明确性有助于确保货物查找的准确性和可追溯性。

（五）稳定性原则

货物分类的方法应保持一定的稳定性，不应频繁更改。稳定的分类方法有助于维护货物的管理效率和准确性。

（六）扩展性原则

随着企业的发展和市场的变化，货物的种类和数量可能会增加，因此货物分类应具有一定的扩展性，以适应产品的增加和变化。

说一说

货物分类的意义是什么？

三、货物分类的方法

（一）按货物的包装形态分类

1. 件装货物

件装货物又称件杂货或杂货，是以件数和重量承运，其标志、包装形式不一，性质各异，一般批量较小且票数较多。件装货物按其包装特点可分为包装货物和裸装货物。

（1）包装货物。包装货物是指装入容器的货物或捆扎的货物，如袋装货物、桶装货物、捆装货物等。

（2）裸装货物。裸装货物是指在形态上自成件数，在运输中不用另加包装（或简易捆束）的货物，如汽车、钢板、木材等。

2. 散装货物

散装货物简称散货，是以散装方式进行运输，以重量承运，无标志、无包装，不易计算件数的货物，一般批量较大且种类较少。散装货物按其形态可分为干制散装货物（如矿石、化肥、煤等）和液体散装货物（如原油、动植物油等）。

3. 成组装货物

成组装货物是指用托盘、网兜、集装袋或集装箱等将件装货物或散装货物组成一个大单元进行运输的货物。成组装货物按其装箱方式又可分为托盘货物、网兜货物、集装袋货物和集装箱货物。

（1）托盘货物。托盘货物是指将若干包（件）货物集合放在一个托盘上，用塑料薄膜等材料捆扎后连同托盘一起形成一个装运单元进行运输的货物。

（2）网兜货物。网兜货物是指使用棕绳、尼龙绳、钢丝绳等编织的网兜来盛装的货物。

（3）集装袋货物。集装袋货物是指装入可折叠的涂胶布、树脂加工布等软材料制成的大型袋子的货物。适用集装袋的货物主要是粉粒体货物，如矿砂、水泥、纯碱等。

（4）集装箱货物。集装箱货物是指装入集装箱内进行运输的货物。按其性质和形态，集装箱货物可分为通用集装箱货物和特种集装箱货物；按其装运方式，集装箱货物可分为整箱货物和拼箱货物。

想一想

生活中常见的成组装货物有哪些？

（二）按货物的装运要求分类

1. 普通货物

普通货物是指由于本身不具有特殊性质，因而在运输过程中没有规定特别条件的各类货物。一般而言，普通货物可分为液体货物、清洁货物和粗劣货物。

（1）液体货物。液体货物是指盛装于桶、瓶、罐、坛内的，在运输过程中容易破损、滴漏的各种流质或半流质货物，如酒类、药品、各种油类及其制品、普通饮料等。

（2）清洁货物。清洁货物是指洁净的、干燥的货物，也称为精细货物，如供人们食用的糖果、糕点、茶叶等。

（3）粗劣货物。粗劣货物（又称污染货、脏货）是指具有散发异味、易水湿、易扬尘和易渗油等特性的货物，如生皮、鱼粉、烟叶、大蒜、氨水、油漆等。粗劣货物类型如表 1-5 所示。

表 1-5 粗劣货物类型

序号	粗劣货物类型	举例
1	易扬尘货物	水泥、炭黑、矿粉等
2	易潮解货物	糖、盐、化肥等
3	易融化货物	松香、石蜡、肥皂等

续表

序号	粗劣货物类型	举例
4	易渗油货物	煤油、豆饼、小五金等
5	易渗漏货物	酒、蜂蜜、盐渍肠衣等
6	散发强烈异味货物	鱼粉、氨水、油漆等
7	带虫害病毒货物	未经消毒的生牛羊皮、破布、废纸等

2. 特殊货物

特殊货物（也称特种货物）是指本身的性质、体积、重量和价值等方面具有特别之处，在积载和装卸保管中需要采用特殊设备、采取特别措施的各类货物。特殊货物主要包括危险货物、冷藏货物、贵重货物、有生动植物货物、笨重长大货物等。

我国港航关于笨重、长大货物的计费规定

(1) 危险货物。危险货物是指具有燃烧、爆炸、毒害、污染、腐蚀和放射等性质，在运输过程中会引起人身伤亡、财产损毁，在积载、装卸和保管中需要采用特殊设备、采取特别措施，且需要按照有关危险货物运输规则的规定进行运输的货物。

(2) 冷藏货物。冷藏货物是指在常温条件下容易腐烂变质或需要使用冷藏箱、冷藏船、冷藏舱等在某种指定的低温条件下运输的货物，如新鲜的或处于冷冻状态的牛肉、鱼肉、鸡肉、蛋及其制品，处于低温状态的水果、蔬菜等。

(3) 贵重货物。贵重货物是指本身价格昂贵的货物，如金、银等贵重金属，玉器首饰，货币，高档电器，精密仪器，名贵药材，历史文物及其他高价货物。

(4) 有生动植物货物。有生动植物货物又称活货，是指具有正常生命活动，在运输过程中仍然需要特别照顾，需维持其生命和生长机能，以避免其枯萎、患病或死亡的动植物货物，如牛、马、猪、羊等家畜，鸡、鸭、鹅等家禽，以及其他兽类、鸟类、鱼类等活的动物货物；花卉、树苗、盆景等植物货物。

(5) 笨重、长大货物。笨重、长大货物是指重量超过一定界限或者单件体积过大（过长）的货物，如钢轨、机车头、各种成套的设备等。

(6) 邮件货物。邮件货物是指出入境的邮件、包裹等货物，要求交货迅速，以便能及早送达收件人。

(7) 拖带运输货物。拖带运输货物是指适于经编扎后在水上拖带运输，而不便于装载在船舶上运输的货物，如竹子、木排、船坞等。

(8) 涉外货物。涉外货物是指外国驻华使领馆、团体和个人的外交用品，以及国际礼品、展览品等物品。

特殊货物的特点

练一练

举例说明特殊货物的特点。

（三）按货物进出境的报关程序分类

报关程序是指进出境运输工具负责人、进出口货物的收发货人和进出境货物的所有人或其代理人按照《中华人民共和国海关法》（以下简称《海关法》）的规定，办理运输工具、货物、物品进出境及相关海关事务的手续和步骤。根据货物进出境时报关程序的不同，可以将货物分成以下几类。

1. 特定减免税货物

特定减免税货物是指海关根据国家的政策规定准予减免税进境，适用于特定用途、特定企业、特定地区的货物。其中，特定用途的减免税货物包括国内投资项目、利用外资项目、科教用品、残疾人专用品等；特定企业的减免税货物主要是指外商投资企业的减免税货物；特定地区的减免税货物包括保税区和出口加工区的减免税货物。

2. 一般进出口货物

一般进出口货物是指在进出境环节缴纳应纳的进出口税费并办结所有必要的海关手续，海关放行后不再进行监管的进出口货物。一般进出口货物主要包括转为实际进口的原保税货物和原暂准进出境货物，易货贸易、补偿贸易进出口货物，边境小额贸易进出口货物，实际进出口货样广告品及其他不享受特定减免税和不准予保税的一般贸易进口货物等。

3. 暂准进出境货物

暂准进出境货物是指为了特定目的，经海关批准暂时进境或暂时出境，并在规定期限内复运出境或复运进境的货物，包括使用 ATA 单证册报关的暂准进出境货物、展览品、集装箱箱体等。

4. 保税货物

保税货物是指经海关批准未办理纳税手续进境，在境内储存、加工、装配后复运出境的货物。保税货物可以分为加工贸易保税货物、仓储保税货物和区域保税货物。

5. 其他进出境货物

（1）过境货物。过境货物是指从境外启运，在我国境内无论是否换装运输工具，最终通过陆路运输继续运往境外的货物。

（2）转运货物。转运货物是指由境外启运，通过我国境内设立海关的地点换装运输工具，而不通过我国境内的陆路运输，继续运往境外的货物。

（3）通运货物。通运货物是指由境外启运，由船舶、航空器载运进境并由原运输工具继续载运出境的货物。

（4）出料加工货物。出料加工货物是指我国境内企业运到境外进行技术加工后复运进境的货物。

（5）无代价抵偿货物。无代价抵偿货物是指进出口货物在海关放行后，由于残损、短少、品质不良、规格不符等原因，由进出口货物的发货人、承运人或保险公司免费补偿或者更换的与原货物相同或者与合同规定相符的货物。

议一议

除了上述货物，还有哪些其他进出境货物？

（四）按货物的自然特性分类

1. 冻结性货物

冻结性货物是指含有水分，在低温条件下易于冻结成为整块或产生沉淀的货物。如煤炭、散盐、矿石在低温时易冻结成大块，造成装卸困难；墨汁、液体西药受冻后会产生沉淀，影响质量。

2. 热变性货物

热变性货物是指当所在环境的温度超过一定限值时会发生形态变化的货物，如石蜡、松香、橡胶等。

3. 自热性货物

自热性货物是指在不受外来热源影响下能够自行发热的货物，如油纸、棉花、煤炭等。

4. 锈蚀性货物

锈蚀性货物是指在自然环境中易于生锈导致毁损的金属类货物，如铁、钢材等。

5. 染尘性货物

染尘性货物是指容易吸收周围环境中的灰尘而被污染甚至失去自身性能的货物，如各种纤维货物、液体货物及食品等。

6. 扬尘性货物

扬尘性货物是指极易飞扬产生尘埃且能使其他货物受到污染的货物，如矿粉、炭黑等。

7. 易碎性货物

易碎性货物是指机械强度低、质脆易破的货物，如玻璃及其制品、陶瓷器皿、精密仪器等。

8. 吸味性货物

吸味性货物是指容易吸附外界异味的货物，如茶叶、香烟、大米等。此外，有些吸味性货物本身还具有散味性，如烟叶、糖、咖啡等。

9. 吸湿性货物

吸湿性货物是指容易吸收空气中的水蒸气或水分的货物，如糖、盐、化肥，以及棉布等各类纤维织物。

10. 带虫害病毒货物

带虫害病毒货物是指在国际贸易或运输中，因携带有害生物（虫害、虫卵、幼虫等）或病原体（病毒、细菌、真菌等）而可能对农业、生态系统或公共健康造成威胁的货物，包括未经消毒的生牛羊皮、破布、废纸等。

知识拓展

线分类法

一、线分类法的概念

线分类法又称层级分类法，是将拟分类的商品集合总体，按选定的属性或特征逐次地分成相应的若干个层级类目，并编制成一个有层级的、逐级展开的分类体系。线分类体系按大类、中类、小类等级别逐层展开。各层级所选用的标志不同，各个类目之间构成并列或隶属关系。由一个类目直接划分出来的下一级各类目之间存在并列关系，不重复、不交叉。

二、线分类法的原则

(1) 在线分类法中，某一上位类类目划分出的下位类类目的总范围应与上位类类目范围相同。

(2) 当上一个上位类类目划分为若干个下位类类目时，应选择一个划分标志。

(3) 同位类类目之间不交叉、不重复，并只对应一个上位类。

(4) 分类要依次进行，不应有空层或加层。

三、线分类法的优缺点

线分类法的优点是层次性好，能清楚地反映类目之间的逻辑关系，既适于传统的手工处理，又便于计算机信息控制和管理；缺点是分类结构弹性差。线分类法广泛应用于商品生产、流通领域和国际贸易。

面分类法

一、面分类法的概念

面分类法又称平行分类法，它将拟分类的商品集合总体，根据其本身的属性或特征，分成相互之间没有隶属关系的面，每个面都包含一组类目。将每个面中的一种类目与另一个面中的一种类目组合在一起，即组成一个复合类目。

二、面分类法的原则

(1) 根据需要，选择分类对象的本质属性作为分类对象的标志。

(2) 不同类面类目之间不能相互交叉，也不能重复出现。

(3) 每个面有严格的固定位置。

(4) 面的选择及位置的确定应根据实际需要而定。

三、面分类法的优缺点

按面分类法形成的分类体系具有结构弹性好、适用于计算机处理等优点；缺点是组配结构太复杂，不能充分利用容量，也不便于手工处理。在实际运用中，一般把面分类法作为线分类法的补充。

案例分析

一、案例背景

D公司进口控制阀，申报商品编码为8481.8040.90。稽查实地查明，该阀门主要用于控制液体流量，税目条文有明确描述。D公司此前曾遇海关通关部门询问商品功能，为顺利通关，隐瞒实际功能，提交说明强调仅具有开启关闭功能，并更改规格型号备注为“控制阀门开启与关闭”。海关归类认定应归入流量阀，商品编码为8481.8039.90，关税率相差4%，涉嫌伪报商品编码偷漏税款，构成走私行为。

二、问题分析

D公司被海关认定存在归类不准确的问题，主要原因在于其隐瞒了商品的实际功能，并提交了不实的商品说明。具体而言，D公司进口的控制阀实际上主要用于控制液体流量，但为顺利通关，D公司隐瞒了这一功能，并更改了规格型号备注，导致申报的商品编码与海关归类认定的编码不符。这种行为不仅违反了海关的监管规定，也损害了国家的税收利益。

三、处理措施

（一）加强商品知识的学习

D公司应加强对进口商品知识的学习和了解，特别是关于商品的功能、用途、规格型号等方面的信息，以便准确地进行商品归类。

（二）建立内部审核机制

D公司应建立完善的内部审核机制，对申报的商品信息进行严格的审核和把关，包括审核商品的功能描述、规格型号备注等信息是否准确、完整，以及是否符合海关的归类要求。

（三）积极配合海关工作

在海关进行稽查或查验时，D公司应积极配合海关的工作，如实提供相关资料和信息，以便海关能够准确地进行归类和监管。

四、案例启示

进出口公司应加强商品知识的学习，建立内部审核机制，以避免发生类似的归类不准确问题，这不仅有助于进出口公司合规经营，也有助于维护国家的税收利益和海关的监管秩序。

实训任务

实训项目：超市商品的分类。

实训目的：掌握商品分类的方法。

实训内容：

(1) 观察某超市采用的商品分类方法；

（2）分析该超市商品分类的依据；

（3）分析合理性及可以改进的地方。

实训要求：以小组为单位，完成 PPT 汇报。

评分要点：评分要点如表 1-6 所示。

表 1-6　“超市商品的分类”评分要点

序号	评分要点	分值	得分
1	商品分类方法分析正确	25	
2	商品分类依据分析准确	20	
3	商品分类合理性分析合理	20	
4	商品分类改进方法合理	25	
5	小组分工明确，成员参与度高	10	
合计		100	

任务三 货物编码

建议教学时数：4

学习目标

1. 知识目标

(1) 了解货物编码的概念；

(2) 熟悉货物编码的原则；

(3) 掌握货物编码的方法。

2. 能力目标

(1) 能够采用数字型代码进行货物编码；

(2) 能够正确辨识 EAN-13 码、UPC 码。

3. 素质目标

(1) 激发学生对货物编码的学习兴趣；

(2) 培养学生认真严谨的工作态度。

案例导入

中国古代的军事密码

北宋时期，为了保障军事通信的安全，曾公亮等人编制了一套用于军事保密通信的代码。这套密码系统采用了代码法，通过约定的五言律诗作为密钥，与军事短语进行对应编码，实现了信息的加密传输。

1. 密码本编制

曾公亮搜集了 40 个常用军事短语，如“请弓”“请箭”“请刀”等，并对其进行顺序编码，从一到四十。

2. 密钥选择

双方约定一首不含重复文字的 40 字五言律诗作为解码密钥，例如，唐代王勃的《送杜少府之任蜀州》：“城阙辅三秦，风烟望五津。与君离别意，同是宦游人。海内存知己，天涯若比邻。无为在歧路，儿女共沾巾。”

3. 加密过程

如果军队需要补充粮食，前方将领就从密码本中查出“请粮料”的编码（第九），然后在《送杜少府之任蜀州》中找到对应的第九字“五”，将领便把“五”字写到一件普通公文中，并在字上加盖印章。

4. 解密过程

指挥机关接到这件公文后，查出盖印章的“五”字，在临时约好的诗中列第九，再对照密码本上的顺序，就知道前方缺粮草。

分析提示

案例思考

1. 分析这套古代军事密码的特点。
2. 中国古代军事密码对现代商品编码有何启示？

相关知识

一、货物编码的概念

货物编码也称商品编码，是指用一组有序的代表符号来标识分类体系中不同类目货物的过程。编码中所使用的标志性代表符号即称货物代码，符号可以由数字、字母和特殊标记组成。

货物编码是商品目录的组成部分，也是货物分类的有机组成部分，货物编码与货物分类密切相关。货物编码使名目繁多的货物便于记忆，有利于货物分类体系的通用化、标准化，为建立统一的货物产、供、销和储运的信息系统，以及运用计算机网络进行商流物流的现代化科学管理创造条件。

说一说

货物编码的意义是什么？

二、货物编码的原则

（一）唯一性原则

货物代码结构必须保证每一个编码对象仅有一个唯一的代码，即一个代码只标识一个特定的商品项目，代码与商品项目一一对应。

（二）简明性原则

货物代码应尽可能简单，即尽可能使代码的长度最短，以便于手工处理，减少差错，减少计算机的处理时间和存储时间。

（三）层次性原则

代码应层次清楚，能清晰地反映货物分类关系和分类体系、目录内部固有的逻辑关系。

（四）稳定性原则

代码确定后要在一定时期内保持稳定，不能频繁变更，以保证分类编码系统的稳定性，避免造成人力、物力、财力的浪费。

（五）可扩充性原则

编码时必须留有适当的后备容量（足够的备用代码），以便适应因新产品的出现而对代码不断扩充的需要。

想一想

如果某商品停止生产，该商品代码能否重新分配给其他商品项目呢？

三、货物编码的方法

货物编码按其所用的符号类型分为数字型代码、字母型代码、字母数字混合代码和条形码四种。其中，应用最广泛的是数字型代码和条形码。

（一）数字型代码

数字型代码是用一个或若干个阿拉伯数字表示分类对象的代码。数字型代码结构简单，使用方便，便于计算机处理，是国际上普遍采用的一种代码，通常采用顺序编码法、层次编码法、平行编码法和混合编码法四种编制方法。

1．顺序编码法

顺序编码法是按照货物类目在分类体系中出现的先后次序，依次给予顺序数字代码的编码方法，适用于品种较少的货物分类。

顺序编码法的优点是使用方便、易于管理，但代码本身不给出任何有关编码对象的其他信息。

系列顺序编码法

2．层次编码法

层次编码法是按货物目录在分类体系中的层级顺序，依次赋予对应的数字代码的编码方法。层次编码法主要用于线分类体系，编码时将代码分成若干层次，并与分类对象的分类层次相对应。代码从左到右表示层级由高至低，各层次的代码常采用顺序码或系列顺序码。

层次编码法的优点是逻辑性较强，能明确地反映出分类编码对象的属性或特征及其相互关系，便于机器汇总数据；缺点是结构弹性较差，为延长其使用寿命，往往要用延长代码长度的办法，预先留出相当数量的备用号，从而出现代码冗余。

全国工农业产品（商品、物资）分类与代码

3．平行编码法

平行编码法多用于面分类体系，每一个分类面确定一定数量的码位，适用于平行分类的体系。

平行编码法的优点是编码结构有较好的弹性，可以比较简单地增加分类面的数目，必要时还可更换个别的面，可用全部代码，也可用部分代码；缺点是代码过长，冗余度大，不便于利用计算机进行管理。

4．混合编码法

混合编码法是层次编码法和平行编码法的组合，代码的层次与类目的等级不完全相适应。当把分类对象的各种属性或特征分列出来后，其某些属性或特征用层次编码法表示，其余的属性或特征则用平行编码法表示。这种编码方法吸取了层次编码法和平行编码法的优点，效果往往较理想。

议一议

顺序编码法、层次编码法、平行编码法和混合编码法的应用范围有哪些？

（二）条形码

条形码又称条码，是由一组规则排列的黑条、白空及其对应字符，按照一定编码规则编制而成的，用以表达一组数字或字母符号信息的图形标识符。条形码作为一种可印刷的计算机语言，以其特有的快速、信息量大、成本低、可靠性高等优点，被广泛地应用于商业、仓储、邮电、交通运输、图书管理、生产过程的自动控制等领域，是迄今为止在自动识别技术中，应用最普遍、最经济的一种信息标识技术。一般而言，条形码包含商品的生产国别、制造厂商、产地、名称、规格、特性、生产日期、数量、价格等一系列商品信息，是商品的身份证。

目前，国际通用的商品条码主要有国际物品条码和通用产品条码。

1. 国际物品条码

国际物品条形码简称 EAN 条码，是由国际物品编码协会制定的一种国际通用商品代码。凡进入国际市场的商品，其包装上必须印有 EAN 条码。

EAN 条码的标准版为 EAN-13 条码，由条、空及其下面对应的 13 位阿拉伯数字构成，分别是前缀码、厂商代码、商品项目代码和校验码。EAN-13 条形码结构如图 1-1 所示。前缀码一般为前两位或前三位数字，用于标识商品来源的国家或地区，由国际物品编码协会分配和管理，各成员方获得的代码如表 1-7 所示；厂商识别代码一般为五位或四位数字；商品项目代码为五位数字；校验码为最后一位数字。

6 972829 160057

图 1-1　EAN-13 条码结构示意图

表 1-7　国际物品编码协会成员方代码表（部分）

国家（地区）代码	国家（地区）/应用领域	国家（地区代码）	国家（地区）/应用领域
00001～00009；0001～0009；001～019；030～039；050～059；060～139	美国	690～699	中国

续表

国家(地区)代码	国家（地区）/应用领域	国家(地区代码)	国家（地区）/应用领域
300～379	法国	629	阿拉伯联合酋长国
400～440	德国	640～649	芬兰
450～459;490～499	日本	700～709	挪威
460～469	俄罗斯	729	以色列
478	乌兹别克斯坦	730～739	瑞典
479	斯里兰卡	745	巴拿马
480	菲律宾	750	墨西哥
481	白俄罗斯	754～755	加拿大
482	乌克兰	760～769	瑞士
489	中国香港特别行政区	770～771	哥伦比亚
500～509	英国	780	智利
520～521	希腊	789～790	巴西
528	黎巴嫩	800～839	意大利
529	塞浦路斯	840～849	西班牙
560	葡萄牙	880	韩国
569	冰岛	888	新加坡
570～579	丹麦	890	印度
590	波兰	893	越南
594	罗马尼亚	930～939	澳大利亚
622	埃及	940～949	新西兰
623	文莱	958	中国澳门特别行政区

练一练

利用条码编制软件，自行编制一个 EAN-13 条码，并说明其构成。

2. 通用产品条码

通用产品条码简称 UPC 条码，是美国统一代码委员会于 1973 年推出的一种商品条码，广泛应用于美国和加拿大商品流通领域。各国出口到美、加等北美国家的商品，其包装上必须印有 UPC 条码。

UPC 条码标准版为 UPC-A 条码，是由条、空及其下面对应的 12 位阿拉伯数字组成的。第一位数字是前缀号，最后一位数字是校验码，中间十位数字是编码数字，其中前五位数字是厂商代码，后五位数字是商品项目代码。UPC-A 条码的结构如图 1-2 所示。前缀号为编码系统字符，以 0～9 表示，其中 0 标识规定数量包装的规则包装商品，2 标识不规则重量的商品，3 标识医药卫生商品，4 为零售商专用，5 标识用信用卡销售的商品，7 为中国申报的美国统一代码委员会会员专用，1、6、8、9 为备用码；编码系统字符由美国统一代码委员会分配给每个会员，厂商代码用于标识商品生产厂家，由美国统一代码委员会分配给每个会员；商品项目代码用于识别商品的特征或属性，由厂商根据美国统一代码委员会的规则自行编制和管理；校验码用于校验代码符号的正确性，按照一定规则计算确定。

图 1-2　UPC-A 条码结构示意图

图 1-3　UPC-E 条码结构示意图

UPC 标准版可缩写为 UPC-E 条码，由条、空及其下面对应的 8 位阿拉伯数字组成。第一位数字是前缀号，最末位数字是校验码，中间六位数字是商品项目代码。UPC-E 条码的结构如图 1-3 所示。

UPC-E 条码可视为按一定规则删除 UPC-A 的四个 0 后得到的，只有当商品小到无法印刷有 12 位阿拉伯数字的 UPC 标准版时，才允许使用 UPC-E 条码。此外，只有当美国统一代码委员会分配给企业的编码系统字符是“0”（前缀号只能取“0”）时，才可以使用 UPC-E 条码。

应用商品条码的意义

查一查

上网查一下我国条码技术的发展历程。

知识拓展

条码的分类

一、按维数分类

1. 一维条码

世界上约有 225 种以上的一维条码，每种一维条码都有自己的一套编码规则，其按照应用可分为商品条码和物流条码。此外，书籍和期刊也有国际统一的编码，称为 ISBN（国际标准书号）和 ISSN（国际标准丛刊号）。普通的一维条码问世后很快得到普及并广泛应用，但由于一维条码的信息容量很小，如商品上的条码仅能容纳13位阿拉伯数字，更多描述商品的信息只能依赖预先建立的数据库支持，因而应用范围受到一定限制。

2. 二维条码

二维条码具有储存量大、保密性高、追踪性高、抗损性强、成本便宜等特性，特别适用于表单、安全保密、追踪、证照、存货盘点等方面。二维条码按编码原理可分为线性堆叠式二维码、矩阵式二维码、邮政编码三种类型。

(1) 线性堆叠式二维码。线性堆叠式二维码是在一维条码编码原理的基础上，将多个一维条码纵向堆叠产生的，如Code 16K、Code 49、PDF417等。

(2) 矩阵式二维码。矩阵式二维码是在一个矩形空间，通过黑、白像素在矩阵中的不同分布进行编码，如Aztec、Maxi Code、QR Code、Data Matrix等。

(3) 邮政编码。邮政编码是通过不同长度的条进行编码，主要用于邮件编码，如Postent、BPO4-State等。

3. 多维条码

多维条码可以记录比一维条码和二维条码更加丰富的信息，因此应用前景十分广阔。

二、按使用目的分类

1. 商品条码

商品条码主要有EAN条码和UPC条码。商品条码以直接向消费者销售的商品为对象，以单个商品为单位使用的条码。EAN条码是国际通用的符号体系，由国际物品编码协会统一分配给各会员国家代码，再由各会员国的商品条形码负责机构对国内制造商、批发商和零售商等分配厂商代码，各厂商再对其生产的每种单品编码。因此，每个商品都有独一无二的EAN条码。

2. 物流条码

物流条码是物流过程中以商品为对象，以集合包装商品为单位使用的条码。标准物流条码由14位数字组成，除了第一位数字以外，其余13位数字代表的含义与商品条码相同。物流条码主要有128码、ITF码、39码、库德巴(Code bar)码等。其中39码和128码是目前国内企业内部自定义码制，可按需要确定条码的长度和信息，编码的信息可以是数字，也可包含字母，主要应用于工业生产线领域、图书管理等；93码是一种类似于39码的条码，密度较高，能够替代39码；25码主要应用于包装、运输以及国际航空系统的机票顺序编号等；Code bar码应用于血库、图书馆、包裹等的跟踪管理。

三、按码制分类

条码按码制不同，可分为EAN码、UPC码、交叉25码、Code bar码、Code39码、128码、93码、49码、25码、矩阵25码、Pessey码等。

案例分析

一、案例背景

2024年12月1日，中国A公司与德国P公司签订加工合同，约定通过出料加工方式向德国P公司提供原材料"光纤预制管(未掺氟)"，并委托其加工成"光纤预制管(已掺氟)"后复运进境。2024年12月14日，A公司向C海关申领了出料加工手册，备案了相关货物的商品编号。在出口和复运进口过程中，该公司分别向海关申报了货物的品名、数量、总价、商品编号和原产地等信息。然而，经C海关认定，该公司申报的商品编号和原产地与实际不符。

二、问题分析

(一) 商品编号申报不实

A公司在出口时申报的商品编号为7002311000(光导纤维用波导级石英玻璃管)，而经海关认定，该票货物应归入商品编号7020001390(熔融石英或其他熔融硅石制工业用其他玻璃制品，导电玻璃及绝缘子用玻璃伞盘除外)。在复运进口时，A公司同样申报了错误的商品编号7002311000，而实际应归入的商品编号仍为7020001390。

(二) 原产地申报不实

A公司在出口时申报的原产地为中国，而实际上货物是从中国出口至德国进行加工的。在复运进口时，A公司申报的原产地为德国，但根据《关于非优惠原产地规则中实质性改变标准的规定》，该票货物实际原产地应为中国，因为货物在中国进行了实质性加工(掺氟工艺)。

三、处理措施

(一) 加强货物编码知识培训

A公司应加强对货物编码相关知识的培训，确保相关人员能够准确理解和运用货物编码规则。

(二) 完善内部管理制度

A公司应建立完善的内部管理制度，明确货物编码和原产地申报的流程和责任，确保申报信息的准确性和完整性。

(三) 加强与海关的沟通与协作

A公司应加强与海关的沟通与协作，及时了解海关的最新政策和要求，确保进出口活动的合规性。

(四) 提高信息化水平

A公司应利用现代信息技术手段，如建立货物编码数据库、实现自动化申报等，提高货物编码和原产地申报的效率和准确性。

四、案例启示

货物编码和原产地申报是进出口活动的重要环节，进出口企业应认真学习和遵守相关法律法规和规定，确保申报信息的准确性和完整性，避免不必要的法律风险和经济损失。

实训任务

实训项目：辨识 EAN-13 条码。

实训目的：掌握 EAN-13 条码的构成。

实训内容：

(1) 教师展示 10 组商品编码；

(2) 学生准确找出 EAN-13 条码；

(3) 分析 EAN-13 条码的编码规则；

(4) 说明 EAN-13 条码的项目构成。

实训要求：正确辨识 EAN-13 条码。

评分要点：评分要点如表 1-8 所示。

表 1-8 “辨识 EAN-13 条码”评分要点

序号	评分要点	分值	得分
1	商品分类方法分析正确	25	
2	商品分类依据分析准确	20	
3	商品分类合理性分析合理	20	
4	商品分类改进方法合理	25	
5	小组分工明确，成员参与度高	10	
合计		100	

项目二

货物质量与标准

项目导学

- 货物质量与标准
  - 任务一　货物质量
    - 货物质量的含义
    - 影响货物质量的因素
    - 货物质量管理措施
  - 任务二　货物标准
    - 货物标准的含义
    - 货物标准的分类
    - 货物标准的内容
    - 货物标准的级别
    - 货物标准的国际化
    - 货物标准的发展趋势
  - 任务三　货物标准化
    - 货物标准化的含义
    - 货物标准化的形式
    - 货物包装标准化

任务一 货物质量

建议教学时数：4

学习目标

1. 知识目标

(1) 掌握货物质量的概念；

(2) 掌握影响货物质量的主要因素；

(3) 了解全面质量管理的相关知识。

2. 能力目标

(1) 能够对不同物流阶段的货物质量进行控制；

(2) 能够对货损货差采取正确的预防措施。

3. 素质目标

(1) 培养学生认真严谨的工作态度；

(2) 培养学生安全规范操作的意识。

案例导入

走私的"僵尸肉"

"70后"猪蹄、"80后"鸡翅……有的比一些年轻人年纪还大的"僵尸肉"通过走私入境，悄无声息地出现在某些宵夜摊、餐厅。这些肉严重过期，不法商贩用化学药剂浸泡调味后就摇身一变成为卖相极佳的"美味佳肴"。这些肉一旦被食用，轻则引起腹泻、呕吐等症状，严重时甚至会危及生命。

案例思考

1. 案例中走私的"僵尸肉"违背了货物质量的哪些原则？
2. 结合案例材料，分析如何有效保障货物的质量？

分析提示

相关知识

一、货物质量的含义

（一）货物质量的概念

中华人民共和国国家标准《质量管理体系 基础和术语》(GB/T 19000—2016/ISO 9000:2015)中，将货物质量定义为"客体的一组固有特性满足要求的程度"。特性是可辨别的特征，可以是定性的，也可以是定量的。货物的特性包括货物的嗅觉、触觉、味觉、视觉、听觉、人体工程学以及其他类别的特性。固有特性就是某种货物本身具有的特性，而不是人们赋予的特性。简言之，货物质量是货物满足规定功能用途需要和要求能力与效果的特征和特性的总和。货物质量的好坏直接关系到商品价值的形成和实现、商品生产者在竞争中的成败、企业劳动生产率的高低、消费者的利益和资源的利用。

（二）货物质量的内涵

1. 从货物属性来理解货物质量

从货物属性来看，货物质量具有使用的针对性、比较的相对性和标志的可变性。货物质量的基本要求是货物的性能必须和货物的用途相一致；货物质量是货物的自然属性、社会属性、市场属性和经济属性等的综合。

2. 从消费者需求来理解货物质量

从消费者需求来看，货物质量包含内在质量、外在质量、包装质量、市场质量、使用效果和使用寿命等。货物质量的服务对象，必须以顾客、最终的消费者或服务对象的满意为目标。

想一想

货物质量的基本要求有哪些？

（三）货物质量的构成

1. 从形成环节来看

从形成环节来看，货物质量由设计质量、制造质量和市场质量构成。设计质量是在生产过程以前，设计部门对货物品种、规格、造型、花色、质地、装潢、包装等方面在设计过程中形成的质量因素；制造质量是在生产过程中所形成的符合设计要求的质量因素；市场质量是在整个流通过程中，对已在生产环节形成的质量的维护保证与附加的因素。

2. 从顾客的认知角度来看

从顾客的认知角度来看，货物质量分为认知质量和消费质量。认知质量是顾客所能感知和认可的货物质量；消费质量是产品使用中产品适用性和符合性的总体表现，通过顾客消费过程中对产品质量的最终评价来表示，具有综合性和目的性。

3. 从表现形式来看

从表现形式来看，货物质量由外观质量、内在质量和附加质量构成。外观质量主要是货物的外部形态以及通过感觉器官能直接感受到的特性，如货物的样式、造型、结构、色泽、气味等；内在质量是通过测试、实验等手段反映出来的货物特性或性质，如货物的物理性质、化学性质、机械性质等；附加质量主要是货物的声誉、经济性、销售服务等。

4. 从有机组成来看

从有机组成来看，货物质量由自然质量、社会质量和经济质量构成。自然质量是货物的自然属性给货物带来的质量因素，是构成货物质量的基础；社会质量是货物的社会属性所要求的质量因素，是货物质量满足社会需要的具体体现；经济质量是货物消费时在投入方面所要考虑的因素，反映了人们对货物质量经济方面的要求。

说一说

请结合实际生活，从表现形式角度举例说明货物质量的构成。

二、影响货物质量的因素

（一）货物运输环节的影响

1. 货物质量下降的原因

货物运输是货物从生产领域进入流通领域的必要条件。在运输过程中，货物质量会受到运输距离、运输时间、运输线路、运输方式、运输工具等因素的影响。

2. 产生货损货差的原因

货物运输过程产生货损货差的原因主要有货舱设备不完善、保管不当、不可抗力和货物搭配不当等。

（二）货物储存环节的影响

1. 货物质量下降的原因

货物储存是解决货物生产和消费的时间矛盾，促进货物流通正常进行的必要保证。货物在储存期间的质量变化与货物的耐储性、仓库内外环境条件、储存场所的适宜性、养护技术与措施、储存期的长短等因素有关。

2. 产生货损货差的原因

货物储存过程中产生货损货差的原因主要有库场设备不全、库场清扫工作差、货物保管不当和货物交付不及时等。

（三）货物装卸环节的影响

1. 货物质量下降的原因

货物装卸活动主要包括装车、卸车、堆垛、入库、出库以及连接上述各项动作的短程输送，是随着运输和保管而产生的必要活动。货物装卸过程是造成货物破损、散失、损耗、混合等损失的主要环节。

2. 产生货损货差的原因

货物装卸过程中产生货损货差的原因主要有装卸操作不当或违章操作、装卸设备或吊货工具使用不当和装卸中气候变化的影响等。

（四）货物销售环节的影响

1. 货物质量下降的原因

销售过程的服务主要包括货物的进货验收、入库存放、货物陈列、提货搬运、装配调试、包装服务、送货服务、技术咨询、维修和退换服务等。这些服务质量的高低会对消费者购买的货物质量产生影响。

2. 产生货损货差的原因

货物销售服务过程中产生货损货差的原因主要有货物运输包装不良、货物标志不清、货物本身的自然属性所致和收发货时数字不准等。

三、货物质量管理措施

(1) 对货物实行全面质量管理，建立质量管理小组，积极开展活动，将货物质量建立在严格的科学管理的基础上。

(2) 掌握各类货物的特性、包装，熟悉装货运输工具的性能、具体位置，做好配装积载工作，避免性质相互抵触的货物混装在一起。

(3) 做好安全操作规章的宣传教育工作，严格遵守操作规章制度，装卸人员操作时轻拿轻放，防止货物损坏。

(4) 工前和工间应加强对装卸机械设备、吊货工具的安全检查，注意气候变化，做好充分准备，以防发生意外的货损货差事故。

(5) 对所有货物应把好货物验收质量关，确保货物符合合同规定的质量标准、数量要求以及任何特定的规格或条件。

(6) 根据货物性质与流向情况及时做好库场和货舱的清扫工作，以及货物衬垫和隔票工作，避免造成湿货、污损、混票、错漏装卸，影响货物质量。

(7) 根据检疫法规的要求，对仓库进行经常性消灭有害生物的工作，包括消灭真菌、昆虫、老鼠等工作。

(8) 严格执行岗位责任制，鼓励物流人员钻研业务，经常进行调查研究，认真总结和改进工作，不断提高货运管理水平。

(9) 加强宣传工作，货主按货运规则做好货物运输包装、标志工作，交付质量合格的货物，避免货运中发生数量或质量的变化事故。

(10) 构建稽核体系，预防与管控相结合，及时发现问题、分析问题和解决问题，防微杜渐。

议一议

影响货物质量的因素主要有哪些？

知识拓展

全面质量管理

一、全面质量管理概述

全面质量管理(Total Quality Management，TQM)，是指一个组织以质量为中心，综合运用组织管理、专业技术和数理统计方法，通过全员参与和持续改进，实现对生产全过程的控制，形成一个及时发现质量问题，改进工作质量，从而保证和提高产品质量的管理工作体系。

全面质量管理以满足顾客要求为目标，以全员参与为基石，每个员工都应参与到质量管理中来，形成人人参与、全民质量意识的特点；全面质量管理强调过程控制，即在整个生产和服务过程中，对每一环节进行可控制、可测量、可改进的管理；持续改进是全面质量管理的核心，要在每个环节中不断追求卓越，追求更高的质量目标。

全面质量管理的特点主要有以下几个方面。

(1) 全面性：全面质量管理的对象是企业生产经营的全过程。

(2) 全员性：全面质量管理要依靠全体职工。

(3) 预防性：全面质量管理应具有高度的预防性。

(4) 服务性：主要表现在企业以自己的产品或劳务满足用户的需要，为用户服务。

(5) 科学性：质量管理必须科学化，必须更加自觉地利用现代科学技术和先进的科学管理方法。

二、全面质量管理的工具与技术

(一) 统计过程控制(SPC)

通常应用统计分析技术对生产过程进行实时监控，区分出产品质量的随机波动与异常波动，从而提出预警，以便及时采取措施，消除异常，恢复过程的稳定，从而提高和控制质量。

(二) 测量系统分析(MSA)

通常使用数理统计和图表的方法对测量系统输出的误差进行分析，评估测量系统是否合适，并确定误差的主要成分。测量系统分析常用的方法包括极差法、均值极差法、交叉法等。

(三) 失效模式和效果分析(FMEA)

在产品、过程、服务等策划设计阶段，分析潜在的失效模式及其后果，评估风险，并预先采取相应的措施以减少失效模式的严重性和发生概率，提高货物的质量与可靠性。

(四) 产品质量先期策划(APQP)

确定和制定确保产品使顾客满意所需步骤的结构化方法，促进与所有人的联系，确保步骤按时完成。其目标是引导资源使顾客满意、促进早期识别所需更改、避免晚期更改等。

(五) 生产件批准程序(PPAP)

验证供应商是否正确理解了顾客的要求，以及其生产过程是否具有潜在能力，确保产品符合技术要求。这是一种在第一批产品发运前，通过产品核准承认的手续。

(六) 排列图法(Pareto Diagram)

排列图法是找出影响产品质量主要问题的一种方法。这种方法是以图表形式把许多问题或构成问题的内容、因素等按照各自所占的份额，用相应高低的长方形依次排列出来，同时标出各项累计百分比，以指示解决问题的主要目标。

（七）直方图法(Histogram)

直方图法是把收集到的商品质量数据整理后，根据分布情况分成若干组，画出以组距为底边、以频数为高度的许多直方形，再把它们连接起来形成矩形图，通过观察图形，分析商品质量现状和变动趋势，从而提出控制商品质量的方法。

（八）六西格玛(Six Sigma)

六西格玛是一种以数据为基础，追求极致质量的管理方法。它通过D(定义)、M(测量)、A(分析)、I(改进)、C(控制)五个步骤的实施，以及关键角色的协同努力，实现质量的大幅提升、成本的降低和客户满意度的增强。六西格玛管理法的应用不仅局限于制造业，还可以广泛应用于服务业、医疗保健、金融等多个领域，成为企业追求卓越、实现可持续发展的重要工具。

三、全面质量管理的实施步骤

全面质量管理的实施通常遵循以下步骤。

步骤1：教育与培训。对全体员工进行全面质量管理思想的教育，树立全面质量管理的理念。

步骤2：明确目标。根据顾客需求和期望，设定明确的质量管理目标和计划。

步骤3：建立体系。建立质量管理体系，包括组织结构、职责分配、流程控制等。

步骤4：实施控制。通过过程控制、数据分析等方法，确保产品和服务质量达到或超过目标。

步骤5：持续改进。根据反馈和评估结果，不断优化质量管理体系，提高产品和服务质量。

案例分析

一、案例背景

某年7月，A港口在卸载一艘来自英国的“塔斯曼革新家”轮时，成功将5 000吨纸浆卸下。然而，在后续的保管过程中，由于用于覆盖纸浆的篷布存在沙眼，导致雨水渗透，纸浆因此发生水湿现象。这一事件不仅给货主带来了直接的经济损失，也暴露出港口在货物保管环节中的管理漏洞。

二、问题分析

（一）问题环节

纸浆水湿问题发生在货物保管阶段，具体原因是篷布防护不当。篷布作为防止外界环境对货物造成影响的屏障，其质量直接关系到货物的安全。因此，篷布的定期检查与维护是货物保管工作的重要组成部分。

（二）责任归属

案例中，责任应由负责保管货物的港口或仓储企业承担。作为专业的货物保管方，他们应确保采取适当的防护措施，以防止货物在保管期间受损。篷布存在沙眼且未能及时发现和更换，是导致此次事故的直接原因，反映了港口在货物保管工作上的疏忽。

（三）影响与后果

纸浆水湿不仅会导致纸浆质量下降，如强度降低、易碎等，还会影响其后续加工和使用。对于货主而言，这意味着直接的经济损失和信誉损害。同时，这一事件也可能对港口的声誉和业务造成不利的影响。

三、处理措施

发现纸浆水湿后，港口应立即停止相关作业，对受影响的纸浆进行隔离处理，防止污染扩散。同时，迅速与货主联系，通报情况并商讨解决方案。对受损纸浆进行详细的损失评估，包括数量、质量等方面的损失，并根据评估结果向货主提出合理的赔偿方案。

四、案例启示

（一）加强防护设施的检查与维护

制订定期检查计划，确保篷布等防护设施完好无损、功能正常。对发现的问题进行及时处理，如更换破损篷布、修补沙眼等。

（二）提高员工的素质与技能

加强员工培训，提高对货物保管和防护的意识和技能。通过定期举办培训班、演练等活动，员工能熟练掌握货物保管的规范操作流程和应急处理方法。

（三）引入先进的技术与设备

引入智能化监控系统、自动化检测设备等先进技术和设备，提高货物保管的效率和准确性。通过实时监控和数据分析，及时发现并处理潜在问题。

（四）建立完善的应急机制

制订应急预案和处置流程，明确各部门人员的职责。在突发事件发生时，能够迅速启动应急机制，有效应对并减少损失。

（五）树立全面质量管理的理念

在货物质量管理中，应树立全面质量管理的理念，将质量管理贯穿于货物运输、储存及交付的全过程。通过全员参与和持续改进，不断提高货物质量管理的效果。

（六）制订详细的质量管理计划

根据货物的特性和运输要求，制订详细的质量管理计划，包括质量目标、质量标准、质量控制措施等内容。

（七）加强对供应商的管理

供应商是货物质量管理的重要一环，应加强对供应商的选择、评估与管理工作。通过建立完善的供应商评价体系，确保供应商提供的货物符合质量要求。

（八）强化持续改进的机制

强化持续改进的机制，对货物质量管理工作进行定期评估，通过收集顾客反馈、分析质量问题等方式，发现不足之处并制定改进措施；鼓励员工提出创新性的建议，为持续改进提供动力和支持。

实训任务

实训项目：货物质量调研分析。

实训目的：掌握货物质量变化的因素及货物保管养护的措施。

实训内容：

（1）选择一类货物并进行简单分类；

（2）介绍该类货物质量变化的过程；

（3）分析引起该类货物质量变化的原因；

（4）研究该类货物保管养护的措施。

实训要求：对某类货物质量进行调查分析，完成调研报告。

评分要点：评分要点如表 2-1 所示。

表 2-1　"货物质量调研分析"评分要点

序号	评分要点	分值	得分
1	货物选择合理、分类无误	15	
2	货物质量变化过程描述清晰	20	
3	货物质量变化的因素分析正确	30	
4	货物保管养护措施得当	25	
5	小组分工明确，成员参与度高	10	
合计		100	

任务二 货物标准

建议教学时数：4

学习目标

1. 知识目标

(1) 掌握货物标准的重要性；

(2) 掌握货物标准的内容；

(3) 熟悉货物标准的分类。

2. 能力目标

(1) 能够采用不同的标准对货物进行分类；

(2) 能够运用我国货物标准和国际货物标准。

3. 素质目标

(1) 培养学生树立正确的质量观念和质量意识；

(2) 具备从事物流职业的基本素养。

案例导入

某外贸公司出口货物质量争议

某外贸公司按 CIF 术语出口一批冷冻食品到荷兰，合计 50 吨，价值 16.5 万马克。货物规格为“去毛、头及内脏”，中方企业当即办理出口手续，并出示中国商检局的品质检验证书，注明产品加工及冷冻优秀，完全适合人类食用。然而，货物到达荷兰后，荷兰进口方来电称到货有鱼腥味，当地卫生局认为不适合人类食用，禁止销售，并要求退货并偿还全部货值 50%的亏损。

案例思考

1. 该外贸公司出口的冷冻食品是否违反国际货物质量标准？
2. 荷兰进口方要求退货并赔偿是否合理？

分析提示

相关知识

一、货物标准的含义

(一) 货物标准的概念

货物标准是指在生产、加工、运输、储存和销售过程中，为保证货物质量、提高生产效率、保护消费者权益、促进交易公平和维护环境安全而制定的一系列技术性文件和规范。货物标准既可以是法律法规的具体体现，也可以是行业内部自发形成的标准。

货物标准由主管部门批准，公布之后便成为一种技术法规，具有法律效力。货物标准是评定货物质量的基本依据和标准，是货物生产、质量验收、监督检验、贸易洽谈、储存运输等的依据和准则，也是对货物质量争议做出仲裁的依据。

想一想

货物标准制定的依据是什么？

（二）货物标准的作用

1. 有利于规范市场行为

在市场贸易中，对货物规格、型号、质量、检验和包装等方面的要求，都会按标准规定，在合同中订立相关条款，从而使买卖双方有统一的尺度可遵循。这样既可以保证公平交易、平等竞争，也可以减少贸易中的技术障碍和由于责任不清而引发的各种矛盾。因此，通过制定和实施货物标准，可以有效规范生产者和消费者的市场行为。

2. 有利于保证货物质量

货物质量表达了生产和消费对货物及其相关方面的要求，是设计、生产、鉴定货物的技术准则和客观依据，是产销双方对货物质量发生争议时进行仲裁的依据，从而使货物质量在各个环节上得到保证。同时，货物标准的强制性具有法律效力，这也有利于保证货物质量。

3. 有利于满足消费者需求

货物标准的制定是在大量调查和分析的基础上进行的。在货物标准的贯彻执行中，可以简化或优化货物品种，并发展多种货物组合的形式，将通用性较强的组合单元按实际需要拼合成不同用途的新产品，既可以提高企业的应变能力，又能够快速、低成本地满足消费者的需要。

4. 有利于实现可持续发展

货物标准的制定和贯彻执行不仅是保障产品质量、促进贸易便利化的重要手段，更是实现可持续发展的重要途径。通过科学合理的货物标准体系，可以最大限度地利用资源，减少环境污染，推动经济、社会与环境的协调发展。

说一说

货物标准的重要性有哪些？

二、货物标准的分类

（一）按货物标准的制定方式分类

1. 强制性标准

强制性标准是由国家或行业主管部门通过法律、法规或行政规章等形式强制执行的货物标准，具有法律效力，任何涉及相关领域的生产、销售活动都必须严格遵守,否则将受到法律的制裁。强制性标准在保障公共安全、人身健康、环境保护等方面发挥着至关重要的作用。比如,食品安全标准确保食品无毒、无害,符合营养要求;环境保护标准限制污染物的排放,保护生态环境。

2. 推荐性标准

推荐性标准是除强制性标准外,企业自愿采用、自愿认证的货物标准。这类标准通常是基于行业最佳实践或先进技术制定的,旨在为企业提供指导和参考。推荐性标准的作用:一是有助于提升企业产品质量和技术水平,增强市场竞争力;二是为行业标准的制定提供重要依据,推动整个行业的规范化、标准化发展。一般而言,国家会采取优惠措施,鼓励企业采用推荐性标准。

议一议

比较强制性标准和推荐性标准的异同。

(二)按货物标准的适用范围分类

1. 国家标准

国家标准是由国家标准化管理机构制定的货物标准,在全国范围内具有普遍适用性,反映国家在某个领域内的技术和管理水平。国家标准是制定其他标准(如行业标准、地方标准)的基础和依据,对于保障国家经济安全、推动技术进步、提高产品质量具有重要意义。

2. 行业标准

行业标准是由各行业协会或相关主管部门制定的,针对该行业的特殊需求和技术特点的货物标准,是适用于特定行业的货物标准。行业标准在细化国家标准的基础上,进一步规范行业内的生产、经营和管理活动,促进行业内的技术交流与合作。

3. 地方标准

地方标准是由地方政府或地方标准化机构制定的,适用于特定地区的货物标准,反映地方的经济、社会和文化特点。地方标准在满足地方特殊需求的同时,也为地方经济的发展提供技术支持和保障。

(三)按货物标准的技术性质分类

1. 产品标准

产品标准是为保证产品的适用性,对产品必须达到的某些或全部特性要求所制定的标准,如产品的技术要求、试验方法、检验规则、标志、包装、运输和储存等方面的要求。产品标准是确保产品质量和性能符合规定要求的重要依据,对于保护消费者权益、促进市场竞争具有重要意义。

2. 测试标准

测试标准规定产品测试和检验的方法、程序、设备和环境条件等要求。测试标准有助于确保测试结果的准确性和可靠性,为产品质量的判定提供科学依据。

3. 包装标准

包装标准规定产品包装的材料、方式、标识、运输和贮存等方面的要求。包装标准在保护产品免受损害、便于运输和贮存的同时，促进资源的节约和环境的保护。

（四）按货物标准的面向对象分类

1. 质量标准

质量标准规定货物的质量特性和要求，如性能、寿命、可靠性等。质量标准是评价产品质量的重要依据，对于提高产品质量、满足消费者需求具有重要的意义。

2. 安全标准

安全标准是确保产品在使用过程中不会对人身安全和健康造成危害而制定的标准。安全标准是保障公共安全、人身健康的重要手段，主要目的在于预防事故和减少损失。

3. 环保标准

环保标准规定产品在生产和使用过程中对环境的影响及其控制要求。环保标准是推动绿色发展、实现可持续发展的重要保障，对于减少污染、保护生态环境具有重要意义。

（五）按货物标准的功能需求分类

1. 技术标准

技术标准是根据标准化领域中需要协调统一的技术事项所制定的标准，侧重于对产品的技术性能、生产工艺、检验方法等方面提出具体要求，以确保产品的质量和性能满足一定的标准和规范。

2. 管理标准

管理标准是对企业管理活动中需要协调统一的管理事项所制定的标准，侧重于对企业的计划、组织、协调和控制等管理活动提出要求，以提高企业的管理效率和管理水平。

3. 工作标准

工作标准是对工作的责任、权利、范围、质量要求、程序、效果、检查方法、考核办法等所制定的标准，侧重于对员工的工作内容、工作方法、工作质量等方面提出要求，以提高员工的工作效率和工作质量。

（六）按货物标准的存在形式分类

1. 文件标准

文件标准是指用特定格式的文件，通过文字、表格、图样等形式，对货物质量所做的统一规定。

2. 实物标准

实物标准是指对某些难以用文字准确表达的质量要求，由标准化机构或指定部门用实物做成与文件标准规定的质量标准完全或部分相同的标准样品，作为文件标准的补充。

议一议

如何通过国际货物标准的协调促进全球贸易？

国际货物标准协调的作用

查一查

货物标准的其他分类。

三、货物标准的内容

（一）范围和适用性

这部分内容主要是明确标准适用的产品范围、适用对象和使用场合。

1. 产品范围

明确本标准适用于哪些具体类型的产品，如“本标准适用于电子消费产品中的智能手机”。

2. 适用对象

指出标准是针对生产商、进口商、销售商还是消费者等，如“本标准对制造商在设计和生产过程中的要求进行了详细规定”。

3. 使用场合

说明产品应用的特定环境或条件，如“本标准的智能手机适用于一般办公环境及日常使用，但不包括极端气候条件下的使用”。

（二）术语和定义

对标准中涉及的重要术语进行定义，确保每个术语的定义准确、无歧义，便于读者理解和应用，以确保一致性。重要术语要列出并定义标准中频繁出现的专业词汇或概念，如“智能手机是指具备通信功能、操作系统、可通过软件扩展功能的便携式通信与计算设备”。

（三）技术要求

技术要求包括产品的物理、化学、生物特性等具体要求，如尺寸、重量、材料成分、硬度、强度等。

1. 物理特性

详细列出产品的尺寸、重量、外观形状等具体要求，如“智能手机应不超过 160 mm×75 mm×8 mm，质量不超过 200 g”。

2. 化学特性

针对产品的材料成分进行规定，如“外壳材料应采用环保型 ABS 塑料，不得含有有害重金属”。

3. 生物特性

涉及生物兼容性或食品安全标准时适用，如医疗设备或食品包装材料须说明其对人体无害。

4. 性能指标

规定产品的性能参数，如“智能手机屏幕分辨率应不低于 1 080 px，电池续航能力在正常使用下应达到 24 h 以上”。

（四）测试和检验方法

这部分内容主要规定对产品进行测试和检验的具体方法、仪器设备及操作检验的步骤。

1. 测试方法

详细说明如何对产品进行测试，包括测试原理、使用的仪器设备、测试环境等，如“手机屏幕分辨率测试应在暗室环境下，使用标准分辨率测试图进行”。

2. 检验步骤

列出详细的检验流程，确保每次检验的一致性和准确性，如“对电池续航能力的测试，须在关闭所有非必要应用及功能的条件下，连续播放视频直至电池耗尽”。

（五）标识和包装要求

这部分内容主要规定产品的标识内容和方式，包括生产日期、生产企业、合格证明、包装的材料、包装设计和包装上的标示等要求。

1. 标识内容

规定产品上必须标注的信息，如制造商名称、地址、生产日期、批次号、安全警示等。

2. 标识方式

说明标识的位置、大小、字体等要求，以确保消费者易于识别。

3. 包装材料

指定包装材料应满足环保和安全要求，如“包装材料应可回收，不含有毒有害物质”。

4. 包装设计

保护产品在运输过程中的安全，如防震、防潮设计等。

5. 标示要求

包装上的标示应与产品实际情况相符，且清晰可读。

（六）储存和运输要求

这部分内容主要是对产品在储存和运输过程中的条件和要求进行说明，以确保产品质量不受影响。

1. 储存条件

说明产品适宜的储存温度、湿度、光照等条件，以及避免与其他物品混放的要求。

2. 运输要求

规定产品在运输过程中应采取的防护措施，如防震、防压、防漏等，以及运输温度、湿度等控制范围。

3. 装卸注意事项

提供装卸时的操作指导，防止产品损坏。

（七）附录

附录是货物标准的附加信息，如参考文献、标准修订历史、相关标准的引用情况等。

1. 参考文献

列出编写本标准时参考的国内外标准、技术文献、研究报告等。

2. 标准修订历史

记录标准从制定到当前版本的历次修订情况，包括修订时间、内容概要等。

3. 相关标准引用

列出与本标准相关的其他标准，帮助读者了解整个标准体系。

4. 附加信息

包括术语解释、示例图表、标准实施指导等，以增强标准的实用性和可读性。

四、货物标准的级别

（一）我国货物标准的级别

我国货物标准的级别依据法律效力不同，主要包括国家标准、行业标准、地方标准和企业标准四级。

1. 国家标准

国家标准是由国家标准化管理机构（如中国国家标准化管理委员会）制定的标准，适用于全国范围内的统一技术要求。国家标准通常涵盖国内主要行业和领域，是保障国家经济安全、促进产业升级、提高产品质量和市场竞争力的重要手段。国家标准具有强制性、广泛适用性和基础性的特点。

(1) 强制性。国家标准具有强制性，要求相关产品或服务必须符合其规定的技术要求。

(2) 广泛适用性。国家标准适用于全国范围内的相关行业和领域，确保国内产品的质量和安全。

(3) 基础性。国家标准通常为基础性标准，为行业标准和地方标准的制定提供依据。

查一查

《食品安全国家标准　食品接触用金属材料及制品》(GB 4806.9—2023)对食品接触用金属材料及制品的规定有哪些？

2. 行业标准

行业标准是由特定行业的协会、学会或主管部门制定的标准，适用于该行业内部的技术要求。如食品、化妆品、建筑材料等行业都有各自的行业标准。这些标准通常是在国家标准的基础上进行细化，满足特定行业的需求。行业标准对于推动行业技术进步、提高产品质量、规范市场秩序等方面具有重要作用。行业标准具有专业性、补充性和指导性的特点。

(1) 专业性。行业标准具有高度的专业性，是针对特定行业的特殊需求和技术特点而制定的。

(2) 补充性。行业标准通常在国家标准的基础上进行细化和补充，满足行业内部的特定需求。

(3) 指导性。行业标准为行业内的企业和个人提供技术指导和参考。

3. 地方标准

地方标准是由地方政府或地方标准化机构制定的标准，适用于特定地区的技术要求。地方标准可以根据本地区的实际情况予以调整，灵活应对地方经济、文化、技术等方面的不同需求。地方标准对于促进地方经济发展、提高地方产品质量、满足地方特殊需求等方面具有重要意义。地方标准具有地域性、灵活性、补充性的特点。

(1) 地域性。地方标准具有鲜明的地域特色，根据本地区的实际情况和需求制定。

(2) 灵活性。地方标准可以根据地方经济、文化、技术等方面的不同需求进行调整，具有较强的灵活性。

(3) 补充性。地方标准在国家标准和行业标准的基础上，为特定地区提供更为详细和具体的技术要求。

4. 企业标准

企业标准是企业根据自身生产情况和市场需求自主制定的标准，适用于企业内部的技术要求和管理规范。企业标准通常是在国家、行业标准的框架下进行，允许企业在某些方面进行创新和灵活调整，这类标准可以帮助企业在某些特定领域内占据市场优势。通过制定和实施企业标准，可以规范企业内部管理流程、提高生产效率、降低生产成本、提升产品品质和品牌形象，从而增强市场竞争力、实现可持续发展。企业标准具有自主性、创新性、内部性的特点。

(1) 自主性。企业标准由企业自主制定的，具有较高的自主性和灵活性。

(2) 创新性。企业标准允许企业在某些方面进行创新和灵活调整，以适应市场变化和技术进步。

(3) 内部性。企业标准主要适用于企业内部的生产和管理活动。

练一练

大写字母"DB"，加上省、自治区、直辖市行政区划代码前两位数，组成强制性地方标准代号；再加上斜线和"T"，组成推荐性地方标准代号。请填写：江苏省强制性地方标准代号为________，江苏省推荐性地方标准代号为________。

（二）国际货物标准的级别

国际货物标准的级别依据适用范围不同，主要包括国际标准、区域标准、国家标准、行业标准和企业标准五级。这里主要介绍国际标准和区域标准。

1. 国际标准

国际标准是由国际标准化组织(ISO)、国际电工委员会(IEC)等国际性标准化机构，以及联合国粮农组织(FAO)、世界卫生组织(WHO)等国际组织制定的标准，适用于跨国贸易和国际合作。这些标准旨在促进全球范围内的技术合作与交流，减少国际贸易中的技术壁垒，对于促进国际贸易、保护消费者权益、提高产品质量和安全、推动可持续发展等方面具有重要意义。国际标准具有权威性、普遍适用性、先进性的特点。

(1) 权威性。国际标准由国际公认的权威机构制定，具有高度的权威性和公信力。

(2) 普遍适用性。国际标准适用于全球范围，为跨国贸易、技术交流和国际合作提供统一的基础和依据。

(3) 先进性。国际标准往往反映了国际上最先进的技术水平和最佳实践，推动全球技术进步和产业升级。

2. 区域标准

区域标准是由世界某一区域性标准化组织制定的标准。区域标准主要适用于该区域内的成员国或地区，为区域内的产品、服务和技术提供统一的规范和标准，旨在满足该区域内多个国家或地区的共同需求，减少贸易壁垒，促进区域内市场的整合和贸易自由化。在全球经济一体化和区域经济合作日益加强的背景下，区域标准在国际货物标准体系中扮演着重要角色，是连接国际标准和国内标准之间的桥梁，不仅有助于提升区域内产品的质量和竞争力，还能促进区域内各国或地区之间的技术交流和合作，推动区域经济的共同发展。区域标准具有针对性强、协调一致、促进贸易的特点。

(1) 针对性强。区域标准针对区域内特定的技术、经济和文化背景制定，更能满足区域内成员国的实际需求。

(2) 协调一致。通过制定区域标准，可以促进区域内各国或地区在标准制定上的协调一致，避免标准冲突和重复劳动。

(3) 促进贸易。区域标准有助于消除贸易中的技术壁垒，促进区域内贸易的便利化和自由化。

五、货物标准的国际化

在全球化背景下，货物标准的国际化趋势日益明显，国际标准化组织(ISO)、国际电工委员会(IEC)、国际电信联盟(ITU)等国际标准化机构在推动国际标准的制定和推广中发挥了重要作用。

(一) 国际标准的重要性

国际标准在促进国际贸易、提高产品质量、保护消费者权益等方面发挥了关键作用，实施国际标准的货物更容易进入国际市场，有利于减少贸易壁垒，促进经济发展。

1. 促进国际贸易自由化

国际标准作为国际贸易的通用标准，为各国产品提供统一的质量和技术要求，有利于降低国际贸易中的技术壁垒，使产品能够更容易跨越国界，促进全球贸易的便利化和自由化。

2. 提高产品质量和安全性

通过制定和实施国际标准，可以确保产品在设计、生产、检验等各个环节都符合高质量、高安全性的要求，从而保护消费者免受低质或不安全产品的伤害。

3. 促进技术创新

国际标准的制定往往是基于最新的科技成果和最佳的实践效果，鼓励企业采用新技术、新工艺，有利于推动产业升级和技术创新。

4. 保护消费者权益

国际标准为消费者提供产品性能、安全、环保等方面的明确信息，有利于帮助消费者做出更明智的购买决策，维护消费者的合法权益。

（二）不同国家和地区标准的协调

不同国家和地区的标准存在差异，可能会对国际贸易产生影响。为了协调这些差异，各国标准化机构之间进行合作，通过国际组织推动标准的对接与统一。

1. 减少贸易摩擦

不同国家和地区的标准差异可能导致贸易摩擦和争端。通过国际标准化机构的努力，推动各国标准的协调与统一，可以减少这种摩擦，维护国际贸易的和谐稳定。

2. 促进技术交流和合作

标准协调的过程中，不同国家和地区标准化机构需要进行深入的交流和合作，共同研究制定标准。这种合作有助于促进技术知识的传播和共享，推动全球技术的进步。

3. 提高市场准入效率

协调后的国际标准可以作为市场准入的统一依据，企业只需满足一项标准即可进入多个市场，大大提高了市场准入的效率。

（三）标准互认

在某些情况下，不同国家和地区可以通过标准互认协议，承认对方国家的标准，简化进出口程序，降低企业的合规成本，如欧盟国家之间的 CE 标志就是一种标准互认的体现。

1. 简化进出口程序

标准互认协议允许企业使用符合对方国家和地区标准的产品进出口，避免重复测试和认证，大大简化进出口程序，降低企业的运营成本。

2. 促进贸易便利化

标准互认使货物和服务的跨境流动更加顺畅，有助于形成更加开放、包容的全球经济体系，促进贸易便利化。

3. 增强企业竞争力

通过标准互认，企业可以更容易地进入国际市场，与全球同行竞争，从而提升企业的国际竞争力和品牌影响力。

六、货物标准的发展趋势

货物标准在保障产品质量、促进贸易、保护消费者权益等方面发挥着至关重要的作用。随着经济全球化和科技的不断进步，货物标准面临新的挑战和机遇。未来，货物标准将趋向智能化、可持续化和灵活化，强调全球合作与消费者参与，以适应快速变化的市场环境。

（一）智能化与数字化

智能制造和数字化技术的发展将推动货物标准的智能化，未来的标准将更加依赖于大数据、物联网和人工智能技术，实现自动化监测和管理。

（二）可持续发展

随着环保和可持续发展的理念深入人心，货物标准也会相应地向环境友好和资源节约的方向发展。未来，货物标准将更加注重生命周期评估，确保产品在整个生命周期内对环境的影响降至最低，如绿色产品标准和生态设计标准将成为重要趋势。

（三）标准的灵活性和适应性

随着市场环境和技术的快速变化，货物标准需要具备更高的灵活性和适应性。未来的货物标准将更加注重动态调整，能够快速响应市场需求的变化和技术的进步，避免标准滞后于行业发展，确保其始终具有实用性和有效性。

（四）全球化与多边合作

全球化趋势将促使各国在标准化方面加强合作，国际组织和多边机构将在推动全球标准的统一性和互认性方面发挥更大作用。此外，各国之间的标准对接和合作将有助于消除非关税壁垒，促进贸易便利化。

（五）增强消费者参与

随着消费者对产品质量和安全性要求的提高，未来的货物标准制定过程中，消费者的声音将变得越来越重要。通过广泛征求消费者意见，能够确保标准更好地满足市场的需求和消费者的期望。

（六）数据驱动的标准制定

数据分析和人工智能的发展将推动标准制定的科学性和准确性。利用大数据技术，可以更全面、更准确地分析市场需求、产品缺陷和质量控制，促进标准的制定和优化。

（七）跨界融合

随着技术和产业的融合发展，未来的货物标准可能会涉及多个行业和领域，如智能家居、汽车与信息技术的结合将促使相关标准的交叉与融合，形成更为综合的标准体系。

知识拓展

国家标准的制定程序

我国国家标准制定的程序通常划分为以下九个阶段。

一、预阶段

预阶段是标准计划项目建议的提出阶段。全国专业标准化技术委员会或部门收到新工作项目提案后，经过研究和论证，提出新工作项目建议，并上报国务院标准化主管部门（国家标准化管理委员会）。国务院标准化行政主管部门收到国家标准新工作项目建议后，对上报的项目建议统一汇总、审查、协调、确认，并下达《国家标准制修订计划项目》。

二、立项阶段

立项阶段是国家标准化管理委员会对全国专业标准化技术委员会报送的项目提案进行审批的过程。国家标准化管理委员会组织专家对项目提案进行评审。基于评审意见，对于批准的项目提案，下达标准制、修订项目计划。

三、起草阶段

起草阶段是成立工作组，起草完成工作组讨论稿的过程。工作组对工作组讨论稿达成一致意见后，报送至全国专业标准化技术委员会。全国专业标准化技术委员会接收工作组讨论稿，登记为征求意见稿。

四、征求意见阶段

征求意见阶段是全国专业标准化技术委员会对征求意见稿征求意见的过程。征求意见的范围至少包括本技术委员会所有委员，征求意见的方式包括分发征求意见稿等文件、在工作平台等网络系统公开或在相关公共媒体上征求意见。征求意见的时间一般为2个月。征求意见结束后，工作组汇总并处理收到的反馈意见，根据处理意见对标准草案进行修改完善，形成送审稿，提请全国专业标准化技术委员会组织技术审查。

五、审查阶段

审查阶段是全国专业标准化技术委员会对送审稿进行审查的过程。全国专业标准化技术委员会将送审稿等文件分发给本技术委员会全体委员进行审查。审查方式分为会议审查和信函审查。全国专业标准化技术委员会在会议审查召开日期或信函审查截止日期一个月前分发送审材料。审查后，委员统一在全国专业标准化技术委员会工作平台上投票。审查未通过的，由工作组根据审查意见进一步修改完善，再次提交全国专业标准化技术委员会审查。送审稿通过审查后由工作组根据审查意见进一步完善形成报批稿，由技术委员会秘书处向国家标准化管理委员会报送报批稿等相关材料。

六、批准阶段

批准阶段是国家标准化管理委员会对报批稿及相关工作文件进行审核和批准的过程。国家标准化管理委员会主要从程序和形式方面对报批稿进行审查。经审核报批稿及相关工作文件满足标准制定相关要求的，由国家标准化管理委员会批准报批稿成为标准，给予标准编号后纳入标准批准发布公告。

七、出版阶段

出版阶段是标准出版单位出版标准的过程。出版标准的文本形式可以是纸质文本，也可以是电子文本。

八、复审阶段

复审阶段是全国专业标准化技术委员会对标准的适用性进行评估，并做出复审结论的过程。在复审阶段，技术委员会通过评估做出下列复审结论：1. 修改标准；2. 修订标准；3. 标准继续有效；4. 废止标准，并形成复审报告报送国家标准化管理委员会。

九、废止阶段

对于已无存在必要的国家标准，技术委员会或部门提出该国家标准的废止建议，由国务院标准化行政主管部门予以废止。

案例分析

一、案例背景

日本A企业销售一批电视机给中国香港B企业,B企业又把这批电视机转口给泰国C企业。在这批货物到达香港时,B企业已发现货物的质量有问题,但B企业仍将原货转船直接运往泰国。泰国C企业收到货物后,经查验发现货物有重大缺陷,因此要求退货。B企业转向A企业提出索赔,但遭A企业拒绝。

二、问题分析

(一)合同独立性与责任传递

A企业与B企业、B企业与C企业分别订立了两份独立的合同。根据合同相对性原则,B企业与C企业之间的合同问题不应直接影响A企业与B企业之间的合同关系。

(二)品质检验与通知义务

B企业在接收货物时已发现品质问题,但未能及时通知A企业并采取有效措施减少损失,而是将问题货物继续转运给C企业,增加了损失扩大的风险。

(三)索赔依据与权利分配

C企业发现货物有重大缺陷后,有权依据与B企业的合同向B企业提出索赔。而B企业在已知货物有质量问题的情况下仍继续交易,丧失了向A企业索赔的合理依据。

三、处理措施

A企业有权拒绝B企业的索赔要求,因为B企业未能履行其作为买方的品质检验和通知义务。同时,B企业须对C企业承担违约责任,并可能面临进一步的法律诉讼或仲裁。

四、案例启示

(一)严格履行检验义务

在国际贸易中,买方(如B企业)在接收货物时负有严格的检验义务。这不仅是为了确保自身权益,也是对未来可能涉及的第三方(如C企业)负责。B企业在发现货物质量有问题时,应立即停止进一步操作,并进行详细检验。

(二)及时通知与沟通协商

一旦发现货物存在质量问题,买方应及时通知卖方(如A企业),以便双方能够共同协商解决方案。B企业未能及时通知A企业,导致问题被进一步放大,最终影响了第三方C企业,也使自己陷入了被动。

(三)加强供应链管理的风险控制

本案例凸显了供应链管理中质量控制和风险管理的重要性。B企业在发现货物质量问题后未采取积极措施解决,而是选择隐瞒并继续转售,不仅是对自己企业信誉的损害,也影响了整个供应链的稳定性。有效的供应链管理应确保每个环节都符合质量标准，并能迅速应对潜在风险。

（四）明确合同条款的相关规定

合同条款的明确性对于解决争议至关重要。A 企业与 B 企业之间的合同应明确约定货物的质量标准、检验方法、违约责任等条款。这样在发生争议时，双方可以依据合同条款进行协商或诉诸法律。

（五）划清风险转移与责任承担的界限

在国际贸易中，风险的转移和责任的承担是双方关注的焦点。如 CIF 术语下，货物在装运港装上船后的风险由买方承担。案例中，B 企业试图将风险转嫁给 A 企业，这显然是不合理的，企业应明确自身在供应链中的位置和角色，合理承担相应责任。

实训任务

实训项目：货物标准的认知与应用。

实训目的：根据实际需求选择合适的货物标准。

实训内容：

（1）选取一种货物（如电子产品、食品、纺织品等），分析其对应标准中的技术指标，如尺寸、重量、性能参数、安全要求等；

（2）学习该货物标准中规定的检测方法，包括抽样规则、试验步骤、判定依据等，理解这些检测方法如何确保产品质量的可靠性；

（3）研究货物标准中关于产品标识和包装的要求，包括标签内容、包装材料、环保要求等，探讨这些要求对产品市场准入和消费者认知的重要性。

实训要求：对某类货物标准的内容进行调查分析，完成调研报告。

评分要点：评分要点如表 2-2 所示。

表 2-2　“货物标准的认知与应用”评分要点

序号	评分要点	分值	得分
1	货物选择合理、对应标准技术指标分析正确	30	
2	货物标准检测方法使用正确	20	
3	货物标准产品标识分析正确	20	
4	货物标准包装要求分析正确	20	
5	小组分工明确，成员参与度高	10	
合计		100	

任务三 货物标准化

建议教学时数：4

学习目标

1. 知识目标

(1) 掌握货物标准化的形式；

(2) 掌握货物包装标准化；

(3) 了解贸易壁垒的种类。

2. 能力目标

(1) 能够具体说明货物标准化的内容和形式；

(2) 能够按照货物标准化要求进行实际操作。

3. 素质目标

(1) 培养学生实际参与货物标准化操作的能力；

(2) 开阔视野，提高参与国际贸易的能力。

案例导入

制造业的货物标准化

为提升生产效率、保证产品质量并降低成本，某汽车制造商决定对汽车关键零部件进行标准化设计。该汽车制造商组织了一支由工程师、设计师和生产专家组成的团队，对汽车零部件进行了全面的梳理和分析。通过采用先进的CAD/CAE软件，团队对零部件的尺寸、形状、材质等进行了优化设计，制定了统一的规格标准，并积极与上下游供应商开展紧密合作，共同推进零部件的标准化。这些标准涵盖了发动机、变速箱、底盘、车身等多个关键系统，确保了零部件的通用性和互换性。

分析提示

案例思考

1. 该汽车制造商实施货物标准化的内容有哪些？
2. 通过实施货物标准化，该制造商取得了哪些成效？

相关知识

一、货物标准化的含义

（一）货物标准化的概念

货物标准化是指在一定经济、社会和科技条件下，为了提高货物质量、促进商品技术进步和贸易发展，经过综合分析、测试、实验和实践，制定的能够在规定用途中广泛应用的技术规格、质量要求、测试方法和检验程序等方面的统一要求。其目的在于通过标准化的手段，规范货物的生产、加工、存储、运输等环节，确保货物质量、安全性和一致性，从而提高企业竞争力，保护消费者权益，促进国际贸易合作。

（二）货物标准化的意义

1. 有利于提高产品质量和安全性

通过制定和执行严格的质量标准和安全标准，可以确保货物在生产、加工、存储、运输等环节达到一定的质量要求和安全水平，从而保护消费者的合法权益。

2. 有利于推动企业技术创新和进步

货物标准化可以推动企业在产品设计、生产工艺等方面进行创新和改进，提高产品的技术含量和附加值，从而增强企业的市场竞争力。

3. 有利于促进国际贸易合作

货物标准化有助于消除国际贸易中的技术壁垒和贸易障碍，促进各国之间的贸易合作和交流。通过与国际标准接轨，企业可以更好地适应国际市场需求，拓展海外市场，增加贸易机会和出口额。

4. 有利于提高经济效益和社会效益

货物标准化可以优化资源配置，降低生产成本和交易成本，提高生产效率和经济效益。标准化的产品也有助于减少资源浪费和环境污染，提高社会效益。

想一想

企业实施货物标准化的原因是什么？

（三）货物标准化的内容

1. 名词术语统一化

在货物流通领域，名词术语的统一是标准化的基础。通过明确和统一货物的名称、分类、编码等术语，可以减少误解和沟通障碍，提高信息传递的准确性和效率。

2. 货物质量统一化

货物质量是标准化的核心。通过制定和实施质量标准，对货物的物理性能、化学性能、机械性能等方面进行规范和检验，确保货物质量符合规定要求。

3. 货物零部件统一化

在制造业中，零部件的统一化是提高生产效率和降低成本的重要手段。通过制定统一的零部件标准和规格，可以实现零部件的互换性和通用性，减少生产准备时间和库存成本。

4. 货物检验方法标准化

检验方法的标准化是确保货物质量的重要手段。通过制定统一的检验方法和程序,对货物进行准确、可靠的检验和测试,确保货物质量符合规定要求。

5. 货物包装、储存、运输、养护标准化

包装、储存、运输和养护是货物流通的重要环节。通过制定统一的包装标准、储存条件、运输方式和养护要求,可以确保货物在流通过程中的安全性和完整性,降低货损货差率。

说一说

请结合实际,举例说明货物标准化的内容。

二、货物标准化的形式

货物标准化主要有简化、统一化、系列化、通用化、组合化五种形式。它们各有特点,相互补充,共同构成了货物标准化的完整体系。在物流领域,这些标准化形式的应用有助于提高物流效率、降低成本、增强灵活性和适应性。

(一) 简化

简化是在一定范围内缩减货物标准化对象的类型数目,使之在既定时间内足以满足一般需要的标准化形式。简化是货物标准化的初级形式,也是实践中应用比较广泛的一种形式。在商品生产多样化的背景下,如果不加以控制,可能会出现大量多余、无用或低功能的产品品种,这不仅浪费社会资源,还会增加物流过程中的复杂性和成本。通过简化,可以去除不必要的冗余,使货物的种类和规格更加精练,便于管理和流通。

简化是在货物的多样化发展到一定规模后,对货物的类型数目加以缩减。在科学的基础上,通过合理的简化,可以去掉不必要的货物类型及同类货物中多余的、重复的和低功能的货物品种,使货物构成更加合理,为新的货物类型、品种、规格的出现以及多样化的合理发展扫清障碍。因此,简化是货物系统发展的外在动力,是对货物类型、品种进行有意识控制的一种有效形式。

(二) 统一化

统一化是把同类货物两种以上的表现形态归并为一种或限定在一个范围内的标准化形式。统一化是货物标准化活动中内容最广泛、应用最普遍的一种形式。统一化的目的是消除混乱,为人类的正常活动建立共同遵循的秩序。在物流领域,统一化要求各种编码、符号、代号、标志、名称、单位以及包装运输中机具的品种规格系列和使用特性等实现统一标准,这样可以减少因标准不统一而导致的误解和错误,提高物流效率和准确性。

统一化的实质是使货物的形式、功能或其他技术特征具有一致性,并把这种一致性通过货物标准以定量化的方式确定下来。因此,统一化和简化的概念是有区别的,前者着眼于取得一致性,即从个性中提炼共性;后者着眼于精练,即合理地保留若干品种。

（三）系列化

系列化是对同一类产品中的一组产品同时进行标准化的一种形式，是标准化的高级形式。系列化通过对同一类货物发展规律的分析研究和对国内外货物发展趋势的预测，结合本国的生产技术条件，经过全面的技术经济比较，按照用途和结构将同类型产品归并在一起，并对产品的主要参数、尺寸等进行合理分级，以协调同类产品与配套产品及包装之间的关系。系列化有助于实现产品品种的典型化，使产品结构优化、功能最佳。在物流领域，系列化可以提高货物的兼容性和互换性，减少库存成本，提高物流效率。

货物系列化一般包括制定货物基本参数系列、编制货物系列型谱和进行货物系列设计三个方面。制定货物基本参数系列是货物系列化的基础，这一阶段的主要任务是通过对市场需求、技术条件、生产工艺以及产品发展趋势的深入研究，确定货物的关键参数，如尺寸、重量、功率、容量、性能指标等。这些参数不仅决定了货物的物理特性和功能表现，还直接影响到货物的生产成本、使用效果和市场竞争能力。编制货物系列型谱是货物系列化的核心环节。型谱是对货物品种、规格、结构形式等进行简化、优化后形成的一种标准化文件，规定了货物的系列、型号、规格、结构形式以及相互之间的关系。通过编制型谱，可以实现对货物品种的合理规划和有效管理，提高产品的通用性和互换性，降低生产成本和维修难度。进行货物系列设计是货物系列化的具体实施阶段，在这一阶段，设计师需要根据基本参数系列和系列型谱的要求，对货物进行系统的设计和开发。设计过程中需要综合考虑货物的功能需求、结构特点、生产工艺以及市场需求等因素，确保设计出的货物既符合技术要求又满足市场需求。

查一查

货物系列化的应用场景有哪些？

（四）通用化

通用化是指在互相独立的系统中，选择和确定具有功能互换性或尺寸互换性的子系统或功能单元的标准化形式。通用化以互换性为前提。所谓互换性是指不同时间、不同地点制造出来的货物或零件，在装配、维修时不必经过修整就能任意替换使用的性质。通用化的目的在于最大限度地扩大同一产品的使用范围，从而最大限度地减少产品在设计和制造过程中的重复劳动。在物流领域，通用化意味着不同系统或环节的货物可以相互替代或兼容，这有助于提高物流的灵活性和适应性。

通用化要求在货物系列设计时全面分析货物的基型系列和变型系列中零部件的共性和个性，从中选择具有共性的零部件，将其确定为通用件或标准件。在单独设计某一货物时，尽量采用已有的通用件；设计新零部件时，要充分考虑到能为日后的新货物所采用，使其逐步发展为通用件或标准件。

（五）组合化

组合化是按照标准化原则，设计并制造出若干组通用性较强的单元，再根据需要进行拼合的标准化形式。组合化的特殊之处是将统一化单元组合为具有某种功能的货物体，这个货物体又能重新拆装，组成新的结构，统一化单元可以多次重复使用。组合化强调模块化和可重构性，使得货物可以根据不同需求进行灵活组合和拆分。在物流领域，组合化有助于实现货物的快速组装和拆卸，提高物流作业的效率和灵活性，减少库存种类和数量，降低库存成本。

在货物设计、生产和使用过程中都可以运用组合化的方法。如生产厂家首先选择或设计标准单元或通用单元，同时预先制造和储存一定数量的标准组合单元，然后根据需要组装成不同用途的货物。目前，组合化的原则和方法已经广泛应用于机械产品、仪表产品、工艺产品、家具产品等的设计和制造中。

议一议

比较货物标准化的五种形式。

三、货物包装标准化

（一）货物包装标准化的含义

货物包装标准化是指对货物包装的类型、规格、材料、技法、检验等方面做出统一规定并强制执行的技术措施。它要求包装的设计、制造和使用都遵循一定的标准，以确保包装的一致性和可靠性。

货物标准化对企业运营的意义

议一议

企业实施货物包装标准化能够带来哪些运营效益？

（二）货物包装标准化的内容

1. 包装材料标准化

选择符合国家或国际标准的包装材料，如环保材料、可回收材料等，对包装材料的物理性能、化学性能等进行严格测试，确保材料的质量稳定可靠。

2. 包装规格标准化

制定统一的包装尺寸和容量标准，以适应不同运输工具和储存设施的要求；对包装尺寸进行合理分级，以提高装载效率和储存空间利用率。

3. 包装技法标准化

采用科学合理的包装技法，如防震、防潮、防锈等，确保货物在运输过程中的安全；对包装技法进行统一规定，以减少包装过程中的浪费和错误。

4. 包装标志标准化

制定统一的包装标志标准，包括运输标志、指示标志、警告标志等，确保包装标志清晰、准确，便于物流人员识别和分类处理。

5. 包装检验标准化

制定统一的包装检验标准和方法，对包装的质量进行严格检验，确保包装符合国家和国际的相关标准和要求，保障货物质量。

练一练

集装箱作为现代物流的重要工具，其尺寸和类型在国际上有较为统一的标准。目前，国际上使用最广泛的集装箱类型主要包括________和________。

（三）货物包装标准化的社会意义

1. 提高物流效率

标准化的包装便于运输、储存和搬运，减少物流过程中的时间和成本浪费。

2. 降低货损货差

合理的包装材料和技法可以保护货物免受外界环境的影响，减少货损货差的发生。

3. 促进资源节约

标准化的包装材料便于回收和再利用，有助于资源节约和环境保护，实现可持续发展。

4. 推动国际贸易

与国际接轨的包装标准可以减少贸易壁垒，促进国际贸易的便利化和国际合作。

（四）货物包装标准化的实施策略

1. 加强标准制定

政府和企业应积极参与包装标准的制定工作，确保标准的科学性和合理性。

2. 推广标准应用

通过宣传和培训等方式，推广包装标准的应用，提高企业的标准化意识。

3. 加强监管力度

政府部门应加强对包装标准化的监管力度，确保标准的贯彻执行。

4. 推动技术创新

鼓励企业加强技术创新和研发能力，提高包装材料、技法等方面的技术水平。

货物包装标准化是一个复杂而重要的过程，涉及包装材料、规格、技法、标志和检验等多个方面。通过标准化包装，可以提高物流效率、降低物流成本、保护货物质量并促进国际贸易的便利化。因此，政府和企业应共同努力推动货物包装标准化的实施和发展。

知识拓展

贸易壁垒与标准化

一、什么是贸易壁垒

贸易壁垒是指一国政府为了保护本国产业和市场，通过立法或行政手段，对外国商品或劳务进口所实行的各种限制措施。贸易壁垒主要分为关税壁垒和非关税壁垒两大类，对国际贸易和全球经济具有重要影响。

（一）关税壁垒

关税壁垒是国际贸易中常见的一种保护措施，主要通过征收高额进口关税来限制外国商品的进入。关税壁垒形式多样，包括关税高峰、关税升级、关税配额、从量关税和从价关税等。

（二）非关税壁垒

非关税壁垒是指除关税以外的一切限制进口的措施，即通过其他方式限制外国商品的进口。非关税壁垒形式多样且复杂，主要包括配额、许可证制度、反倾销措施、技术性贸易壁垒、卫生与植物卫生措施、贸易救济措施等。

二、贸易壁垒的影响

（一）对经济的影响

贸易壁垒保护了本国产业免受外国竞争的冲击，但也可能导致商品市场闭塞，进口受限，限制国内企业获取更广阔市场的机会，降低企业的创新能力和竞争力；使国内产业受制于保护政策，无法面对国际市场的竞争压力，导致部分产业（如汽车、电子产品等高附加值产业）在受保护国家集聚，而其他国家则难以发展相应产业；由于进口受限，国内企业需要更多的资源用于生产本国无法提供的产品，增加企业的生产成本；导致国际经济关系紧张和贸易争端的增加，对全球经济秩序产生不良影响；加剧各国之间的经济落差，可能导致贫富分化的进一步加剧，不利于全球经济稳定发展。

（二）对政治的影响

贸易壁垒往往导致贸易伙伴之间的紧张局势，增加贸易冲突的风险，可能引发政治争议和贸易战；还会影响国际组织的正常运作和合作，限制其推动贸易自由化的权力和影响力。

（三）对社会的影响

贸易壁垒可能导致国内市场商品供应不足，商品价格上升，降低消费者的购买力；减少消费者的选择余地，并可能因限制产业发展而导致就业机会减少；限制技术传播和创新的进程，阻碍技术创新对经济发展的推动作用。

三、标准化与贸易壁垒的关系

（一）标准化有助于降低技术性贸易壁垒

技术性贸易壁垒是指一国以维护国家安全等为由，采取一些强制性或非强制性的技术性措施，如技术法规、标准、合格评定程序等，对外国进口商品制定苛刻繁杂的技术、卫生检疫、商品包装和标签等标准，从而提高产品要求，增加进口难度，最终达到限制进口的目的。

通过制定和推广国际标准或区域标准，各国可以在一定程度上减少技术法规和标准之间的差异，从而降低技术性贸易壁垒对国际贸易的阻碍作用。

（二）标准化也可能成为新的贸易壁垒

虽然标准化在降低技术性贸易壁垒方面发挥着重要作用，但同时也可能被某些国家用作保护本国产业的手段。如一些国家可能利用自身的技术优势制定高于国际水平的技术标准，以限制外国产品的进入。

此外，随着技术的发展和国际贸易环境的变化，新的技术标准和法规不断涌现，这也可能给国际贸易带来新的挑战和壁垒。

（三）标准化促进贸易自由化和便利化

通过加强国际标准的协调与合作，各国可以共同制定和推广符合国际市场需求的技术标准和法规，从而促进贸易自由化和便利化。

标准化还可以帮助企业在国际市场上建立信誉和品牌形象，提高产品的竞争力和市场占有率。

四、应对贸易壁垒的标准化策略

（一）积极参与国际标准化活动

通过参与国际标准化组织（如 ISO、IEC 等）的活动，了解国际标准的最新动态和发展趋势，为本国和企业争取更多的发言权和利益。

（二）加强技术创新和标准研发

通过加强技术创新和标准研发，提高本国产品的技术水平和质量标准，从而在国际市场上获得更大的竞争优势。

（三）推广采用国际标准

积极推广采用国际标准或国际认可的标准体系，提高本国产品在国际市场上的认可度和接受度。

（四）加强双边和多边合作

通过加强双边和多边合作，与贸易伙伴共同制定和推广符合双方共同利益的技术标准和法规，降低贸易壁垒对国际贸易的阻碍作用。

标准化与贸易壁垒之间存在着密切而复杂的关系，通过加强标准化工作和推动国际标准的协调与合作，有助于降低技术性贸易壁垒对国际贸易的阻碍作用，促进贸易自由化和便利化；同时也需要警惕标准化可能被用作新的贸易壁垒的风险，并采取相应的应对策略。

案例分析

一、案例背景

随着电子商务的蓬勃发展和消费者购物习惯的改变，物流行业迎来了前所未有的发展机遇与挑战。某大型物流公司发现其传统的运营模式在面对日益增长的订单量和多样化的客户需求时显得力不从心。特别是在货物包装和运输环节，由于包装规格不一、运输工具多样化等问题，物流作业效率低下，货损货差率高，物流成本居高不下。这些问题不仅影响了公司的盈利能力，也损害了客户体验和品牌声誉。

二、问题分析

（一）包装标准化缺失

不同供应商提供的包装材料、尺寸各异，导致物流作业中需要频繁更换包装工具，增加了操作难度和成本。

（二）运输工具非标准化

公司使用的运输车辆和仓储设备种类繁多，缺乏统一的标准和规范，影响了物流作业的协调性和效率。

（三）信息系统不完善

物流信息系统无法全面、准确地跟踪货物的包装、运输和仓储情况，导致信息滞后和错误频发。

三、处理措施

（一）实施货物包装标准化

制定统一的包装规格和材质标准，明确包装箱的尺寸、承重、防护要求等；推广使用标准化的包装箱和托盘，减少包装种类，提高包装效率；与供应商建立合作机制，共同推进包装材料的标准化生产。

（二）推进运输工具标准化

对运输车辆进行标准化改造，统一车型、尺寸和载重能力；优化仓储设备配置，确保与包装规格相匹配，提高货物存储和搬运效率；引入先进的物流装备和技术，如自动化分拣线、智能仓储系统等，提升物流作业自动化水平。

（三）完善物流信息系统

建立先进的物流信息系统，实现货物从包装、运输到仓储的全链条信息化管理；引入物联网、大数据等技术手段，实时监测货物状态，提高信息准确性和时效性；加强信息系统与业务流程的深度融合，实现信息共享和协同作业，提升物流作业效率。

四、案例启示

（一）标准化是提升物流效率的关键

实施货物包装和运输工具的标准化管理，可以显著降低物流作业中的复杂性和不确定性，提高物流效率和质量。

（二）信息化是支撑标准化的重要手段

完善的物流信息系统能够实时跟踪和反馈物流作业情况，为标准化管理提供有力支持，在推进标准化的过程中，应高度重视信息系统的建设和应用。

（三）合作共赢是推进标准化的重要途径

物流行业的标准化需要供应链上下游企业的共同参与和配合，通过建立合作机制、共享标准化成果等方式，实现供应链的整体优化和共赢发展。

（四）持续创新是保持竞争力的关键

在推进标准化的同时，物流企业还应注重技术创新和管理创新，不断提升自身竞争力和适应市场变化的能力。

实训任务

实训项目：货物标准化与包装标准化模拟实训。

实训目的：通过模拟实操，培养学生的实际操作能力，使其在货物包装和运输过程中能够按照标准化要求进行操作。

实训内容：

（1）准备多种包装材料和包装容器，如纸箱、托盘、泡沫等；

（2）根据给定的商品信息（如尺寸、重量、易损性等），选择合适的包装材料和包装容器进行包装；

（3）按照包装标准化的要求进行操作，包括包装材料的选择、包装容器的尺寸和形状、包装工艺的规范等。

实训要求：按照实训规范要求进行操作，确保操作过程符合标准化要求，填写实训报告。

评分要点：评分要点如表 2-3 所示。

表 2-3　“货物标准化与包装标准化模拟实训”评分要点

序号	评分要点	分值	得分
1	包装材料和包装容器选择合理	25	
2	包装操作规范，符合标准化要求	25	
3	包装效果出色，符合标准化要求	25	
4	操作过程遵循 8S 管理要求	15	
5	小组分工明确，成员参与度高	10	
合计		100	

项目三

货物检验与计量

项目导学

- 货物检验与计量
  - 任务一　货物检验
    - 货物检验的含义
    - 货物检验的分类
    - 货物检验的项目
  - 任务二　货物检验的程序与方法
    - 货物检验的流程
    - 货物检验的方法
  - 任务三　进出口货物的检验
    - 进出口货物检验的含义
    - 进出口货物检验的作用
    - 进出口货物检验的范围
    - 进出口货物检验的程序
    - 进出口货物检验检疫规范及操作指南
  - 任务四　货物计量
    - 货物计量的含义
    - 货物计量的方法

任务一　货物检验

建议教学时数：2

学习目标

1. 知识目标

(1) 掌握货物检验的含义与方法；

(2) 熟悉货物检验的类型。

2. 能力目标

(1) 能够辨别货物检验的种类；

(2) 能够根据货物性质选择合适的检验方法。

3. 素质目标

(1) 遵循基本的货物标准，牢固树立法治意识，增强社会责任感；

(2) 具备爱岗敬业、诚实守信、勇于创新的物流从业人员职业道德。

案例导入

珐琅铸铁锅重金属超标

2023 年，厦门海关对金属(食品接触用)产品开展风险检测时发现，某品牌一款珐琅铸铁锅存在严重的质量问题，镉迁移量达 0.059 mg/kg，这一数值超出《食品安全国家标准 食品接触用金属材料及制品》(GB 4806.9—2016)规定限量的 2.95 倍。针对该款珐琅铸铁锅存在的问题，厦门海关迅速采取行动，将涉事产品全部下架，防止其流入市场损害消费者的健康。

案例思考

1. 珐琅铸铁锅重金属超标有何影响？
2. 珐琅铸铁锅重金属超标违反了货物质量检验的哪些原则？

分析提示

相关知识

一、货物检验的含义

(一) 货物检验的概念

货物检验是指货物的供货方、购货方或者第三方在一定条件下，借助某种手段和方法，按照合同、标准或国际、国家有关法律法规、惯例，对货物的质量、规格、数量以及包装等方面进行检查，并做出合格与否或通过验收与否的判定；或为维护买卖双方的合法权益，避免或解决各种风险损失和责任划分的争议，便利货物交接结算而出具各种证书的业务活动。

在商品流通领域中，货物检验具有十分重要的意义。货物检验有利于维护生产者、经营者、消费者三方的经济利益，保证和提高商品质量，促进国际贸易的顺利进行，维护国家利益，为科学的物流活动提供可靠的数据。

（二）货物检验的发展阶段

货物检验是商品经济发展到一定历史阶段的产物，从我国检验检测行业发展的历程来看，货物检验总共经历了六个阶段。

第一阶段：检验初步发展（1949—1984 年）

新中国成立后，政府开始实行国家对外贸易的统一管制，不断强化对检验检测市场的管制，对外贸易部下设商品检验总局，统一领导和管理全国的进出口检验机构和开展检验检测工作。改革开放后，我国检验行业特别是进出口商品检验得到了初步发展，奠定了市场化发展的基础。

第二阶段：国家检验检测机构负责所有商品检验（1984—1989 年）

1984 年，国务院发布了《中华人民共和国进出口商品检验条例》，规定中华人民共和国国家进出口商品检验局（以下简称国家商检局）为统一监督管理全国进出口商品检验检测工作的主管机关，各地商检局及其分支机构负责监督管理本地区的进出口商品检验检测工作，规定所有的业务一律由国家检验检测机构实施，还特别规定在中国境内不得设立外国检验机构。

第三阶段：开始对民间资本开放商品检验（1989—2002 年）

1989 年，《中华人民共和国进出口商品检验法》颁布，明确商检工作的目的是保证进出口商品质量，各地商检局负责对规定的商品实施强制性检验检测；确定多种检验主体的合法性，取消中国境内不允许设立外国检验机构的条款。同时规定，国家商检局根据需要，通过考核，认可符合条件的国内外检验检测机构承担委托的进出口商品检验检测工作，开始对民间资本开放商品检验检测市场。

第四阶段：界定行政执法性质的强制性检验检测与民事行为的检验检测（2002—2005 年）

2022 年，《中华人民共和国进出口商品检验法》修正后进一步明确，列入国家规定的进出口商品检验目录的商品，由商检机构实施检验检测；经国家商检局许可的检验检测机构，可以接受对外贸易关系人或外国检验检测机构的委托，办理进出口商品检验检测业务；进一步明确从事进出口商品检验检测经营活动民事行为的检验资格，明确界定行政执法性质的强制性检验检测工作与民事行为的检验检测业务，为检验检测市场的对内对外开放奠定了法律基础。

第五阶段：允许外资独资检测机构进入中国（2005—2014 年）

2005 年 12 月 11 日之后，我国开始允许外资独资检测机构进入中国的服务贸易市场。外资检测机构与民营检测机构构成独立第三方检测主体，国有检测机构利用其传统垄断优势占据政府强制性检测市场，独立第三方检测占据除政府强制性检测市场以外的其余市场。随着检测行业市场化发展和政府监管体制的变革，政府将逐步放开强制性检测市场，允许合格的社会检测机构进入部分强制性检测市场。

第六阶段：政府有序开放检测市场(2014 年至今)

2014 年，中央编办、国家质检总局颁布《关于整合检验检测认证机构的实施意见》，我国政府将有序开放检测市场，打破部门垄断和行业壁垒，鼓励和支持社会力量开展检验检测认证业务，积极发展混合所有制检验检测认证机构，加大政府购买服务力度，营造各类主体公平竞争的市场环境。

练一练

请用思维导图展示货物检验的完整发展历程。

二、货物检验的分类

(一) 按检验对象的流向分类

1. 内销商品检验

内销商品检验是指国内工厂生产出来的产品，经过工厂检验部门检验后，销售企业可以直接进货，免于检验程序。这种形式适用于生产技术条件好、工厂检测手段完善、产品质量管理制度健全的生产企业。内销商品检验的目的是确保产品质量符合规定标准，保障消费者的权益，同时也是企业质量管理体系的一部分，有助于提升企业形象和市场信任度。内销商品检验还包括商业监检，即销售企业的检验人员对工厂生产的半成品、成品及包装，甚至原材料等，在工厂生产全过程中进行监督检验，销售企业可凭工厂检验签证验收。这种形式适用于质量要求较高的商品，旨在通过销售企业的检验确保商品质量，满足高端市场的需求。

2. 进出口商品检验

进出口商品检验是指由国家设立的检验机构或向政府注册的独立机构对进出口货物的质量、规格、卫生、安全、数量等进行检验和鉴定，并出具证书的工作。这一过程旨在通过第三方的证明，保障对外贸易各方的合法权益。国家规定，重要进出口商品未经检验获取证件的，不准输入或输出。进出口商品检验的范围包括但不限于《商检机构实施检验的进出口商品种类表》所规定的商品、《中华人民共和国食品卫生法(试行)》和《中华人民共和国进出境动植物检疫法》所规定的商品、船舶和集装箱、海运出口危险品的包装等。此外，对外贸易合同中规定由商检局实施检验的进出口商品也属于检验范围之内。

(二) 按检验的目的分类

1. 生产检验

生产检验又称第一方检验、卖方检验，是由生产企业或其主管部门自行设立的检验机构，对所属企业进行原材料、半成品和成品的自检活动。生产检验的目的是及时发现不合格产品，保证质量，维护企业信誉，经检验合格的商品应有“检验合格证”标志。

2. 验收检验

验收检验又称第二方检验、买方检验，是由商品的买方为了维护自身及其顾客的利益，保证所购商品符合标准或合同要求所进行的检验活动。验收检验的目的是及时发现问题，反馈质量信息，促使卖方改进商品质量。在具体工作中，商业或外贸企业还常派“驻厂员”，对商品生产的全过程进行监控，发现问题及时要求生产方解决。

3. 第三方检验

第三方检验又称公正检验、法定检验，是由处于买卖利益之外的第三方（如专职监督检验机构），以公正、权威的非当事人身份，根据有关法律、标准或合同所进行的商品检验活动，如公证鉴定、仲裁检验、国家质量监督检验等。第三方检验的目的是维护各方合法权益和国家权益，协调矛盾，促使商品交换活动的正常进行。

说一说

比较生产检验、验收检验和第三方检验的异同点。

（三）按检验有无破坏性分类

1. 破坏性检验

破坏性检验是指为取得必要的质量信息，经测定、试验后的货物遭受破坏的检验，如对加工食品罐头、饮料以及茶类等的检验。

2. 非破坏性检验

非破坏性检验又称为无损检验，是指经测定、试验后的货物仍能使用的检验，如对电器类、纺织品类等的检验。

（四）按检验商品相对数量分类

1. 全数检验

全数检验又称全额检验、百分之百检验，是对整批商品逐个（件）进行检验。全数检验的优点是能提供较多的质量信息，给人一种心理上的安全感；缺点是检验量大、费用高，容易出现漏检或错检。

2. 抽样检验

抽样检验是按照已确定的抽样方案，从整批商品中随机抽取少量具有代表性的商品用作测试的样品，并依据测试结果去推断整批商品质量合格与否的检验。抽样检验的优点是占用人力、物力和时间少，具有一定的科学性和准确性，是比较经济的检验方式；但检验结果相对于整批商品实际质量水平存在一定的误差。

三、货物检验的项目

货物检验的项目包括货物质量检验、货物数量和重量检验、货物包装检验、货物安全卫生检验等内容。

（一）货物质量检验

1. 外观质量检验

外观质量检验是一种通过视觉和触觉检查产品外观质量的方法，旨在发现产品表面或外观上的任何缺陷或异常。这种检验通常包括对产品的包装、外观、尺寸、标签、气味、颜色、手感等进行细致的检查，以确保产品符合质量标准。此外，对于一些特定产品，如金属材料，还需要检查表面裂纹、结疤、拉裂、瓢曲、压痕、切斜等外观质量缺陷。

2. 内在质量检验

内在质量检验主要是对货物的化学成分、物理性能以及机械性能进行检验，以确保货物的质量符合特定的标准和要求。内在质量检验是品质检验的重要组成部分，与外观品质检验相比更加关注商品的内在特性和技术指标，如有效成分的种类和含量、有害物质的限量、化学成分、物理性能、机械性能、工艺质量以及使用效果等。

想一想

货物质量检验在生活中的实际应用有哪些？

（二）货物数量和重量检验

1. 数量检验

数量检验是商检机构依据合同的规定以及不同商品的计量单位，对进出口商品的数量进行检验。数量检验的具体内容主要包括以下几个方面。

（1）件数：点验商品的件数或个数，如箱、包、捆等包装件数或只、台、套、根、打、罗等裸装数量；

（2）商品的长度：如纺织品的米、码等；

（3）商品的面积：如皮革的平方英尺；

（4）容积：如液体商品的升、加仑；

（5）体积：如木材的立方米。

商检机构对数量检验是以发票、装箱单、尺码明细单等为依据，对整批货物的实际数量进行核点计数，并如实签发数量检验证书，作为商品数量交接、结算和处理索赔的凭证。数量检验的方法一般包括点验法、计件法、检尺求积法等。

2. 重量检验

重量检验是通过科学的方法，证明商品的实际重量，以确定其是否符合申报的信息。重量检验是商品检验的一个重要环节，有利于维护进出口贸易的公平性和合法性。重量检验的方法一般包括水尺计重、容量计重、衡器鉴重等。

（三）货物包装检验

货物包装检验是对进出口商品的外包装和内包装以及包装标志进行检验的过程，确保包装符合外贸合同、标准和其他有关规定。包装检验的目的是提高商品质量和安全性，确保商品在长途运输中保持完好。包装检验的具体内容主要包括以下几个方面。

1. 包装材料检验

检查包装材料的外观、厚度、强度、耐折度等指标，确保其符合相关标准和规范。

2. 包装设计检验

审查包装设计是否符合产品设计要求，同时满足行业标准和法规。

3. 包装工艺检验

对包装工艺的各个环节进行检查，如印刷、裁切、折叠、粘合等，确保成品精度和一致性。

4. 包装成品检验

对包装成品的外观、尺寸、承重能力、密封性等进行全面检查，确保符合要求。

查一查

货物包装检验的具体要求是什么？

（四）货物安全卫生检验

货物安全卫生检验主要是对商品中有毒有害物质及微生物的检验，包括细菌检验、霉菌检验（对黄曲霉毒素等 20 多种可致癌菌霉毒素严格限量）、农药残留量检验、食品添加剂检验以及有毒有害金属检验等。卫生检验是依据《中华人民共和国食品卫生法》等相关法律规定，检验进出口食品是否符合人类食用卫生条件的一种措施，确保进口食品、食品添加剂等符合国家卫生标准和卫生管理办法的规定。卫生检验还包括对进出口商品的安全、卫生、健康、环保、防止欺诈等要求的合格评定，通过感官、物理、化学、微生物的方法进行检验检疫，以判定所检对象的各项指标是否符合相关规定，从而维护进出口商品质量安全和贸易公平。

知识拓展

美国海关通知查验的两种情况

美国海运报关行需将所有文件包括进口商的原始文件原件或复印件送去海关，海关人员在检查书面文件后批阅是否放行或检查（EXAM）。当海关人员通知查验时，一般会遇到以下两种情况。

(1) 提交自动仓单系统（AMS）后即通知查验，也就是说按照美国海关要求，进口到美国的货物需在开船前（驶离起运港前）48 小时提交柜子的详细信息，如柜号、封条号、货物详细信息等，提交之后即通知等柜子到达目的港之后需要查验。

(2) 货柜到港前一周左右安排清关，提交完清关资料之后，海关通知查验。

以上两种情况被查验的原因主要是例行查验或者清关资料中的部分品名被美国海关列入需查验名单，也就是我们常说的敏感商品。

美国海运正常查验时间为 7—10 天，包含了安排拖车将货柜拖到查验场，以及从查验场排队进出的时间。查验分为人工查验和机器查验（X 光机扫描），一般在 X 光机扫描完后都会继续进行人工查验。美国海关对于敏感商品的查验较为严格，因此货主在运输敏感商品时，应提前准备好相关材料，以便查验时及时通过。

一般货柜到查验场查验时，会产生一笔查验柜租费，大概是 200 美元/天，查验时间 7—10 天。

海关人员在检查书面文件后批阅直接放行，可以安排收货人提货。提货分为定提和非定提。定提即船运公司在码头的某一定点区域放置货物，以供提取。这里的柜子有优先权，可以防止船公司甩柜，但是定提收费相对较高。非定提就是货柜的位置随意安排，通过普通的码头进行卸柜。开船后 40—45 天交 UPS 递送。存在的不确定因素极高，如延误开船、甩柜、不可提、塞港等。

危化品物流安全检查

一、危化品物流安全检查的背景

危化品运输一直存在着很高的风险。一旦发生事故，不仅会对人类造成危害，还会对环境造成破坏。随着危化品数量和种类的不断增加，对运输过程中进行危化品物流安全检查显得尤为重要。

二、危化品物流安全检查的意义

危化品物流安全检查是危化品运输时必不可少的环节，具有重要的意义。

1. 确保危化品在运输过程中的安全性

物流安全检查可以对危化品的包装、标记、监控、安全装置等方面进行全面、详细的检查，确保危化品在运输过程中的安全性。

2. 预防和减少运输事故的发生

通过进行物流安全检查，可以及时发现危化品的问题、隐患和缺陷，采取相应的补救措施，预防和减少运输事故的发生。

3. 保护人类和环境的安全

危化品的误用或事故会对人类和环境造成巨大的危害，对危化品进行物流安全检查可以有效地保护人类和环境的安全，减轻破坏带来的负面影响。

三、危化品物流安全运输的措施

1. 加强危化品的包装和标记

在危化品运输过程中，包装是非常重要的一个环节。合适的包装可以减轻事故对人类和环境的影响，减少发生事故的概率。因此，在物流安全检查中，应进行一系列的包装检查，确保包装符合相关的标准，并注意危化品的标记。

2. 规范危化品的监控流程

监控是危化品运输的必要环节，可以确保危化品的安全性。物流安全检查需要进行详细的监控检查，以保证危化品在运输过程中安全和可控。

3. 检查危化品的安全装置

运输危化品的装置是保障安全的必备条件，物流安全检查需对安全装置进行密切的检查和监控，确保危化品在运输过程中安全。

4. 制订危化品应急预案

在不可避免的事故发生时，应急预案是事故能够得到及时、有效处置的关键。而物流安全检查也需对应急预案做出准备和检查，以防应急情况的出现。

案例分析

一、案例背景

2023 年，榕城海关根据布控指令，对 2 批平行进口的轿车实施现场查验。在查验过程中接连发现 4 辆汽车的车速表标度盘上的速度值单位不是 km/h，不符合《汽车用车速表》(GB/15082—2008)的相关要求。

因此，该海关监督企业对上述汽车进行技术处理，经重新检验合格后放行。

二、问题分析

平行进口汽车由贸易商直接从海外市场购买并引入我国市场销售，如美国车和欧洲车就是在美国和欧洲市场采购的进口汽车。相比一般进口渠道，平行进口汽车并非专为我国市场定制，进入国内市场时往往需要根据国家标准进行符合性整改。

三、案例启示

进口汽车无论由哪个渠道进入我国市场，都要符合我国市场准入制度，即符合强制性产品认证和环保认证要求，经相关部门合格评定后才能进入我国市场销售。进口企业是平行进口汽车产品质量追溯的责任主体，可通过采取与境外检验机构合作等方式，对采购车辆提前进行车辆质量安全与合规性检查，降低车辆退运的风险。

实训任务

实训项目：设计货物入库检验方案。

实训目的：掌握货物入库检验方案。

实训内容：

背景资料：某物流公司有面积约 1 000 m^2 的普通仓库，主要为上海地区的某超市储存以下货物。

(1) 不锈钢刀具、玻璃茶具、橡胶手套、橡胶管、暖水袋；

(2) 茶叶、葡萄酒、白糖、红糖和各种糖果；

(3) 毛巾、浴巾、床单、被套。

实训要求：根据该物流公司储存货物的特性选择合适的检验方法和检验项目，设计货物检验的基本流程，完成货物检验报告。每组完成一份设计货物入库检验方案，制作汇报 PPT。

评分要点:评分要点如表 3-1 所示。

表 3-1 “设计货物入库检验方案”评分要点

序号	评分要点	分值	得分
1	货物检验的方法选择合理	15	
2	货物检验的项目选择合理	20	
3	货物检验的基本流程设计合理	30	
4	货物检验设计方案及报告撰写合理规范	25	
5	小组分工明确,成员参与度高	10	
合计		100	

任务二 货物检验的程序与方法

建议教学时数：4

学习目标

1. 知识目标

(1) 熟悉货物检验的流程；

(2) 掌握货物检验的方法。

2. 能力目标

(1) 能够运用感官方法检验货物；

(2) 能够对货损货差采取正确的预防措施。

3. 素质目标

(1) 培养学生严谨负责的工作态度与合理规范的法律意识；

(2) 培养学生遵循基本的货物检验标准，营造“知”规、“守”规、“行”规的良好社会营商环境，增强社会责任感。

案例导入

某植物油厂食用油检验案

2020 年 12 月 1 日，根据群众举报，某市质量技术监督局对该市一植物油厂进行了突击执法检查，现场查获饲料玉米毛油 5 400 千克，工业盐 550 千克，工业用磷酸三钠 125 千克，工业用氢氧化钠 3 400 千克。经调查，该厂从一饲料经营部购入饲料玉米毛油 157 吨，从盐业公司购入工业盐 3.5 吨，从化工商店购入工业用氢氧化钠 6 吨、工业用磷酸三钠 150 千克。该厂在生产过程中每吨饲料玉米毛油中加入 5 千克氢氧化钠、10 千克工业盐、0.1 千克磷酸三钠等工业原料，共计生产成品食用油 120 吨，涉案货值金额超 68.4 万元。针对该植物油厂存在的问题，该市质量技术监督局迅速采取行动，将涉事食用油全部下架，防止其流入市场损害消费者的健康。

案例思考

1. 案例中的食用油应选择哪种检验方法？
2. 案例中的食用油检验结果合格吗？为什么？
3. 货物检验的目的是什么？

分析提示

相关知识

一、货物检验的流程

（一）定标

定标是指检验前根据合同或标准明确技术要求、已掌握的检验手段和方法以及货物合格判定的原则，制订货物检验计划，并确定检验批次。

（二）抽样

抽样是指在检验整批货物质量时，按照合同或标准规定的抽样方案，采用某种抽样方法，从中抽取具有代表性的一定数量的样品，作为评定该批货物质量的依据。

1. 抽样检验的内容

抽样检验的对象是一批产品，一批产品是否合格、是否能够通过验收，是通过抽样检验来判断的。具体步骤是先按一定方法抽取样本，然后用全数检验样本得到的质量参数来推断总体质量参数。抽样检验涉及确定抽样方案、如何抽样、检验判定程序和检验后处理等问题。

抽样检验中，涉及的基本术语有单位产品、检验批、批量、不合格（品）、批质量、过程平均、接收质量限（AQL）等。

(1) 单位产品。单位产品是为实施抽样检验而划分的基本产品单位，如一件商品或一定数量的商品。

(2) 检验批。检验批是用于检验的一批产品，或作为检验对象而汇集起来的一批产品，通常检验批应该由同型号、同等级、同种类且生产条件和生产时间基本相同的单位产品组成。

(3) 批量。批量是被检批中单位产品的数量。

(4) 不合格（品）。在抽样检验中，不合格（品）是指单位产品中任何一个质量特性不满足规范要求，有时根据需要将不合格划分为 A 类不合格、B 类不合格、C 类不合格等。

(5) 批质量。批质量是指单个提交检验批产品的质量。在计数抽样检验中常用来衡量批质量的指标有批不合格品率、批不合格品百分数等；在计量抽样检验中衡量批质量的指标有质量特性平均值、质量特性标准差或变异系数等。

(6) 过程平均。过程平均是指在规定的时段或生产量内平均的过程质量水平，即一系列交检批的平均质量。

(7) 接收质量限（AQL）。接收质量限（AQL）是指当一个连续系列批被提交验收抽样时，可允许的最差过程平均质量水平。它是对生产方的过程质量提出要求，是允许生产方过程平均（不合格品率）的最大值。在抽样检验中，有时使用固定百分比抽样，在批量相同或相似的时候，固定百分比抽样操作相对简单；但是在批量大小差异很大时，如采用固定百分比抽样则会造成小批松、大批严的结果。

2. 抽样的方法

(1) 简单随机抽样。简单随机抽样是指从批量为 N 的被检批中抽取 n 个单位商品组成样本，共有 C_k 种组合，对于每种组合被抽取的概率都相同的抽样方法，总体中每个个体被抽到的机会都是相同的。被检货物批量较小时，用编号、抽签或查随机数表、计数器、掷骰子等选号，如要从 100 件产品中抽取 10 件组成样本进行检验，可以把 100 件产品用同样大小的纸签代表从 1 号一直编到 100 号，然后用抽签或抓阄的办法，任意抽出 10 张，如得到 68，5，9，11，22，34，48，75，56，90 号，就把这 10 个编号的产品取出来组成样本检验。简单随机抽样的优点是误差小，缺点是抽样手续比较烦琐。

（2）分层随机抽样。分层随机抽样又称类型随机抽样，它是按照所要检查的质量标志或其他情况，先将整批同类商品划分成若干部分，然后从每部分中随机抽取若干样品。这样抽取的样品代表性好，但是要注意分层的合理性。有些层次是自然形成的，如甲、乙、丙 3 个工人在同一台设备上倒班生产同一种零件，产品分别放在 3 个地方，生产数量相同，现在要抽取 12 个零件组成样本，则可采用分层抽样法，从 3 个地方各抽取 4 个零件，组成 12 个零件的样本。

（3）系统随机抽样。系统随机抽样又称等距抽样法或机械抽样法，是按一定规律从整批商品中抽取样品的方法。如要从 100 件产品中抽取 10 件组成样本，首先将 100 件产品按 1，2，3，…，100 顺序编号；然后用抽签或查随机数表的方法，确定 1—10 号中的哪一件产品入选样本。假如查随机数表得 5 号，依次确定入选样本的产品编号是 05，15，25，35，45，55，65，75，85，95，这样就得到了 10 件产品组成的样本。由于系统抽样法操作简单，实施起来不容易出差错，在生产现场的使用率很高。如在某道工序上定时去抽一件产品进行检验，就属系统随机抽样；但当产品总体的某质量特性发生周期性变化时，采用系统随机抽样则容易出现判断错误。

想一想

货物质量检验在生活中的实际应用有哪些？

（三）检验

检验是在规定的环境条件下，用规定的试验设备和试验方法检测样品的质量特性。

（四）判定

判定是指通过将检测的结果与合同的标准及技术要求进行比较，根据合格判定原则，对被检货物合格与否做出判定。

（五）处理

处理是指对检验结果出示检验报告，反馈质量信息，对不合格的货物做出处理。

货物现场检验流程图

查一查

上网查询货物检验的优秀案例，并分析其货物检验流程。

二、货物检验的方法

（一）感官检验法

感官检验法是运用人体感觉器官的不同功能和实践经验，并借助一定器具对货物的感官质量特征做出判断评价的方法。感官检验法能够对货物的外形结构、外观疵点、色泽、声音、气味、滋味、弹性、硬度、光滑度、包装和装潢等的质量情况，以及货物的品种、规格、性能等进行识别。

1. 视觉检验

视觉检验是利用人的视觉器官来检验货物的外形结构、颜色、光泽以及表面状态、疵点等质量特性。凡是能够直接用眼睛分辨的质量指标都适合采用视觉检验法。

在视觉检验中，有时要使用标准样品，如茶叶、烟叶、棉花、羊毛和生丝等均有标准样品。标准样品是实物标准，与文字标准结合在一起构成完整的标准形态。视觉检验鉴定者应该具有丰富的商品知识，不仅要熟悉标准样品中各等级的条件、特征和界限，还要注意光线强弱的要求。

议一议

如何利用视觉检验茶叶的质量？

2. 嗅觉检验

嗅觉检验是通过人的嗅觉器官检查货物的气味，进而评价货物的质量。嗅觉检验适用于对食品、药品、化妆品、洗涤用品、香料等货物的气味检验和评价，也适用于一些通过燃烧气味进行品质成分鉴定的检验。

当食品或工业品的质量发生变化时，气味也会发生相应的变化。某些具有吸附性的货物，吸收了其他异味后会影响货物的品质；某些货物具有独特的芳香气味，当质量产生变化或进行不适当的加工时，也会改变这种独特的香气，这些变化都可以通过嗅觉检验来进行鉴定。嗅觉鉴定者需要具备一定要求的生理条件和丰富的实践经验，同时嗅觉鉴定场所也要符合鉴定标准要求。

3. 味觉检验

味觉检验是利用人的味觉器官，检查有一定滋味要求的商品（如食品、药品等），并做出一定判断的检验方法。如酒类的品评主要使用味觉检验法。

味觉检验者的味觉敏感度决定了检验结果的准确性。因此，国家制定了《感官分析——味觉敏感度的测定标准》（GB/T 12312—2012），以评判味觉的敏感度。

4. 听觉检验

听觉检验是凭借人的听觉器官来检验货物质量的方法，如检查玻璃、陶瓷、金属制品有无裂纹，评价家用电器、乐器的音质等。

5. 触觉检验

触觉检验是利用人的触觉感受器官对被检商品轻轻作用的反应来评价货物的质量。如利用触摸、按压、拉伸、拍敲、抓摸等方法施加于货物，得到货物的光滑细致程度、软硬程度、干湿程度、弹性拉力大小的感觉，对货物的某些特性进行判断。

感官检验方法简单，快速易行且不需要复杂、特殊的仪器设备和试剂，不受场所和条件的限制，一般是检验易损坏和成本低的货物时采用的一种定性方法。但是感官检验的结果只能用专业术语或记分法表示商品质量的高低，检验结果也常受检验人员知识、技术水平、工作经验、感官敏锐程度等因素的影响，再加上审美观不同以及检验时的心理状态，有时会影响检验结果的准确性和科学性。

说一说

请结合实际生活，举例说明货物进行感官检验的具体过程。

（二）理化检验法

理化检验法是指在一定环境条件下，借助各种仪器设备和试剂，运用物理、化学的方法对货物质量进行检测和分析。

1. 物理检验法

物理检验法因其检验货物的性质和要求不同，采用的仪器设备也不同，可分为一般物理检验法、力学检验法、热学检验法、光学检验法、电学检验法等。

2. 化学检验法

化学检验法是用化学试剂和仪器对货物的化学成分及其含量进行测定，进而判断货物是否合格的方法。化学检验法又分为化学分析法和仪器分析法。

(1) 化学分析法。化学分析法是根据检验过程中试样和试剂所发生的化学反应，以及在化学反应中试样和试剂的用量，来测定货物的化学组成成分及各成分所占比例的相对含量，进而对货物品质进行判断的检验方法。

(2) 仪器分析法。仪器分析法是采用光学、电学方面较为复杂的仪器，通过测量货物的光学性质、电化学性质，以此确定货物化学成分的种类、含量以及化学结构，进而对货物品质进行判断的检验方法。

3. 理化检验法的优点

(1) 检验结果精确，可用数字定量表示，如成分的种类和含量，某些物理化学、机械性能等。

(2) 检验结果客观，不受检验人员主观意志的影响，对商品质量的评价具有客观而科学的依据。

(3) 能深入分析商品成分的内部结构和性质，反映商品的内在质量。

4. 理化检验法的缺点

(1) 需要一定的仪器设备和场所，成本较高，要求严格。

(2) 需要破坏一定数量的商品，消耗一定数量的试剂，费用较大。

(3) 检验需要的时间相对感官检验较长。

(4) 要求检验人员具备扎实的理论知识和熟练的操作技术。

理化检验法在企业较少直接采用，多作为感官检验之后，必要时进行补充检验的方法，或委托商检机构做理化检验。

（三）生物学检验法

生物学检验法是食品类、医药类和日用工业品类货物等质量检验的常用方法。

1. 微生物学检验法

微生物学检验法是利用显微镜观察法、培养法、分离法和形态观察法等，检验食品、动植物及其制品和包装容器中所存在微生物的种类和数量，并判定其是否超过允许限度的一种货物质量检验方法。食品微生物污染主要有细菌与细菌毒素、霉菌与霉菌毒素。

2. 生理学检验法

生理学检验法用于检验食品的可消化率、发热量、维生素和矿物质对机体的作用，以及食品和其他货物中某些成分的毒性等，一般用于活体动物的检验。

特殊检验技术与方法

练一练

请结合实际生活，通过小组合作完成不同类别食品质量变化对比实验，分析影响食品质量的因素，通过生物学检验法判断食品微生物污染的具体种类及预防食品变质的具体措施。

知识拓展

护发素的检验方法

护发素的检验方法主要包括成分检测、pH 值测定、外观和物理性质检查、成分分析、功效测试、皮肤安全性测试、保湿效果测试以及稳定性测试。

一、成分检测

通过科学的方法和技术对护发素产品中的成分进行分析和研究，以评估其安全性和功效。成分检测包括高效液相色谱法、气相色谱法以及质谱分析等技术。

二、pH 值测定

护发素的 pH 值，通常应在 4.5 到 5.5 之间，以保持头发和头皮的自然酸碱平衡。pH 值的测定对于评估护发素的酸碱平衡至关重要。

三、外观和物理性质检查

外观和物理性质检查包括颜色和一致性、质地和涂抹效果等，确保护发素的基本状态和涂抹时的顺滑度。

四、成分分析

成分分析包括有效成分分析和有害物质检测，如滋润剂、修复成分、保湿剂等的浓度，以及重金属、有害化学物质等的检测，确保护发素中的成分安全且符合标准。

五、功效测试

功效测试主要是评估护发素的实际效果，如滋润和修复效果、抗断裂性测试，检查护发素是否能够有效减少头发断裂和分叉，提高头发的强韧性。

六、皮肤安全性测试

皮肤安全性测试包括过敏测试和刺激性测试，确保护发素对头皮的安全性，避免引起头皮不适、红肿或干燥。

七、保湿效果测试

保湿效果测试主要是评估护发素在头发上的保湿功效，确保使用后头发不会变得干燥或粗糙。

八、稳定性测试

评估护发素在不同储存条件下的稳定性，包括加速老化测试，观察其在加速老化条件下的物理和化学变化，确定保质期。

案例分析

一、案例背景

某香槟酒企业希望通过感官评价了解该企业产品和其他竞争产品的感官属性，了解产品的感官品质是否与其产品的感官风味相符。

二、问题分析

通过感官评价员评价，再经过统计学分析（方差分析和主要成分分析），得出以下结论：

（1）香槟 BE 在感官品质特征上明显区别于其他的香槟酒。由于具有特殊的成熟水果、坚果、烤面包、黄油和焦糖的香气，以及回味悠长的口感，因此可定位为一款较成熟的香槟酒。

（2）香槟 HY、UI、CV、NO 没有显著的感官品质差异。由于有特殊的苹果、青果、花香、柠檬和鲜果的香气，以及甘甜、香气/口感平衡度适度，因此可定位为年轻的香槟酒。

（3）这几款香槟酒基本上延续了它们的风格，基本符合它们的感官风味。

三、案例启示

15 个经过训练的感官评价员参与了评价，用了 21 个香槟酒特定的感官评价专业描述术语，得到了满意的检验效果。

实训任务

实训项目：模拟食品感官检验员。

实训目的：按照相关检验标准，通过独立感官检验，完成指定货物的检验。

实训内容：

以小组为单位，根据准备的 5 种橙汁饮料，选择一种检验方法，按照相关检验标准，通过独立感官检验完成检验，并对其色泽、甜度、酸度、甜酸比、苦涩味、橙子香气进行描述性检验记录。

实训要求：每组提交一份描述性检验记录表，如表 3-2 所示。

表 3-2　描述性检验记录表

描述性检验记录表	
样品名称：橙汁饮料　检验员：________ 样品编号(如 813)　检验日期：________年________月________日	
(弱)1　2　3　4　5　6　7　8　9(强)	
1　色泽	
2　甜度	
3　酸度	
4　甜酸比(太酸)	(太甜)
5　苦涩味	
6　橙子香气	

评分要点：评分要点如表 3-3 所示。

表 3-3　“模拟食品感官检验员”评分要点

序号	评分要点	分值	得分
1	能够独立完成一次橙汁的感官检验	15	
2	货物检验的环节归纳完整	20	
3	感官检验法的具体检验法的应用分类合理	30	
4	对 5 种橙汁的色泽、甜度、酸度、甜酸度、苦涩味、橙子香气等应用的检验法适当且描述性记录准确	25	
5	小组分工明确，成员参与度高	10	
合计		100	

任务三 进出口货物的检验

建议教学时数：2

学习目标

1. 知识目标

(1) 理解进出口货物检验的含义；

(2) 掌握进出口货物检验的程序；

(3) 了解进出口货物检验的作用和范围。

2. 能力目标

(1) 能够根据进出口货物检验的程序完成进出口货物检验的流转流程；

(2) 能够根据不同商品目录的类别区分辨识进出口货物检验的范围。

3. 素质目标

(1) 培养学生良好责任意识、服务意识、安全意识、大局意识、协同意识；

(2) 培养学生良好的社会洞察力、物流职业沟通和协调能力；

(3) 遵循基本的货物检验要求，牢固树立法治意识，增强社会责任感。

案例导入

违规申报影响海关监管秩序

某船务代理公司在代理外籍船舶入境申报时，未与船方核实船舶上一港离港日期，仅凭个人估算填写航次摘要，导致申报信息与实际不符。

分析提示

案例思考

1. 海关应如何处理？
2. 请分析处理的原因。

相关知识

一、进出口货物检验的含义

进出口货物检验是指由国家设立的检验检疫机构或向政府注册的独立机构，对进出口货物的质量、规格、卫生、安全、数量等进行检验、鉴定，并出具证书的工作。有时检验机构还会对装载技术条件，运输途中发生的残损、缺损和安全等方面进行检验和鉴定，对于某些特定货物进行卫生检验和动植物病虫害检疫。

二、进出口货物检验的作用

进出口货物检验证书可以作为：报关验放的有效证件；买卖双方结算货款的依据；计算运输、仓储等费用的依据；办理索赔的依据；计算关税的依据；证明情况、明确责任的证件；仲裁、诉讼举证的有效文件。

说一说

进出口货物检验的作用在具体检验流程中是如何体现的？

三、进出口货物检验的范围

（一）法定检验

法定检验指的是海关对列入法检目录的进出口商品，以及法律、行政法规规定须经出入境检验检疫机构检验的其他进出口商品实施检验。

想一想

你认为哪些种类的进出口商品需要进行法定检验？

根据《中华人民共和国进出口商品检验法实施条例》，海关总署负责制定和调整必须实施检验的进出口商品目录，并在实施之日30日前公布。这些商品目录包括但不限于重要进出口商品，检验内容包括商品的质量、重量、数量和包装。对于未列入目录的商品，如果对外贸易合同有规定，也应按照合同规定进行检验；如果合同未规定或规定不明确，则按照有关标准和规定进行检验。

法定检验的范围还包括法律、行政法规规定的其他需要检验的商品，如进出口药品的质量检验、计量器具的量值检定、锅炉压力容器的安全监督检验等。此外，法定检验还包括出口食品的卫生检验、危险货物包装容器的性能鉴定和试用鉴定等。

需要注意的是，不是所有的进出口商品都需要进行法定检验，但列入法定检验商品清单的进出口商品必须经过法定检验。法定检验体现了国家对进出口商品质量、安全等方面的监管，保障对外贸易各方的合法权益和国家的经济秩序。

查一查

《中华人民共和国进出口商品检验目录》里的商品种类包括哪些？

（二）监督管理

监督管理是指检验检疫机构通过行政管理手段，对进出口货物的质量、规格、数量、重量、包装以及生产经营、仓储、运输、安全和卫生要求等进行检验、鉴定。

（三）鉴定业务

鉴定业务不具有强制性，是商检机构接受对外贸易关系人的申请、国外检验机构的委托或国外有关单位的委托，对进出口商品进行鉴定，签发鉴定证书，供申请人作为办理进出口商品交接、结算、通关计税、计费理算、索赔、仲裁等的有效依据。

鉴定业务的范围包括鉴定各种进出口商品的质量、重量、数量、包装、标记、海损、商品残损、装载技术条件、货载衡量、产地证明等，也包括对船舶、车辆、飞机、集装箱运载工具的适载鉴定，抽取并签封各类样品，签发价值证书等。

四、进出口货物检验的程序

（一）受理报检

报检是进出口贸易关系人对进出口货物向相关的检验检疫机构提出应验申请。报检单位第一次报检时，需要先办理备案手续，取得报检单位代码。报检时需要办理以下手续。

1. 填写报检单

出境报检时填写出境报检单，入境报检时填写入境报检单。

2. 提供相应的单证

报检时需要提供的单证包括外贸合同、商业发票、运输提单、装箱单、磅码单、许可证、输出国家或地区政府出具的检疫证书和熏蒸证书等。

议一议

受理报检过程中有哪些注意事项？

3. 缴纳检验检疫费用

报检单位在报检时，应该按照规定缴纳检验检疫费用。检验检疫机构在审查上述单证符合要求后，受理该批商品的报检，如发现有不符合要求者，可要求申请人补充或修改有关条款。

（二）抽样制样

检验检疫接受报检后，要派检验检疫人员到现场抽取样品。根据不同的货物形态，采取随机取样方式进行样品抽取；抽取样品后，必须及时封志送检，以免发生意外，并及时填写现场记录。对于必须经过加工才能检验的样品，需要制样，然后对制样进行检验；制样就是对样品进行加工，一般在检验检疫机构的实验室进行，没有条件的可以在社会认可的实验室进行。样品和制样经过检验检疫后重新封制。

（三）检验鉴定

检验检疫机构对报检单位的样品（或者制样），通过感官检验、物理检验、化学检验、生物学检验等方法进行检验检疫，以判定所检货物是否符合合同以及进出口方所在国官方机构的有关规定。检验检疫机构还可以根据进出口贸易关系人、国外机构的委托，对进出口货物及其包装、运输工具和装运技术条件等方面进行鉴定，并发放鉴定证书。

（四）签证放行

对于出口货物，检验检疫机构对检验合格的货物签发检验证书，或在“出口货物报关单”上加盖放行章。出口企业取得检验证书或放行通知单后，在规定的有效期内报运出口。

对于进口货物，检验检疫机构对检验合格的货物分别签发“检验情况通知单”或“检验证书”，供对外结算或索赔用。

进出口货物检验工作流程如图3-1所示。

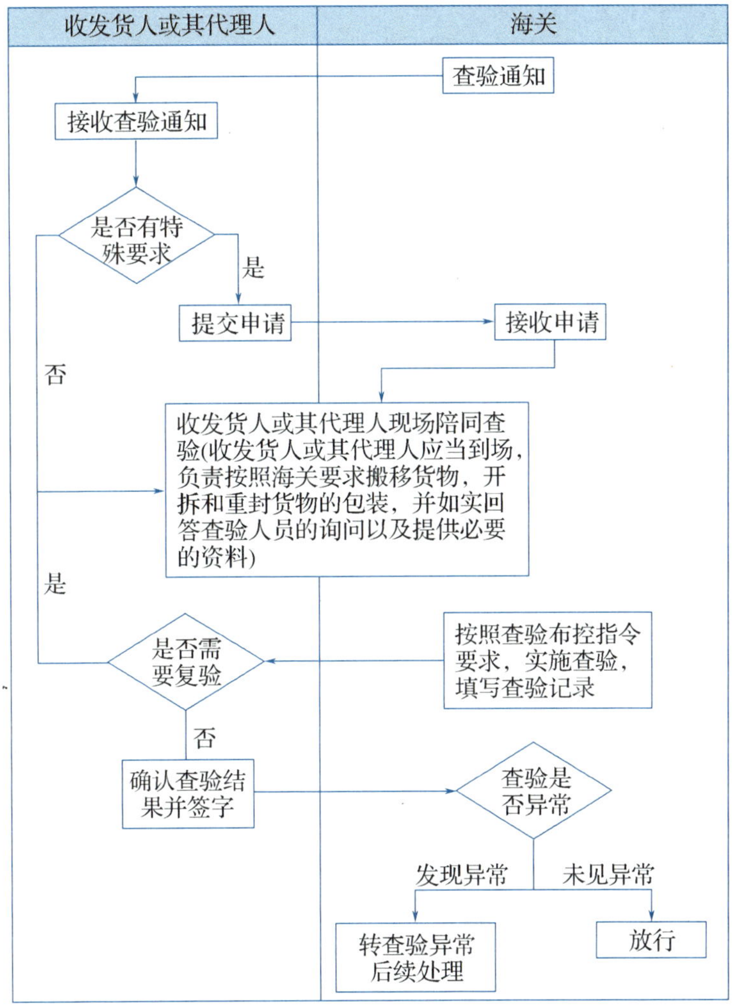

图3-1　进出口货物检验工作流程

练一练

将正确序号填入进出口货物检验流程图中。

A. 抽样制样　B. 受理报验　C. 签证放行　D. 检验鉴定

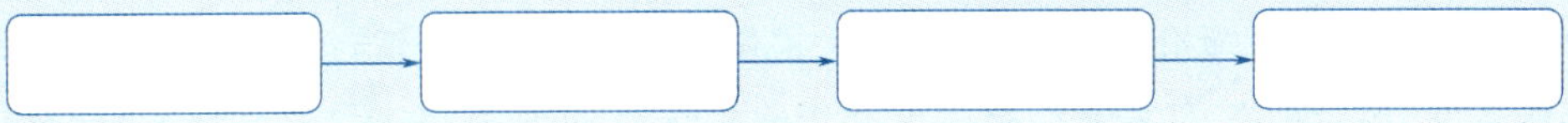

五、进出口货物检验检疫规范及操作指南

（一）申报规定

（1）报关单位是指按照《中华人民共和国海关报关单位备案管理规定》在海关备案的进出口货物收发货单位、报关企业。

（2）报关单位可以在关境内办理报关业务。

（3）进出口货物收发货、报关企业申请备案的，应当取得市场主体资格。其中，进出口货物收发货申请备案的，还应当取得对外贸易经营者备案。进出口货物收发货、报关企业已办理报关单位备案的，其符合上述条件的分支机构也可以申请报关单位备案。

（二）检验检疫申报程序

实施进出口货物整合申报，申报员通过国际贸易“单一窗口”预录入系统进行申报数据录入时，录入检验检疫数据项并进行申报。

申报程序一般包括准备申报单证、电子申报数据（含检验检疫数据）录入、上传无纸化单据、配合现场查验、签领单证等环节。

1. 准备申报单证

申报员了解出入境货物基本情况后，应按照货物的性质，根据海关有关规定和要求，准备好申报单证，并确认提供的数据和各种单证正确、齐全、真实、有效。须办理检疫审批、强制性产品认证等有关批准文件的，还应在申报前办妥相关手续。

2. 电子申报数据（含检验检疫数据）录入

（1）申报员通过“国际贸易单一窗口”预录入系统进行申报。

（2）须在规定的申报时限内将相关进出口货物的申报数据发送至申报地海关。

（3）对于合同中涉及检验检疫特殊条款和要求的，应在电子申报中同时提出。

（4）对经审核不符合要求的电子申报数据，申报员可按照海关的有关要求对申报数据修改后，再次申报。

（5）需要对已发送的电子申报数据进行更改或撤销申报时，申报员应发送更改或撤销申请。

3. 上传无纸化单据

根据海关总署要求，申报员通过“国际贸易单一窗口”预录入系统进行申报的同时，应通过无纸化上传系统将随附单据电子版上传，无须在申报时提交纸质单证。海关监管过程中按照风险布控、签注作业等要求需要验核纸质单证的，申请人应当补充提交相关纸质单证。

4. 配合现场查验

申报员应根据海关风险布控指令要求对需要现场查验的货物，主动配合海关对出入境货物实施检验检疫和查验，向海关提供进行抽样、检验、检疫和鉴定等必要的工作条件，配合海关为实施检验检疫和查验而进行的现场验（查）货、抽（采）样及检验检疫处理等事宜，落实海关提出的检验检疫监管措施和其他要求。

对经检验检疫合格放行的出境货物加强批次管理，不错发、错运、漏发。法定检

验检疫的出口货物未经检验检疫或者经检验检疫不合格的，不准出口；未经检验检疫合格或未经海关许可的进境法检货物，不准销售、使用或拆卸、运递。

5. 签领单证

对出入境货物检验检疫完毕后，海关根据评定结果签发相应的单证，申报在领取海关出具的有关检验检疫单证时应如实签署姓名和领证时间。

知识拓展

贵州进出口商品实现无纸化报检

2017年6月21日，全国检验检疫无纸化系统在贵州正式上线。无纸化系统是“互联网＋检验检疫”工作模式的改革新举措，实现了“申报数据化、审单规则化、派单随机化、流转网络化、操作移动化、记录电子化、放行自动化和档案数字化”全新无纸化模式，能让“信息多跑路，企业少跑腿”。系统上线后，可全面满足检验检疫业务一体化数据支持，进一步提升贵州检验检疫把关服务水平，有效降低企业通关成本，提高货物的通关效率，促进地方经济发展。

案例分析

一、案例背景

澳大利亚甲公司和中国乙公司于2022年3月20日签订了电脑部件总金额为9万美元的采购合同。双方在合同中约定，甲公司所提供的货物必须在4月10日前发运，且规定货物到达目的地后12个月为甲公司对产品的质量保证期。4月7日，甲公司按合同规定的标准向乙公司提供产品。4月20日，乙公司在货物到达后请检验部门对产品进行了检验，并获取了由检验部门出具的检验证明。1个月后，乙公司突然致函甲公司要求换货，如果甲公司不能换货则要求退货，并要求甲公司承担相关费用及损失，其理由是乙公司在使用由甲公司提供的产品进行生产的过程中，发现甲公司提供的部分产品在质量方面存在问题。而甲公司在回函中声称，货物大部分已投入生产使用，且在入库前乙公司已对其进行了详细的核对、检查，因而拒绝了乙公司有关赔偿的要求。由于乙公司认为双方签订的合同项下的货物存在质量问题，于是在2023年6月2日，即在收到货物13个月后，自行到中国商品检验机构对合同项下的货物进行了检验。根据中国商品检验机构出具的检验证书证明，该批货物在6个方面存在不同程度的问题，且在发货前已存在，是由于甲公司在生产过程中监管不力所导致的。6月5日，乙公司据此提起仲裁，向甲公司索要6万美元的赔偿费。而甲公司以第二次商检的时间已经超过了索赔有效期，商检证书不能发生效力，以及乙公司不能证明第二次送检的产品系交货时的产品为由，拒绝向乙公司进行赔偿。仲裁庭经审理后认为，甲公司对乙公司没有赔偿责任，对乙公司的请求不予支持。理由是乙公司未在合同所规定的时间内对货物质量进行检验，因此失去了索赔权。

二、问题分析

（一）检验期限问题

《联合国国际货物销售合同公约》（以下简称《公约》）第 38 条第 1 款规定“买方必须在按情况实际可行的最短时间内检验货物或由他人检验货物”。这就确定了买方收货后应当在双方约定或合理的时间内对货物的质量进行检验。

（二）商品质量的检验问题

买方在收到货物后，依据合同的规定对商品的质量进行了检验，并获取了中国商检机构的检验证书，此商品检验行为符合合同的规定，其检验结果应该是有效的。但乙公司作为买方，并未在货物到达目的地口岸 12 个月，即卖方对货物品质的保证期限内，就货物的品质问题向甲公司提出过异议，从而丧失了向甲公司要求质量索赔的权利。

（三）买方提出索赔的依据问题

《公约》第 39 条第 1 款规定“买方对货物不符合同，必须在发现或理应发现不符情形后一段合理时间内通知卖方，说明不符合同情形的性质，否则就丧失声称货物不符合同的权利”。在本案例中，乙公司作为买方失去了向卖方提出质量异议的权利，因为双方在合同中规定了长达 12 个月的产品质量保证期，买方无论在理论上还是在时间上均有足够的时间对产品的质量问题提出异议，而在此期间乙公司并没有任何表示。基于上述事实，对于乙公司在货物到达目的地 13 个月后，再次通过商检机构对产品进行检验及商检机关出具的检验证书的效力不能予以支持，乙公司不能以其提供的质量检验证书作为索赔的依据。

三、案例启示

进出口商品检验是随着国际货物买卖的发展而产生和发展起来的，它在国际货物买卖中占有十分重要的地位。在国际货物买卖中，为了便于查明货损原因，确定责任归属，以利于货物的交接和交易的顺利进行，就需要商品检验机构对货物进行检验或鉴定。因此，进出口商品检验是国际货物买卖中不可缺少的一个环节，在国际货物贸易合同中约定好商品检验条款，有着非常重要的意义。

实训任务

实训项目：模拟进出口货物检验程序流转过程。

实训目的：掌握进出口货物检验程序流转程序。

实训内容：

背景资料：中亚进出口有限公司是一家拥有进出口经营权的企业，该公司和美国一家公司签订了一笔夏季纯白 T 恤的订单，并委托亚太报关有限公司于 2024 年 4 月 30 日向株洲海关办理出口报检手续。该公司安排小李去完成这笔报检业务。

以小组为单位进行角色分配，主要岗位包括出口公司：中亚进出口有限公司，第三方：检验检疫局、亚太报关有限公司，海关：株洲海关。

实训要求：每组设计一份模拟进出口货物报检流程剧本，并录制模拟展示小视频。

评分要点：评分要点如表 3-4 所示。

表 3-4　"模拟进出口货物检验程序流转过程"评分要点

序号	评分要点	分值	得分
1	进出口货物检验的工作程序和范围完整	15	
2	进出口货物检验的作用应用到位	20	
3	模拟进出口货物检验检疫的方案设计合理	30	
4	货物进出口检验检疫参与的公司承担的工作任务准确无误	25	
5	小组分工明确，成员参与度高	10	
合计		100	

任务四 货物计量

建议教学时数：2

学习目标

1. 知识目标

(1) 了解货物计量的含义；

(2) 熟悉货物的计量单位；

(3) 掌握货物计量的方法。

2. 能力目标

(1) 能够正确使用货物计量单位；

(2) 能够正确计量货物的重量和体积。

3. 素质目标

(1) 培养学生数据化的思维；

(2) 培养学生养成规范计量的意识。

案例导入

出口贸易中蔬果产品短重案例

某出口公司与匈牙利商人订立了一份出口水果合同，支付方式为货到验收后付款。但货到经买方验收后发现水果总重量缺少10%，而且每个水果的重量也低于合同规定，匈牙利商人既拒绝付款，也拒绝提货。后来水果全部腐烂，匈牙利海关向该出口公司收取仓储费和处理水果费用5万美元。

案例思考

1. 货物不符合约定时，买方拒绝付款和提货的行为是否合法？

2. 针对案例中出现的问题，该出口公司应如何处理？简要说明理由。

分析提示

相关知识

一、货物计量的含义

（一）货物计量的概念

货物计量主要包括对货物重量或体积的计算，以及这些计算如何影响运输、存储和费用计算等方面。具体来说，货物计量涉及以下几个方面。

(1) 合理积配载。通过准确计量货物的重量或体积，可以合理地进行积配载，确保货物在运输工具中的稳定和安全。

(2) 合理使用装卸设备和工具。货物计量有助于选择合适的装卸设备和工具，提高工作效率和安全性。

(3) 合理利用仓库(堆场)的面积和空间。通过计量货物的尺寸，可以最大化利用仓库或堆场的空间，提高存储效率。

(4) 正确计量运输费用。货物计量的结果作为正确计量运输费用的基础，确保运输成本的准确计算。

(二) 货物的计量单位

1. 计量单位的定义

计量单位是指根据约定定义和采用的标量，任何其他同类量可与其比较使两个量之比用一个数表示。计量单位具有根据约定赋予的名称和符号。因此，计量单位是为定量表示同种量的大小而约定的定义和采用的特定量。

说一说

你认识哪些计量单位？讨论常用的计量单位及其应用范围。

各种物理量都有量度单位，并以选定的物质在规定条件显示的数量作为基本量度单位的标准。在不同时期和不同的学科中，基本量的选择可以不同。例如，物理学上以时间、长度、质量、温度、电流强度、发光强度、物质的量这 7 个物理单位为基本量，单位名称依次为：秒、米、千克、开尔文、安培、坎德拉、摩尔；又如，不同形态的食品对应不同的计量单位，如表 3-5 所示。

表 3-5　不同食品形态对应的法定计量单位

食品形态	法定计量单位			备注
	计量方式	中文	英文	
液态食品	体积	升	L	用体积或质量标识
		毫升	mL	
	质量	克	g	
		千克	kg	
固态食品	质量	克	g	只能用质量标识
		千克	kg	
半固态或黏性食品	体积	升	L	用体积或质量标识
		毫升	mL	
	质量	克	g	
		千克	kg	

2. 计量单位之间的换算

不同的国家、地区或行业可能采用不同的计量单位。为了促进国际交流和合作，确保数据的准确性和可比性，有必要将不同的计量单位进行换算，以达成统一的标准。在实际应用中，不同的计量单位可能适用于不同的场景，如在描述物体的尺寸时，可能需要使用米、厘米或毫米等不同的单位；在描述物体的重量时，可能需要使用克、千克或吨等不同的单位。为了满足这些实际应用需求，有必要进行单位换算。计量单位换算表如表 3-6 所示。

表 3-6 计量单位换算表

量的名称	单位制	单位名称	单位符号	换算关系
长度	公制	微米	μm	$1\ \mu m=10^{-6}\ m$
		毫米	mm	$1\ mm=10^{-3}\ m$
		厘米	cm	$1\ cm=10^{-2}\ m$
		分米	dm	$1\ dm=10^{-1}\ m$
		米	m	基本单位
	英制	英尺	ft	1 ft=30.48 cm=12 in
		英寸	in	1 in=2.54 cm
面积	公制	平方毫米	mm^2	$1\ mm^2=10^{-6}\ m^2$
		平方厘米	cm^2	$1\ cm^2=10^{-4}\ m^2$
		平方分米	dm^2	$1\ dm^2=10^{-2}\ m^2$
		平方米	m^2	基本单位
	英制	平方英寸	in^2	$1\ in^2=6.451\ 6\times10^{-4}\ m^2$
		平方英尺	ft^2	$1\ ft^2=0.09\ 290\ 304\ m^2=144\ in^2$
体积	公制	立方毫米	mm^3	$1\ mm^3=10^{-9}\ m^3$
		立方厘米	cm^3	$1\ cm^3=10^{-6}\ m^3$
		立方分米	dm^3	$1\ dm^3=10^{-3}\ m^3$
		立方米	m^3	基本单位
		毫升	mL	$1\ mL=10^{-3}\ L=10^{-6}\ m^3$
		厘升	cL	$1\ cL=10^{-2}\ L=10^{-5}\ m^3$
		分升	dL	$1\ dL=10^{-1}\ L=10^{-4}\ m^3$
		升	L	基本单位 $1\ L=10^{-3}\ m^3$
	英、美制	立方英寸	in^3	$1\ in^3=16.387\ 064\times10^{-6}\ m^3$
		立方英尺	ft^3	$1\ ft^3=0.028\ 316\ 85\ m^3=1\ 728\ in^3$
		加仑(英)	gal(UK)	$1\ gal(UK)=4.546\ 092\times10^{-3}\ m^3$
		加仑(美)	gal(US)	$1\ gal(US)=3.785\ 412\times10^{-3}\ m^3=231\ in^3$

续表

量的名称	单位制	单位名称	单位符号	换算关系
质量	公制	毫克	mg	1 mg=10^{-6} kg
		厘克	cg	1 cg=10^{-5} kg
		分克	dg	1 dg=10^{-4} kg
		克	g	1 g=10^{-3} kg
		千克	kg	基本单位

议一议

不同计量单位之间是如何实现换算的？

二、货物计量的方法

（一）货物重量的计量方法

货物重量的计量方法主要包括按毛重计量、按净重计量、按公量计量、按法定重量计量、按理论重量计量等计量方法。

1. 按毛重计量

毛重是指货物本身的重量加上包装物的重量，适用于单位价值不高的货物。

2. 按净重计量

净重是指货物本身的重量，即不包括包装物的重量，是国际贸易中的常用计量方式。

3. 按公量计量

公量是一种考虑了货物水分含量的计量方法，适用于易挥发的商品。

4. 按法定重量计量

法定重量是根据国家法律法规规定的计量方法。

5. 按理论重量计量

理论重量是基于理论计算得出的重量，适用于某些特定情况。

6. 其他计量方法

其他计量方法包括定量包装法、衡重法、液货计量法、计件法、最大外形方形体积计算法、满尺丈量法、水尺检量法等。这些方法适用于不同的货物类型和计量需求，如定量包装法适用于预包装商品，而水尺检量法则常用于进出口商品的重量鉴定。

此外，还有物流计费重量的计算，这涉及货物的实际重量和体积重量的比较，取两者中的较大值作为计费重量，适用于不同物流运输方式。

想一想

货物重量常用的计量方法有哪些？各适用于哪些情况？

（二）货物体积的计量方法

货物体积计量是指通过测量货物的外形尺寸计算其体积。常用的货物体积计量方法主要有以下几种。

1. 规则形状货物

对于长方体、正方体等规则形状的货物，可以直接使用公式计算体积。公式为：

$$体积=长度\times宽度\times高度$$

其中，长度、宽度和高度分别指货物的三个方向上的尺寸，单位一般为厘米或米。

练一练

在外贸出货中，若一个产品订单数为 10 000 件，每箱 200 件，总共 50 箱，纸箱规格 34.5 cm×25 cm×38 cm。请问该批货物体积如何计量？

2. 不规则形状货物

对于不规则形状的货物，其体积计量方法相对复杂，一般有以下几种。

（1）分割法。分割法是将不规则形状的货物分割成多个规则形状的部分，然后分别计算每个部分的体积，最后将所有部分的体积相加得到总体积。这种方法需要一定的专业知识和经验，以确保分割的准确性和计算的精确性。

（2）排水法。排水法是将货物完全浸入水中，通过测量水位上升的高度来计算货物的体积。这种方法适用于可以浸水的货物，并且需要确保测量工具的精确性和可靠性。

（3）三维扫描技术。三维扫描技术是使用三维扫描仪对货物进行扫描，获取货物的三维模型，然后通过计算机计算货物的体积。这种方法具有高精度和自动化程度高的优点，但设备成本较高。

3. 圆形货物

对于圆形货物，如圆柱体等，可以使用以下公式计算体积：

$$体积=\pi\times半径^2\times高度$$

其中，π 为圆周率，约等于 3.14；半径为圆柱形货物底面圆的半径；高度为圆柱形货物的高度。

4. 注意事项

（1）确保单位统一。在计算货物体积时，一定要确保所有尺寸单位一致，如都使用厘米或都使用米，如果单位不一致，需要进行单位换算。

（2）考虑包装体积。在计算货物体积时，需要考虑包装材料的厚度，因为包装材料也会占用一定的空间。因此，实际货物的体积可能会比单纯货物的体积要大一些。

（3）注意测量精度。为了确保计算的准确性，需要使用精确的测量工具和方法进行测量。同时，在测量过程中要注意避免误差的产生。

知识拓展

海关查验

一、海关查验的含义

海关查验是指海关在接受报关单位的申报后，依法为确定进出境货物的性质、原产地、货物状况、数量和价值是否与货物申报单上已填报的详细内容相符，对货物进行实际检查的行政执法行为。

二、海关查验的主要内容

（一）货物基本信息核对

1. 品名核对

确保商品的学名和俗名准确无误，同时英文翻译的中文品名要与实际品名一致。避免品名太多而合并成几个品名，这样容易造成产品价格、净重、数量高于实际。

2. 规格核对

注意包装规格的准确性，特别是对于有多种规格的商品，要清楚区分最大和最小值。同时要注意将纸箱包装规格误报为商品规格的情况。

3. 数量核对

仔细核对总数量，避免报少或报多的情况。特别是在装柜过程中数据变动后，要及时更新报关资料。

4. 重量核对

确保大宗货物的毛重和净重与实际重量相差不超过一定范围（通常为3%—5%）。在以重量计价的产品中，要特别注意计算净重的准确性。

5. 件数核对

要将所有箱子、样品和赠品计入总件数，避免遗漏。特别是尾箱、样品和赠送的东西，需要特别注意计算进去。

（二）货物特性与归类核对

1. 唛头核对

对于带有唛头的产品，要在报关单上正确体现。唛头可能包含产品、logo等信息。

2. 侵权核对

准确区分名牌、仿牌、厂牌、吊牌、R标识和logo，避免货物侵权。

3. 产地核对

确保货物的产地信息准确无误。有些工厂会在包装上透露一些商品的产地信息或广告信息，特别是三方贸易的时候容易出现错误的产地信息或目的地信息。

4. 归类核对

正确申报海关编码，特别是对于多功能产品，要准确判断其归类。如带有通话功能的平板电脑应归类为手机而不是平板电脑。

（三）货物状态与价格核对

1. 新旧核对

要注意区分新旧物品，避免误判。如露天淋雨的平板柜内的机器可能因雨水侵蚀而被误判为旧的。

2. 价格核对

在合理价格范围内申报货物的价值。海关进出口的每一款货物对应的编码在海关系统内都有一个价格区间。这个区间一般有两种情况：一是当地出口口岸的价格区间，二是全国范围内的限价区间。特别是进口时对价格的审核尤为严格。

（四）特殊检查

1. 取样送检

针对某些需要化验的特殊产品，可能需要进行取样送检。这通常适用于无法通过直观判断其质量的化工产品等。

2. 车体检查

对运输中的集装箱货柜车进行检查，确保车辆和货物符合相关规定。

3. 箱体检查

对集装箱进行检查，通常会在特殊情况下进行详细检查，如遇到特种柜时会仔细检查。

4. 夹藏检查

确保携带的物品与申报的物品一致，避免携带未申报的物品。这是为了防止走私、偷税漏税等违法行为。

三、海关查验的手段

海关在查验过程中会充分利用科技手段配合查验，如使用地磅测量重量、使用X光机检查货物内部结构等。

海关查验中常见的出错点

四、海关查验的时限

海关查验部门自查验受理起，到实施查验结束、反馈查验结果最多不得超过48小时（特殊情况除外）。出口货物应于查验完毕后半个工作日内予以放行。

案例分析

一、案例背景

国内A公司与国外客户B公司在2021年1月签订了一份出口合同，约定出口产品P2（货号934），此批产品（货号934）中，客户要求有2种规格，每种规格有2种不同的包装，分别卖给两个不同的最终用户，也就意味着4种不同样式的产品包装。每种包装的P2产品100箱，共计400箱。

A公司以为工厂会在正唛上按照箱子的流水号来编，因此A公司在下订单时没有注明在正唛的“C/NO. 1—”后按照流水号来编写具体的箱号，结果工厂没有在正唛上按照箱子的流水号来编写，而产品货号又全部一样。货物到达目的港后，客户无法区分货物，该客户不得不一箱箱打开包装找货，浪费了客户人工费，造成了很严重的损失。客户提出索赔，A公司相应给予客户赔款，但同时失去了该客户。

二、问题分析

A公司在给工厂下订单时，生产清单上需要工厂填写的内容，须在英文旁边注明中文，因为很多工厂员工的英文水平一般，要考虑到工厂的具体情况。

在给工厂下订单时需要考虑到客户的具体要求，站在客户的立场上考虑收到货后如何区分货物的问题。如有特殊要求，除了在生产清单上注明，还要跟工厂在电话里特别强调，以防工厂对A公司的具体要求没有注意到，造成生产的东西不符合要求，从而导致返工并延误交货期。

若工厂数较多，给工厂的唛头最好编为：

第1个工厂 C/NO. 1—(1,2,3,…)；

第2个工厂 C/NO. 2—(1,2,3,…)；

第3个工厂 C/NO. 3—(1,2,3,…)；

依此类推。

若工厂数很少，箱数确认，可以按照流水号编箱号。如共65箱货3个工厂，则具体箱号为：

第一个工厂:10箱，那么箱号就是 C/NO. 1—(1,2,3,…10)；

第二个工厂:20箱，那么箱号就是 C/NO. 11—(12,13,…30)；

第三个工厂:35箱，那么箱号就是 C/NO. 31—(32,33,…65)。

三、案例启示

(一) 加强与客户、工厂之间的沟通

在供应链管理中，明确、详细的沟通是不可或缺的。无论是内部团队还是外部供应商，所有参与方都必须对要求、期望和标准有清晰的理解，以避免误解和错误。

(二) 注重标准化与细节管理

案例中，产品货号全部相同，且缺乏有效的箱号标识，导致客户无法区分货物，这凸显了标准化流程和细节管理的重要性。通过实施统一的包装标识标准，包括箱号、产品代码、批次号等信息，可以大大提高货物的可追溯性和识别效率。

(三) 建立风险评估机制

A公司未能预见到因标识不清可能导致的混淆和损失，表明风险管理方面存在不足。企业应建立风险评估机制，提前识别并采取措施预防可能的问题，尤其是在涉及跨国运输和复杂供应链的情况下。

(四) 提供优质高效的售后服务

客户体验和服务质量是维护客户关系的基石。出现问题时，迅速响应、积极

解决问题并采取措施防止未来再次发生，对于保持客户忠诚度和品牌声誉至关重要。

（五）优化企业的管理流程

A公司应深入分析此次事件的原因，优化订单流程、加强供应商管理、提升内部沟通效率，并考虑引入更先进的物流追踪和货物管理系统，以预防类似问题的再次发生。

实训任务

实训项目：货物计量模拟实训。

实训目的：掌握货物计量的实际操作能力。

实训内容：

(1) 准备多种计量工具，如尺、托盘、秤等；

(2) 根据给定的商品信息（如尺寸、重量、易损性等），选择合适的计量工具进行货物计量；

(3) 按照货物计量的要求进行操作，包括计量单位的选择、货物尺寸和形状、重量等计量的规范。

实训要求：按照实训规范要求进行操作，确保操作过程符合标准化要求，填写实训报告。

评分要点：评分要点如表3-7所示。

表3-7 “货物计量模拟实训”评分要点

序号	评分要点	分值	得分
1	货物的计量单位掌握到位	15	
2	货物的计量方法选择合理	20	
3	货物计量的模拟流程完整准确	30	
4	货物计量的实际操作符合计量标准	25	
5	小组分工明确，成员参与度高	10	
合计		100	

项目四

货物包装与标志

项目导学

- 货物包装与标志
  - 任务一　货物包装认知
    - 货物包装的概念及地位
    - 货物包装在物流中的作用
    - 货物包装的分类
    - 货物包装的原则
    - 货物包装的要求
  - 任务二　货物包装工程
    - 包装材料
    - 包装容器
    - 不同形态产品的包装要求
    - 包装技术
  - 任务三　货物包装标志
    - 运输标志
    - 指示性标志
    - 警告性标志
    - 标志的使用方法

任务一 货物包装认知

建议教学时数：4

学习目标

1. 知识目标

(1) 掌握货物包装的概念；

(2) 掌握货物包装的主要作用；

(3) 了解货物包装的原则和要求。

2. 能力目标

(1) 能够正确分析包装的主要作用；

(2) 能够正确判断货物包装的类型。

3. 素质目标

(1) 培养学生认真严谨的工作态度；

(2) 树立保护环境的绿色发展理念。

案例导入

包装选材不当引起货物运输途中的变质

某物流公司承运了一批小五金的 4 个 20 英尺集装箱出口业务。经过漫长的海上航行，当集装箱交给收货人时，收货人发现：仅有 1 个集装箱的货物完好无损，其他 3 个集装箱中的货物表面都有不同程度的霉点和锈蚀。收货人当即与发货人交涉，将 2 个集装箱中受损较轻的货物作半价处理，将 1 个货物受损最严重的集装箱退还。这次发货导致发货人直接损失 40 多万元人民币，发货人当即向物流公司提出索赔。该物流公司曾为该客户运输过多批同类货物，从未发生过类似事故。当退运集装箱在港口由国家检验机构进行公证检验时，检验机构在现场调查取证中未发现该集装箱上有洞，没有箱外水分侵入箱内的证据，可以排除外水入侵。但是在箱门打开时，发现箱顶水珠密布，箱子地板上水渍严重，地板四周比中间水印深，摆放在四周的货物也比摆放在中间的货物受损得严重一些，可见这些水分正是致使箱内货物受损的“元凶”。

装箱时货物都是完好的，密封集装箱内的大量水分是从哪里来的呢？为什么同一工厂生产的同类货物，同一批发运货物中有的完好无损，有的却严重受损？仔细分析这 4 个集装箱的装箱单后发现，这批小五金货物品种、批号和规格不同，轻重不一，采用了不同的包装，较轻的五金件用纸箱包装，较重的则用木箱包装。其中，1 个集装箱中的货物全是纸箱包装，货物完好无损；2 个受损较轻的集装箱中的货物则是部分纸箱包装，部分木箱包装；而被退还的集装箱中的货物几乎全部采用木箱包装，受损也最为严重。

案例思考

1. 案例中引起货物运输途中受损的主要原因是什么？
2. 如何有效保障货物的质量？

分析提示

相关知识

一、货物包装的概念及地位

（一）货物包装的概念

我国国家标准《包装术语　第 1 部分：基础》（GB 4122.1—2008）中对包装的定义：在流通过程中为保护货物、方便储运、促进销售，按一定技术方法而采用的容器、材料及辅助物等的总体名称。也指为了达到上述目的而在采用容器、材料及辅助物的过程中施加一定技术方法等的操作活动。简而言之，包装是包装物与包装作业的总称。

（二）货物包装在物流中的地位

在社会再生产过程中，包装处于生产过程的末尾和物流过程的开头，既是生产的终点，又是物流的始点，对物流的顺畅运行和实现货物价值起着决定性的作用。物流包装的现代化、合理化直接影响流通业的现代化和合理化程度。

想一想

包装在物流中的地位是如何体现的？

二、货物包装在物流中的作用

（一）保护货物

包装能够有效保护货物，降低货物损耗率。

1. 减少外力作用的影响

合理包装能够有效减少货物在运输、储存、装卸、搬运等物流活动中受到的外力作用，降低货物变形、破损的概率。

2. 减少外界环境对货物的影响

合理包装能够在一定程度上隔绝水分、光线、灰尘和有害气体等，降低货物干裂、受潮、腐烂、锈蚀的概率，从而保证货物在物流活动中的安全。

3. 减少生物对货物的影响

合理包装能够有效防止鼠类、害虫和有害微生物等对货物的侵害，降低货物被鼠咬、被虫蛀、霉烂的概率，如真空包装可以隔绝空气，抑制微生物的生长与繁殖，从而达到保鲜的目的。

（二）方便储运

在物流活动中，合理包装能够为货物的流转提供巨大便利，从而提高物流活动的效率。

1. 方便货物运输

货物经过适当包装（如捆扎、裹包、装袋、装箱、装桶、装瓶等）后，便于装卸搬运，从而提高运输效率，降低运输成本。

2. 方便货物储存

从货物验收的角度看，便于拆包和重新打包的包装方式为验收工作提供了便利；从货物堆码的角度看，平整的货物包装能够承受一定压力，便于货物堆码，从而使仓容得到充分利用；从货物在库保管的角度看，清楚明确的包装标志，便于物流作业人员识别货物，从而缩短货物存取、盘点的时间。

（三）促进销售

包装促进销售的作用主要体现在通过加强企业与消费者之间的沟通，促使消费者产生购买行为。

1. 传达产品信息

包装上的文字说明能够传达商品的名称、品牌、价格、产地、生产日期、用途、使用方法、注意事项等信息，起到宣传商品、指导消费者正确使用商品的作用。

2. 激发购买欲望

精美的包装能够吸引消费者的注意力，激发消费者的购买欲望，从而促进产品销售量的增加。

3. 提升品牌形象

包装可以作为商品的宣传载体，有利于增强企业的品牌形象和消费者忠诚度。

说一说

请结合实际生活，举例说明精美的包装是如何激发消费者购物欲望的。

三、货物包装的分类

由于包装在生产、流通和消费过程中的作用不同，不同的部门对包装有不同的分类。包装生产部门按包装材料、容器和生产条件进行分类；包装使用部门按包装的防护性能和适应性能进行分类；运输部门按不同的运输方式和运输方法进行分类。

对包装进行科学分类，有利于包装标准的制定，便于包装的技术测试和实现包装标准化、规格化与系列化；有利于装卸、搬运和存储作业，便于实现这些作业的机械化、自动化；有利于材料选择、造型结构设计和装潢，促进包装生产的发展；有利于充分发挥包装在流通和消费领域中的作用，便于产品储运和销售；有利于包装行业的经营管理，提高包装的科学管理水平；有利于加强包装技术的研究，提高包装的科学技术水平。我国对包装的分类，有以下几种方法。

（一）按货物包装的形态层次分类

按包装形态层次，货物包装可分为逐个包装、内部包装和外部包装三种。按包装的层次顺序，第一层为逐个包装，第二层为内部包装，第三层为外部包装。但并非所有的货物都按这三个层次包装，有的只需要第一层包装或第二层包装即能满足功能要求。具体如何包装，应根据货物的性质、形态、种类和销售方式确定。

1. 逐个包装

逐个包装是指交到使用者手中的最小包装，是把物品全部或部分装进袋子或其他容器并予以密封的状态或技术。逐个包装是直接盛装和保护货物的最基本包装形式，是在货物生产的最后一道工序中形成的，随同货物直接销售给顾客。如汽水、醋、酒、酱油和化妆品所需的瓶、罐，烟所需的盒，牙膏、药膏所需的软管等都属于逐个包装。

逐个包装上均有印贴商标，介绍货物的成分、性质、使用和保存方法等，便于消费者识别、选购、携带和使用，同时还可起到美化、宣传商品及指导消费、促进销售和赢得市场的作用。

2. 内部包装

内部包装又称中包装，是逐个包装的组合形式，即在逐个包装之外再加一层包装，是指将逐个包装的物品归并为一个或者两个以上的较大单位，放进中间容器的状态和技术，包括为保护物品，在容器内放入其他材料的状态和技术，以便在销售过程中起到保护货物、简化计量和利于销售的作用。

3. 外部包装

外部包装是逐个包装、内部包装的进一步组合，是货物的外层包装，又称运输包装。运输包装一般体积大，外形尺寸标准化程度高，坚固耐用，表面印有明显的识别标志。其目的是在储运过程中保障货物安全，方便储运装卸、搬运和加速交接与点验。合理的运输包装是在不影响货物质量的前提下，压缩轻泡货物体积、拆装大型货物、套装形状相似的货物并加衬垫缓冲材料等。常见的外部包装形式有瓦楞纸箱、木箱、金属桶、钢桶、麻袋、布袋、捆件等。

（二）按货物包装的使用范围分类

1. 专用包装

专用包装是指根据内装物的状态、性质以及技术保护要求、流通条件的需要而专门为某种或某类货物的运输设计制造的一类包装，是只适用于某一专门货物的包装。如各种压缩和液化气体需要使用耐压和密封的钢制气瓶装运；由于茶叶易发生串味，须采用专用箱包装。

2. 通用包装

通用包装是指根据包装标准系列尺寸制造的包装容器，用于无特殊要求或符合标准尺寸的货物。如各种瓦楞纸箱、钙塑箱、塑料箱、木箱、木桶、麻袋、布袋等，既可以用来装运日用百货、中西成药，又可以装运各种电器、食品、饮料、化妆品等，可作为多种用途的通用包装。

练一练

结合日常生活经验，尝试设计一款简单的专用包装，并进行小组交流。

（三）按货物经营贸易惯例分类

1. 内销货物包装

内销货物包装是指在国内周转和销售的货物包装。内销货物包装又可分为商业包装和工业包装，在不损害货物和影响便利流通的原则下，实际操作过程中两种包装可以互相转化和通用。

（1）商业包装。商业包装又称销售包装，是指把货物作为一个销售单位的包装方式。商业包装的目的是促使消费者对商品产生购买欲望和兴趣，促进销售，以实现商品的价值和使用价值。

（2）工业包装。工业包装又称运输包装，是指以便于货物运输和储存为目的的包装形式。工业包装的目的是保护货物在流通环节和运输过程中不受损失或减少损耗。

2. 外贸出口货物包装

外贸出口货物包装是指我国销到国外或国际市场上的货物包装。按照国际贸易的习惯，外贸出口货物包装又可分为出口货物运输包装和出口货物销售包装。

（1）出口货物运输包装。出口货物运输包装是指考虑远距离运输和不同运输方式换装作业条件的要求，增加包装结构强度和进一步组合成大型的集合包装。

（2）出口货物销售包装。出口货物销售包装是指除了要考虑货物的性质、气候等自然环境条件，还要在包装的设计造型、装潢美术、工艺技术等方面，充分考虑不同国家、民族、宗教的习惯和偏好，并根据货物销售所在国的订货要求以及国际市场的特点等因素实施包装。

3. 特殊货物包装

特殊货物包装是指工艺品、古董文物、科技尖端保密产品、国防保密物资产品以及其他重要的军需品等所需的特定用途包装。为了确保这些物资在运输过程中的绝对安全，需要有特殊的技术保护，包装要具有更好的抗压、抗震和抗冲击性能。

（四）按包装在流通领域的作用分类

1. 物流包装

（1）运输包装。运输包装是指以满足运输储存要求为主要目的的包装，具有保障货物安全、方便储运装卸、加速交接和检验的作用。运输包装一般有散装、裸装和包装三种形式。散装是指不需要也不必要进行包装，而直接将货物装载在运输工具内的包装形式，如沙石料、煤炭、原盐等；裸装是指那些自然成件，能抵抗外界作用，在储运过程中可以保持原状的货物而不必包裹的包装方式，如钢板、木材等；包装是指需要外加包裹物，使商品形成包、箱、袋、桶等形状的包装方式。除了可采用散装和裸装的货物，大多数货物都要经过包装方可运输。

（2）托盘包装。托盘包装是指以托盘为承载物，将包装件或产品堆码在托盘上，通过捆扎、裹包或胶贴等方法加以固定，形成一个搬运单位，以便使用机械设备搬运的包装方式。托盘包装兼具包装容器和运输工具的双重作用,是使静态货物转变为动态货物的媒介物。托盘包装的优点:使装卸作业化繁为简,实现机械化作业;简化单体包装,节省包装费用,保护货物安全,减少损失和污染;能够进行高层堆垛,合理利用存储空间。托盘按制作材料分类为木托盘、胶合板托盘、钢托盘、铝托盘、塑料托盘和纸托盘等;按组合形式分类为平板式托盘和非平板式托盘两种,非平板式托盘又可分为箱式托盘、立柱式托盘和框架式托盘等。

(3) 集合包装。集合包装称为组合包装或集装单元,是指将一定数量的商品或包装件组合在一起,形成一个合适的运输单元,以便于装卸、储存和运输,如集装箱、集装托盘、集装袋等。集合包装一方面提高了物流效率和服务水平,另一方面是对传统储运的重大改革,使传统的物流发生了较大的变化。

2. 商流包装

商流包装又称销售包装,是指直接盛装货物并同货物一起出售给消费者的小型包装。由于商流与货物直接接触,商流包装在包装材料的性质、形态、式样等方面要着眼于保护货物,造型和结构要有利于流通,图案、文字、色调和装潢要能吸引消费者,并激发消费者的购买欲,为货物流通创造良好条件,包装单位要适宜消费者的购买量和商店设施条件。

(五) 按包装容器分类

(1) 按照包装容器使用次数的不同,货物包装分为一次性使用包装、多次使用包装和定周转使用包装。

(2) 按照包装容器形状的不同,货物包装分为包装袋、包装箱、包装盒、包装瓶和包装罐等。

(3) 按照包装结构形式的不同,货物包装分为固定式包装、折叠式包装和拆解式包装。固定式包装通常结构简单,外形不易发生变化;折叠式包装不使用时可折叠,使用时可展开;拆解式包装不使用时可拆解成多个部分,使用时可组装起来。

(4) 按照包装变形能力的不同,货物包装分为软包装和硬包装。软包装是指在装入或取出内装物后,形状会发生变化的包装,一般用纤维制品、塑料薄膜、复合包装材料等制成;硬包装是指在装入或取出内装物后,形状基本不会发生变化的包装,一般用金属、木材、玻璃、陶瓷、纸板、硬质塑料等制成。

(六) 其他分类

(1) 按照包装容器防护技术的不同,货物包装分为防锈包装、防震缓冲包装、密封包装和保鲜包装等。

(2) 按照操作方法的不同,货物包装分为压缩包装、捆扎包装、收缩包装和拉伸包装等。

(3) 按照包装内容物所属品种的不同,货物包装可分为食品包装、纺织品包装、医药品包装、化学品包装和电子电器包装等。

议一议

举例说明货物包装的其他分类方法。

四、货物包装的原则

（一）保护性原则

货物包装的首要原则是保护货物免受物理损伤，如碰撞、挤压、震动等。货物包装应根据货物的性质（如易碎、易腐、怕潮等）选择适当的包装材料和包装方式；充分考虑外部因素的影响，如温度、湿度、压力等，确保货物在储运过程中的安全性。

（二）经济性原则

在保证包装效果的前提下，应尽可能选择成本低廉、易于获取的包装材料，降低包装成本；通过优化包装流程、采用自动化包装设备等方式，提高包装效率，减少人力和物力消耗。

（三）标准化原则

货物包装应符合国家有关法律法规和标准的要求，确保包装的合法性和规范性；尽可能采用统一的包装规格和尺寸，便于运输和储存过程中的管理和操作。

（四）匹配性原则

对于不同性质的货物，应使用不同的包装材料和包装容器。如对于易碎货物，应使用富有弹性、内加松软衬垫物的包装；对于液体货物，应使用牢固、密封性好的包装；对于具有腐蚀性的货物，应使用耐腐蚀的包装。

（五）便利性原则

货物在流通过程中会经过运输、储存、装卸、搬运等多个物流环节，货物包装应便于装卸、搬运等操作，降低劳动强度和提高工作效率。如果单一包装无法满足需要，可以将多种包装组合起来使用，如纺织品短期储存时可以用纸箱包装，但在海运过程中通常还需要将其装入集装箱中。

（六）发展性原则

随着科技的发展，货物包装的材料、设计理念、加工技术等都在不断更新，价格更低、重量更轻、硬度更高、弹性更好、环保性能更优的包装材料不断出现。使用顺应科技发展趋势的包装，既有助于降低包装成本，也有助于保护环境、发展循环经济。

查一查

利用网络查一查循环经济的内涵及发展。

五、货物包装的要求

（一）符合货物性能的要求

各类货物由于外形、内在性质不同，采用的包装材料、包装技术和包装方式也不尽相同。如对于腐蚀性强的货物，应采用抗腐蚀能力强的包装材料；对于怕振动、易碎的货物，应采用富有弹性的、内加松软衬垫的包装材料；对于液体货物，应采用密闭、牢固的包装材料。

（二）满足物流各个环节的要求

货物在流通过程中往往要经过多次搬运、堆码和装卸，因此货物的包装应适应这些环节的操作。如货物的包装要使装卸、搬运设备的效能得到充分发挥，使库场和运输工具的容量得到充分利用，能满足装卸、搬运对货物包装强度的要求。

（三）满足国际市场的销售和消费习惯

随着经济的发展，国际贸易趋于频繁，货物的出口量进一步增加。因此，货物的包装应符合国外经销商和消费者的习惯，如货物包装上的说明应采用进口国的文字，图案能吸引当地的消费者。

（四）符合物美价廉的要求

作为商品的货物包装，其成本不能过高，人们追求的是既要包装美观，又要价格便宜。因此，包装设计（包括包装材料的选用、图案设计等）已经成为一门重要的学科。

（五）符合科技发展的要求

随着科技的发展，包装行业也迎来了前所未有的变革，包装的材料、设计理念以及对货物包装加工的方法与技术也在不断改进，企业只有不断关注科技动态，积极采用新技术、新材料和新方法，才能在激烈的市场竞争中脱颖而出，实现可持续发展。

知识拓展

循环经济

一、循环经济的内涵

循环经济又称资源循环型经济，是以资源节约和循环利用为特征、与环境和谐共生的经济发展模式。循环经济强调把经济活动组织成一个“资源—产品—再生资源”的反馈式流程，所有的物质和能源能在这个不断进行的经济循环中得到合理和持久的利用，使经济活动对自然环境的影响降低到尽可能小的程度。

二、循环经济的特征

传统经济是一种由“资源—产品—废弃物”所构成的单向流动经济，而循环经济则是一种“资源—产品—再生资源”全新的经济发展模式。它体现了以下几种新思想观。

（一）新系统观

新系统观是指循环经济由人、自然资源和科学技术等要素构成的大系统，要求人在考虑生产和消费时不再置身于这一大系统之外，而是将自己作为这个大系统的一部分来研究符合客观规律的经济原则。

（二）新经济观

新经济观要求运用生态学规律，在资源承载能力之内形成良性循环，使生态系统平衡地发展。

（三）新价值观

新价值观不仅将自然视为可利用的资源，而且将其作为人类赖以生存的基础，是需要维持良性循环的生态系统；不仅考虑科学技术对自然的开发能力，而且充分考虑对生态系统的修复能力，使之成为有益于环境的技术；不仅考虑人对自然的征服能力，而且更重视人与自然和谐相处的能力，促进人的全面发展。

（四）新生产观

新生产观充分考虑自然生态系统的承载能力，尽可能节约自然资源，不断提高自然资源的利用效率，循环使用资源，创造良性的社会财富。

（五）新消费观

新消费观提倡物质的适度消费、层次消费，在消费的同时考虑废弃物的资源化，建立循环生产和消费的观念。

三、循环经济的实施原则

（一）系统分析的原则

循环经济是较为全面地分析投入与产出的经济，是在人口、资源、环境、经济、社会与科学技术的大系统中研究符合客观规律的经济原则，均衡经济、社会和生态效益。

传统工业经济时代把经济生产看作一个与世隔绝的体系，只考虑经济效益，甚至简单归结为利润。这种片面的经济思维理念不符合实际情况，也违反了自然规律。实际上，任何经济生产都要从自然界取得原料，并向自然界排出废物。而像石油、煤和淡水等多种战略性的经济资源都是有限的，甚至是短缺的，如果不加考虑，终将导致资源的枯竭。生产向自然界排出废弃物，生态系统的容量有限，如不考虑这一点就是自毁基础。因此，经济生产必须考虑生态系统，同样社会消费也应考虑生态系统的承载能力，必须遵循基本的生态客观规律，把人口、经济、社会、资源与环境纳入一个大系统中进行考虑，取得系统内各主体的和谐发展。

（二）生态成本总量控制的原则

自然生态系统作为经济生产系统的一部分，生产中会产生生态系统成本。企业向自然界索取资源，必须考虑生态系统的承载能力和自我修复能力，要有生态成本总量控制的概念。

生态成本是指进行经济生产导致生态系统的破坏后，再人为修复所需要付出的代价。以河流取水为例，传统工业取水只考虑取水的工程、机械和人工的成本，而不考虑水资源的成本，并认为水资源是取之不尽、用之不竭的。这种认识相对水是富有资源时是对的，如取用海水；但若在取水后形成断流，破坏下游生态系统，就不仅水资源有成本，而且还有高昂的水生态系统成本；而向水中排污，破坏水的质量，这又是另一种用水，同样有高昂的环境代价，因此循环经济应遵循生态成本总量控制的原则。

（三）其他原则

1. 资源利用的减量化(reduce)原则

减量化原则要求在生产过程中，通过管理技术的改进，减少进入生产和消费过程的物质和能量。换言之，减量化原则要求在经济增长的过程中为使这种增长具有持续的和环境相容的特性，人们必须学会在生产源头的输入端就充分考虑节约资源、提高单位生产产品对资源的利用率以及预防废物的产生，而不是把眼光放在产生废弃物后的治理上。对生产过程而言，企业可以通过技术改造、采用先进的生产工艺、实施清洁生产，减少单位产品生产的原料使用量和污染物的排放量。此外，减量化原则要求产品的包装应该追求简单朴实，而不是浪费，以达到减少废弃物排放的目的。

2. 产品生产的再使用(reuse)原则

再使用原则是尽可能多次以及尽可能多种方式使用人们所买的东西。通过再利用，人们可以防止物品过早成为垃圾。在生产中，要求制造产品和包装容器能够以初始的形式被反复利用，尽量延长产品的使用期；鼓励再制造工业的发展，以便拆卸、修理和组装用过的和破碎的东西；在生活中，反对一切一次性用品的泛滥，鼓励人们将可用的或可维修的物品返回市场体系，供别人使用或捐献自己不再需要的物品。

3. 废弃物的再循环(recycle)原则

再循环原则是要求人们尽可能通过对“废物”的再加工处理(再生)使其成为资源，或制成使用资源、能源较少的新产品而再次进入市场或生产过程，以减少垃圾的产生。再循环有两种情况：一是原级再循环，也称原级资源化，即将消费者遗弃的废弃物循环用来形成与原来相同的新产品，如利用废纸生产再生纸，利用废钢铁生产钢铁；二是次级再循环，又称次级资源化，是将废弃物作为生产与其性质不同的其他产品的原料的再循环过程，如将制糖厂所产生的蔗渣作为造纸厂的生产原料，将糖蜜作为酒厂的生产原料等。原级再循环在减少原材料消耗上达到的效率要比次级再循环高得多，是循环经济追求的理想境界。

实训任务

实训项目：猜一猜货物包装的类型。

实训目的：掌握货物包装的类型。

实训内容：

(1) 各小组搜集10张有关货物包装的图片；

(2) 各小组长轮流上台展示本小组所搜集的图片，其他小组猜一猜图片中货物包装的类型，并简要说明判断依据；

(3) 竞猜结束后，各小组之间进行交流讨论，分享心得体会；

(4) 老师对各小组的表现进行点评。

实训要求：结合所学知识判断货物类型，说明判断依据。

评分要点:评分要点如表 4-1 所示。

表 4-1 “猜一猜货物包装的类型”评分要点

序号	评分要点	分值	得分
1	货物包装的类型判断合理、分类无误	30	
2	货物包装的类型判断依据描述清晰	20	
3	小组收集的包装类型涵盖全面	20	
4	各小组有效交流,积极参与活动	10	
5	小组分工明确,成员参与度高	20	
合计		100	

任务二 货物包装工程

建议教学时数：4

学习目标

1. 知识目标

(1) 掌握常用的包装材料；

(2) 掌握常用的包装容器；

(3) 熟悉常用的包装技法。

2. 能力目标

(1) 能够分析不同包装材料的优缺点；

(2) 能够正确判断货物包装的容器。

3. 素质目标

(1) 培养学生认真严谨的工作态度；

(2) 树立保护环境的绿色发展理念。

案例导入

包装不当引发争议

Y物流公司用厢式货车运输一批X光机，在车厢外加盖了篷布。但由于运输途中突遇暴雨，到达目的地时，货物外包装被雨水淋湿。该货车中装有2个木箱和2个纸箱，2个纸箱均被雨水淋湿而破损，导致内部设备外露。检查发现，其中一个纸箱未采取任何防潮措施，另一个纸箱内只有一层塑料薄膜包裹着货物。随后，Y物流公司的检验人员对这批货物进行开箱检验，检验结果如下：木箱中的X光机虽然外包装受潮，但由于木箱内有塑料真空包装并添加了防潮剂，真空包装内还有两层密封包装，因此设备完好无损；而纸箱内为X光机的核心部件，由于严重受潮，已经无法使用。

案例思考

1. 案例中使用了哪些包装材料？这些包装材料分别具有哪些优缺点？

2. 除了防潮包装技术，常用的包装技术还有哪些？

分析提示

相关知识

一、包装材料

包装材料是指用于制作包装容器和构成货物包装材料的总称。常用的包装材料有纸包装材料、塑料包装材料、金属包装材料、木质包装材料、玻璃包装材料、纤维包装材料、条编包装材料和复合包装材料等。

（一）纸包装材料

1. 纸包装材料的分类

在包装材料中，纸包装材料的应用范围最广，使用量最大。纸包装材料可分为包装用纸和包装用纸板两大类。

(1) 包装用纸。包装用纸又分为普通包装纸、专用包装纸和特种包装纸。

① 普通包装纸，如牛皮纸、鸡皮纸等，主要用于包装食品、纺织品及其他体积较小的货物。

② 专用包装纸，如玻璃纸、防锈纸等，主要用于包装特定货物。

③ 特种包装纸，如防油纸、水果包装纸、水泥袋用纸等，特种包装纸有专门的用途并且原料和制法各异。

(2) 包装用纸板。包装用纸板主要有瓦楞纸板(图 4-1)、蜂窝纸板(图 4-2)等，可制作成纸盒、纸箱、纸罐、纸桶，用于包装食品、纺织品、家用电器等各类货物。

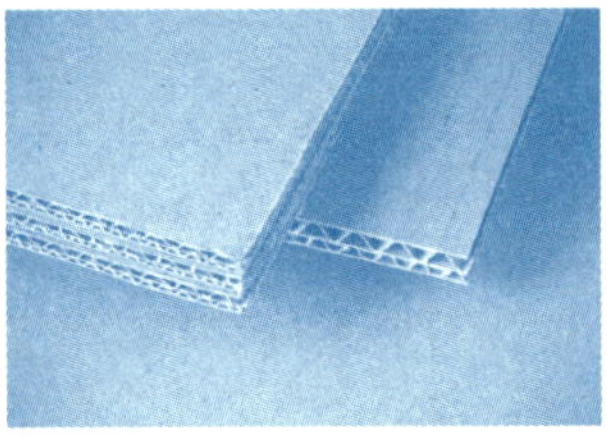

图 4-1　瓦楞纸板

图 4-2　蜂窝纸板

想一想

生活中常见的纸包装商品有哪些?

2. 纸包装材料的优缺点

(1) 纸包装材料的优点：

① 重量轻，占用空间小，价格低，能节约包装成本和运输成本；

② 具有优良的折叠性和可塑性，便于采用各种加工方法，适应机械化、自动化生产，且便于印刷；

③ 无毒，可反复使用，有助于保护环境、节约资源。

(2) 纸包装材料的缺点：

① 易破损；

② 难封口；

③ 气密性、防潮性、透明性差。

（二）塑料包装材料

塑料是指以合成或天然高分子化合物为主要成分，可在一定条件下塑化成型，且能保持形状不变的材料。目前，塑料已成为一种应用非常广泛的经济型包装材料，使用量逐年增加。

1. 塑料包装材料的分类

按受热后性能变化的不同，塑料包装材料可分为热塑性塑料和热固性塑料两类。

（1）热塑性塑料。热塑性塑料受热后会软化，可反复塑制，如聚乙烯、聚丙烯、聚苯乙烯、聚氯乙烯等。这类塑料可用于制作薄膜、气泡膜（图 4-3）、编织袋（图 4-4）等。

图 4-3　气泡膜

图 4-4　编织袋

（2）热固性塑料。热固性塑料受热后不会软化，不能反复塑制，如酚醛树脂、脲醛树脂等。这类塑料常用于制作塑料盒。

2. 塑料包装材料的优缺点

（1）塑料包装材料的优点：

① 具有一定的强度和弹性，耐摩擦、耐折叠、抗压、抗震、抗冲击，防潮、防水、气密性好；

② 化学稳定性好，耐酸碱，不易氧化；

③ 重量轻，成本低；

④ 可塑性强，便于加工成不同形状。

（2）塑料包装材料的缺点：

① 易老化；

② 有异味；

③ 易产生静电；

④ 一些塑料助剂可能渗入内装物，影响内装物品质量；

⑤ 废弃物难处理，易污染环境。

练一练

结合实际生活，分析如何改进乳品高性能包装材料。

（三）金属包装材料

1. 金属包装材料的分类

按硬度的不同，金属包装材料可分为刚性金属材料和柔性金属材料两类。

(1) 刚性金属材料。刚性金属材料是指质地坚硬、不易变形的金属材料，如钢材。刚性金属材料主要用于制作钢桶(图 4-5)、集装箱等。

图 4-5　钢桶

图 4-6　铝箔袋

(2) 柔性金属材料。柔性金属材料是指质地柔软、易变形的金属材料，如铝合金。柔性金属材料主要用于制作软管(如包装膏状化妆品的铝制软管)和金属箔(如图 4-6 所示的铝箔袋)。

2. 金属包装材料的优缺点

(1) 金属包装材料的优点：

① 牢固，耐冲击，能够有效保护内装物；

② 密封性好，能够有效阻隔空气、水分和光线；

③ 表面具有特殊光泽，便于印刷和装饰；

④ 可重复使用。

(2) 金属包装材料的缺点：

① 成本较高；

② 化学稳定性较差，耐腐蚀性不如塑料和玻璃包装材料。

议一议

新型金属材料主要有哪几类？

新型金属材料

(四) 木质包装材料

1. 木质包装材料的分类

木质包装材料包括天然木材和人造板，常用于制造木箱、木托盘等。天然木材直接取自树木；人造板则用木材和其他植物纤维加工而成，主要有胶合板(图 4-7)、纤维板、刨花板(图 4-8)、细木工板等。

图 4-7　胶合板

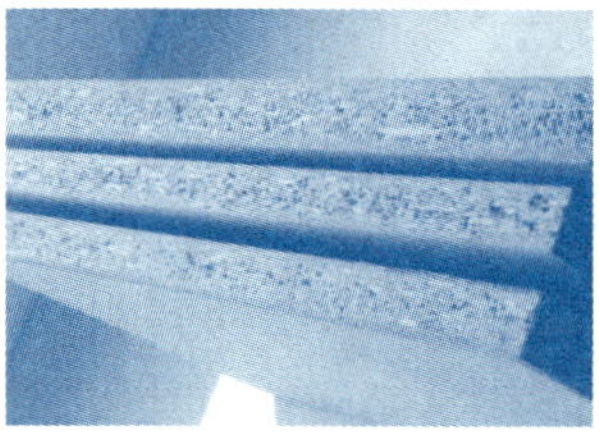

图 4-8　刨花板

2. 木质包装材料的优缺点

(1) 木质包装材料的优点：

① 耐压、耐冲击、耐摩擦，可承受较大的堆码载荷；

② 可重复使用。

(2) 木质包装材料的缺点：

① 易受温度、湿度的影响而变形或开裂；

② 易燃烧；

③ 易腐朽；

④ 易携带有害生物，可能会对内装物和生态安全造成一定威胁；

⑤ 在国际贸易中受到检验检疫制度限制，可能会影响通关速度。

查一查

我国进境货物木质包装检疫有哪些规定？

（五）玻璃包装材料

1. 玻璃包装材料的分类

玻璃包装材料主要有普通瓶罐玻璃（主要是钙、镁、硅酸盐玻璃）和特种玻璃（如中性玻璃、石英玻璃、微晶玻璃、钠化玻璃等）之分。

2. 玻璃包装材料的优缺点

(1) 玻璃包装材料的优点：

① 化学稳定性好，无毒无味，对内装物无不良影响；

② 密封性好，能够有效阻隔空气、水分和光线；

③ 透明度高，便于观察内装物；

④ 抗变形能力较强；

⑤ 工艺性能优良，便于加工成不同形状；

⑥ 温度耐受性好，既可经受高温杀菌，也可低温储藏；

⑦ 可重复使用。

(2) 玻璃包装材料的缺点：

① 易破碎；

② 加工时能耗大；

③ 不便于印刷和装饰。

（六）纤维包装材料

纤维包装是指以天然、人造纤维与合成纤维为原材料制成的包装。常用的纤维包装有麻袋、布袋、合成纤维编织袋等，主要用于包装粮食、食用糖、面粉、淀粉、水泥、陶土、白云石等粉状和颗粒状货物。

棉麻由于属于农作物，资源有限，而且棉麻纤维包装耐冲击强度较低，包装货物易于破损，因此今后也应限制发展这类材料的包装；合成纤维由于其资源丰富、强度大、轻便、耐冲击强度高、耐磨、耐腐蚀、易清洗、不污染环境、便于回收利用，是现代包装的理想材料，具有广泛的发展前景，应大力开发，充分利用。

（七）条编包装材料

条编包装材料包括天然的竹条、藤条、荆条、柳条、芦苇、稻草等。常用的条编包装有各种筐、篓、篮、包、袋等，主要用于盛装水果、蔬菜、薯类、药材等货物。

条编包装虽然耐冲击强度低，容易破损，但其原料均为农副产品，资源丰富，制作简便，成本低廉。

（八）复合包装材料

复合包装材料是指将两种或两种以上具有不同特性的材料通过各种方法结合起来制成的包装材料。常见的复合包装材料有纸/塑复合材料、塑/塑复合材料、铝/塑复合材料、纸/铝/塑复合材料等。

二、包装容器

包装容器是指用于盛装货物的容器的总称，主要包括包装袋（图 4-9）、包装盒（图 4-10）、包装箱（图 4-11）、包装瓶（图 4-12）、包装罐（图 4-13）等。

图 4-9　包装袋

图 4-10　包装盒

图 4-11　包装箱

图 4-12　包装瓶

图 4-13　包装罐

（一）包装袋

包装袋多用柔性包装材料制成，具有较强的柔韧性、耐磨性和较高的抗拉强度。常见的包装袋有集装袋、麻袋、布袋等，主要用于包装颗粒状或粉末状的固体货物。

（二）包装盒

包装盒多用介于柔性和刚性之间的包装材料制成。包装盒一般为规则的立方体，不易变形，容积较小，有开闭装置。

（三）包装箱

包装箱多用刚性包装材料或半刚性包装材料制成，强度较高，抗变形能力较强，结构类似于包装盒，但容积更大。常见的包装箱有瓦楞纸箱、木箱、塑料箱等。大多数轻型、小型货物宜使用纸箱包装，重型、大型机电设备往往使用木箱、钢箱或钢木结合的包装箱，塑料箱则多用作周转箱。

（四）包装瓶

包装瓶多用刚性包装材料制成，强度较高，抗变形能力较强，顶部有开口，瓶颈小于瓶身，容积较小。常见的包装瓶有圆瓶、方瓶、异形瓶等，主要用于包装液体、颗粒状或粉末状的固体货物。

（五）包装罐

包装罐多用刚性包装材料制成，强度高，抗变形能力强，罐颈比罐身小或无罐颈，罐身各处横截面的大小大致相同。包装罐可分为小型包装罐（如易拉罐）、中型包装罐（如工业运输包装罐）和罐式集装箱三种，主要用于包装液体、颗粒状或粉末状的固体货物。

说一说

生活中常见的包装容器分别适用哪些货物？

三、不同形态产品的包装要求

（一）外包装形状和尺寸的选择

包装尺寸的合理配合主要指容器底面尺寸的配合，即应采用包装模数系列。至于外包装高度的选择，则应由货物特点来决定，如松泡货物可选高一些，沉重的货物可选低一些。在外包装形状尺寸的选择上，要避免过高、过扁、过大、过重包装。过高的包装会重心不稳，不易堆码；过扁的包装则会给标识刷字和标识的辨认带来困难；过大的包装量太多，不易销售，而且体积大也会给运输流通带来困难；过重的包装易导致包装纸破损。

（二）内包装形状和尺寸的选择

在选择内包装形状和尺寸时，要与外包装形状和尺寸相配合，即内包装的底面尺寸必须与包装模数相协调。由于内包装主要作为销售包装，更重要的是要有利于货物的销售，有利于货物的展示、装卸、购买和携带。

（三）外包装的捆扎

捆扎的目的是将单个物件或数个物件捆紧，以便于运输、储存和装卸。此外，捆扎还能防止失窃、保护内装物，压缩容积而减少保管费和运输费，加固容器。一般而言，合理的捆扎能使容器的强度增加 20%～40%。捆扎的方法有多种，根据包装形态、运输方式、容器强度、内装物重量等不同情况，分别采用“井”字、“十”字、双“十”字和平行捆扎等方法，对于体积不大的普通包装，一般在打包机上进行捆扎。

对于集合包装，用普通捆扎方法费工费力，一般采用收缩薄膜包装技术和拉伸薄膜包装技术。收缩薄膜包装技术是用收缩薄膜裹包集装的物件，然后对裹包的物件进行适当的加热处理，使薄膜收缩而紧贴于物件上，将集装的物件固定为一体。而运用拉伸薄膜技术时不需要加热，所消耗的能量只有收缩薄膜包装技术的 1/20，主要是依靠机械装置，在常温下将弹性薄膜围绕包装件拉伸、裹紧，最后在薄膜末端进行封合，薄膜的弹性使集装的物件紧紧地固定在一起。

（四）对内装物的合理放置和加固

在运输包装中装进形态各异的产品需要一定的技巧，只有对产品进行合理放置、固定和加固，才能达到缩小体积、节省材料、减少损失的目的。如对于外形规则的产品，要注意套装，包装内重量要均匀，产品与产品之间要注意隔离和固定，薄弱部件要注意加固。

（五）对松泡产品进行压缩

由于松泡产品在包装时所占用容器的体积太大，占用大量的运输空间和储存空间，增加运输和储存费用，一般采用真空包装技法压缩松泡产品的体积，以节省空间，降低成本，提高经济效益。

四、包装技术

（一）无菌包装技术

无菌包装技术是将食品填充并密封于由复合材料制成的包装内，然后使其在短时间内保持 135 ℃左右的高温，以杀灭包装容器内细菌的包装方法。无菌包装适用于液体食品，是在罐头包装基础上发展起来的一种新技术。和罐头包装相比，无菌包装能较好地保存食品原有的营养素、色、香、味和组织状态；杀菌所需热能减少 25%～50%；冷却后包装可以使用不耐热、不耐压的容器，如塑料瓶、纸板盒等，既降低了成本，又便于消费者开启。

（二）防水包装技术

防水包装技术是指防止因水浸入包装件而影响内装物质量的包装技术。如用防水材料衬垫包装容器内侧，在包装容器外部涂刷防水材料等。

（三）防潮包装技术

防潮包装技术是指防止因潮气浸入包装件而影响内装物品质量的包装技术。如使用防潮材料制作包装容器，在包装容器内加入适量干燥剂以吸收潮气，将密封包装容器抽真空等。

（四）防霉包装技术

防霉包装技术是为了防止因真菌侵袭内装物而采取一定防护措施的包装方法，主要有耐低温包装、防潮包装和高密封容器包装等。

耐低温包装一般是用耐冷耐潮的包装材料制成，经过包装的物品能较长时间在低温下存放，以低温抑制微生物的生理活动，达到内装物不霉腐的目的；防潮包装可以防止包装内的水分增加，达到抑制微生物生长和繁殖的作用，延长内装物品的储存期；采用陶瓷、金属、玻璃等高密封容器进行真空和其他防腐处理（如加工食品防腐剂），是食品防腐中常用的防霉包装技术。

采用防霉包装的注意事项

（五）防锈包装技术

防锈包装技术是指防止内装物锈蚀的包装技术。如在内装物表面涂刷防锈油（脂），用防锈纸包装内装物等。

（六）缓冲包装技术

缓冲包装技术又称防震包装技术，是指在内装物周围放置能够吸收冲击能量或振动能量的缓冲材料或其他缓冲元件，以免内装物受损的包装技术。

1. 压缩包装技术

压缩包装技术是用弹性材料（如橡胶、海绵等）填塞包装空隙（图 4-14）或对内装物进行加固，以有效保护内装物。

图 4-14　压缩包装技术

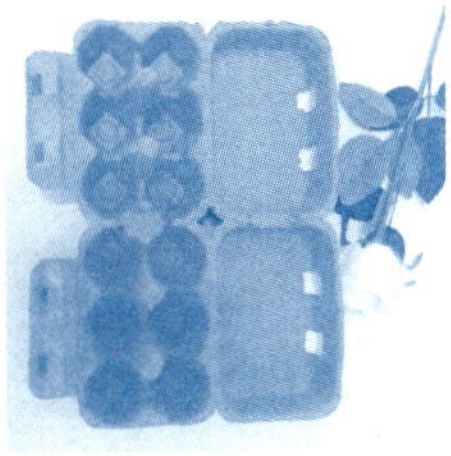

图 4-15　模盒包装技术

2. 模盒包装技术

模盒包装技术是利用模型将聚苯乙烯树脂等材料制成与内装物形状一样的模盒（图 4-15），使用其包装货物能够起到防震作用。这种包装技术多用于包装轻型、小型货物，如鸡蛋、水果等。

3. 悬浮式包装技术

悬浮式包装技术是选择坚固的包装容器，同时用弹簧、绳子、吊环等将内装物悬吊并固定在容器中心，使内装物不与容器内壁接触，以保护内装物（图 4-16）。这种包装技术多用于包装贵重、易碎的货物。

图 4-16　悬浮式包装技术

（七）防虫包装技术

防虫包装技术是指防止内装物遭受虫害的包装技术。例如，在生产包装材料时加入杀虫剂，在包装容器中喷洒驱虫剂、杀虫剂或脱氧剂等。

（八）保鲜包装技术

保鲜包装技术是采用固体保鲜剂（将沸石、膨润土、活性炭、氢氧化钙等原料按一定比例组合）和液体保鲜剂（如以椰子油为主体的保鲜剂，以碳酸氢钠、过氧乙酸溶液、亚硫酸与酸性亚硫酸钙、复方卵磷脂为主体的保鲜剂等)进行果实、蔬菜的保鲜。

1. 固体保鲜剂法

固体保鲜剂法是将保鲜剂装入透气小袋,封口后再装入内包装,以吸附鲜果、鲜菜散发的气体而延缓后熟过程。

2. 液体保鲜剂法

液体保鲜剂法是把鲜果浸入涂液后取出,在鲜果的表面形成一层极薄的可食用保鲜膜,既可堵塞果皮表层呼吸气孔,又可起到防止微生物侵入和隔温、保水的作用。

3. 硅气窗转运箱保鲜包装方法

硅气窗转运箱保鲜包装方法是采用塑料密封箱加盖硅气窗运输鲜果、鲜菜、鲜蛋等。硅气窗又称人造气窗,是在塑料箱、袋上开气窗,以调节氧气、二氧化碳浓度,抑制鲜菜、鲜果和鲜蛋的呼吸作用,延长储存期。

(九) 脱氧包装技术

脱氧包装技术又称除氧封存剂包装技术,是利用无机系、有机系、氢系三类脱氧剂,除去密封包装内的游离态氧,降低氧气浓度,从而有效阻止微生物的生长繁殖,达到防霉、防褐变、防虫蛀和保鲜的目的,适用于某些对氧气特别敏感货物的包装。

(十) 特种包装技术

1. 泡罩包装与贴体包装

泡罩包装是将货物封合在透明塑料薄片形成的泡沫罩与底板之间的一种包装方法。贴体包装是将货物放在能透气的、用纸板或塑料薄片制成的底板上,上面覆盖加热软化的塑料薄片,通过底板抽真空,使薄片紧密包贴货物,且四周封合在底板上的一种包装方法。泡罩包装和贴体包装多用于日用小商品的包装,其特点是透明直观、保护性好、便于展销。

2. 真空包装与充气包装

真空包装是将货物装入气密性包装容器,抽去容器内部的空气,使密封后的容器内达到预定真空度的一种包装方法。这种方法一般用于高脂肪、低水分食品的包装,其作用主要是排除氧气,减少或避免脂肪氧化,抑制真菌或其他好氧微生物的繁殖。充气包装是在真空包装的基础上发展起来的,是将货物装入气密性包装容器中,用氮、二氧化氮等惰性气体置换容器中原有空气的一种包装方法。充气包装通过改变包装容器中的气体组成成分,降低氧气浓度,达到防霉腐和保鲜的目的,主要用于食品类货物的包装,其作用是减缓或避免食品的氧化变质。

知识拓展

绿色包装

一、绿色包装的概念

绿色包装又可以称为无公害包装、环境之友包装,是指对生态环境和人类健康无害,能重复使用和再生,符合可持续发展的包装。

绿色包装包含两层含义：一是保护环境，二是节约资源，两者相辅相成，不可分割。保护环境是核心，节约资源可减少废弃物，是从源头上对环境的保护。

二、绿色包装的特点

（一）实行包装减量化

绿色包装在满足保护、方便、销售等功能的条件下，应是用量最少的适度包装。欧美等国已将包装减量化列为发展无害包装的首选措施。

（二）易于重复利用或回收再生

绿色包装通过多次重复使用，或通过回收废弃物，生产再生制品、焚烧利用热能、堆肥改善土壤等措施，达到再利用的目的。这样既不污染环境，又可充分利用资源。

（三）包装废弃物可降解腐化

为了不形成永久的垃圾，不可回收利用的包装废弃物要能分解腐化，进而达到改善土壤的目的。世界各工业国家均重视发展利用生物或光降解的包装材料。

（四）对人体和生物无毒无害

包装材料中不应含有有毒物质或有毒物质的含量应控制在有关标准以下。

（五）不会对环境产生污染或造成公害

包装制品从原材料采集、材料加工、制造产品、产品使用、废弃物回收再生，直至最终处理的生命全过程均不应对人体及环境造成公害。

三、绿色包装的应用

（一）重复再用和再生的包装材料

采用可重复再用和再生的包装材料，如啤酒、饮料、酱油、醋等产品可采用玻璃瓶包装反复使用。再生利用包装，可用物理和化学两种方法再生。以塑料包装为例，物理方法是指直接彻底净化粉碎，无任何污染物残留，经处理后的塑料再直接用于再生包装容器；化学方法是指将回收的 PET（聚酯薄膜）粉碎洗涤之后，在催化剂作用下，使 PET 全部解聚成单体或部分解聚，纯化后再将单体重新聚合成再生包装材料。包装材料的重复利用和再生，仅仅延长了塑料等高分子材料作为包装材料的使用寿命，当达到其使用寿命后，仍要面临对废弃物的处理和环境污染问题。

（二）可食性包装材料

1. 可食性包装膜

可食性包装膜是解决食品包装废弃物与环保之间矛盾的方法。在进行部分食品包装的设计中，可制成一种不影响被装食品原味的可食性包装膜。如澳大利亚的一家公司就研制出一种可食用土豆片包装，人们吃完土豆片后还可食用其包装；英国一家公司制成了一种可食用的果蔬保鲜剂，它是由糖、淀粉、脂肪酸和聚酯物调配成的半透明的乳液，可采用喷雾、涂刷或浸渍等方法覆盖于苹果、柑橘、西瓜、香蕉、西红柿等水果蔬菜的表面，由于这种保鲜剂在水果表面形成了一层密封膜，因此能防止氧气进入果蔬内部，从而延长了熟化过程，起到保鲜作用，涂上这种保鲜剂的水果蔬菜保鲜期可长达200天以上，这种保鲜剂还可以同果蔬一起食用。

人们熟悉的糖果包装上使用的糯米纸及包装冰激淋的玉米烘烤包装杯都是典型的可食性包装。在人工合成可食性包装膜中，比较成熟的是透明、无色、无嗅、无毒，具有韧性和高抗油性薄膜，能食用，可做食品包装，其光泽、强度、耐折性能都比较好。

2. 可食用保鲜膜

可食性保鲜膜具有明显的防水性和一定的可选择透气性，因而在食品工业，尤其在果蔬保鲜方面，具有广阔的应用前景。

3. 可降解材料

可降解材料是指在特定时间内造成性能损失的特定环境下，其化学结构发生变化的一种塑料。可降解塑料包装材料既具有传统塑料的功能和特性，又可以在完成使用寿命之后，通过阳光中紫外光的作用或土壤和水中的微生物作用，在自然环境中分裂降解和还原，最终以无毒形式重新进入生态环境中，回归大自然。如法国一家奶制品公司从甜菜中提取的物质与矿物质进行混合，从而制造出一种生态包装盒。

4. 纸材料

纸的原料主要是天然植物纤维，在自然界会很快腐烂，不会造成污染环境，也可回收重新造纸。因此许多国际大公司使用可回收纸用于年报、宣传品制作，用回收纸制成信笺、信纸以体现其关注环境的绿色宗旨，同时又树立了良好的企业形象。纸材料还有纸浆注型制件、复合材料、建筑材料等多种用途。纸浆模塑制品具有质轻、价廉、防震、透气性好等优点，有利于生鲜物品的保鲜，在国际商品流通上，被广泛用于蛋品、水果、玻璃制品等易碎、易破、怕挤压物品的周转包装上。

我国进境货物木质包装检疫的有关规定

案例分析

除了使用环保材料，可口可乐还在包装上加入了二维码，消费者通过扫描可以获取更多产品信息，并参与互动游戏和抽奖活动。这种创新设计不仅提升了产品的趣味性和互动性，还增强了消费者对品牌的忠诚度。

此外，可口可乐积极推广“共享包装”理念，鼓励消费者回收可利用包装，减少资源浪费，对于展示企业的社会责任，在公众中提升品牌形象起到了积极作用。

由此可见，包装创新要注重环保和可持续性发展，体现企业的社会责任；同时要增加互动性和趣味性，提高消费者对产品的兴趣和参与度；此外还要注重个性化和美观性，满足消费者对美的追求和个性化的需求。

在这个追求可持续性和个性化的时代，包装不仅仅是商品的外衣，更是品牌故事和企业文化的传播者。它连接着消费者的情感，影响着他们的购买决策。品牌通过包装创新，不仅展示了对环境的责任感，也提供了与消费者互动的新途径，增强了产品的吸引力。这些案例证明了包装创新在塑造品牌价值和推动可持续发展方面的重要性。

实训任务

实训项目：对货物进行合理包装。

实训目的：加深学生对货物包装材料和包装技法的理解。

实训内容：

(1) 全班学生自由分组，每组 3～5 人，并选出一名小组长；

(2) 各小组准备 3 件不同类型的货物，查找相关资料，针对每件货物准备相应的包装容器及辅助物，并确定合适的包装技术；

(3) 小组长使用本小组选择的包装容器对货物进行合理包装；

(4) 老师对各小组的表现进行点评。

实训要求：组长对货物进行合理包装，组员同步说明原因并做好辅助工作。

评分要点：评分要点如表 4-2 所示。

表 4-2　"对货物进行合理包装"评分要点

序号	评分要点	分值	得分
1	对货物包装的容器判断合理	30	
2	货物包装的辅助物准备充分	20	
3	货物包装的技法使用正确	20	
4	包装完成后，通过测试	10	
5	小组分工明确，成员参与度高	20	
合计		100	

任务三 货物包装标志

建议教学时数：4

学习目标

1. 知识目标

（1）掌握货物包装标志的分类；

（2）掌握主要的货物包装标志。

2. 能力目标

（1）能够正确判断货物包装标志的类型；

（2）能够正确运用货物的包装标志。

3. 素质目标

（1）培养学生认真严谨的工作态度；

（2）树立保护环境的绿色发展理念。

案例导入

未印刷易碎货品国际通用标志导致货物受损

2024年9月，出口商Y公司从德国汉堡发运一批易碎塑料玩具至泰国曼谷。玩具包装完好，在外包装箱上印有德语“易碎　谨慎操作”字样，但没有印刷易碎货品国际通用标志。该批货品到达曼谷后，货运代理雇佣操作员进行卸货操作，该操作员不懂德语，并没有注意到该批货品是易碎品。货物到达进口商仓库开箱后，进口商发现这批塑料玩具已严重受损，无法正常销售。

案例思考

1. Y公司应如何印刷易碎货品的国际通用标志？
2. 分析货物包装标志的作用。

分析提示

相关知识

一、运输标志

运输标志又称唛头(shipping mark)，是指标识在包装上的由简单图形和文字组成的标志。运输标志的主要作用是便于物流作业人员识别货物，以防错发、错运。我国国家标准《国际贸易用标准化运输标志》(GB/T 18131—2010)规定，标准化运输标志由收货人名称的首字母缩写或简称、参考号、目的地、包装件号等四项内容按顺序组成，每项内容占一行，每行不超过 17 个字符。运输标志应简明清晰、易于辨认，印刷于包装外表的合适位置，且不加任何宣传性的图形或文字。

二、指示性标志

指示性标志又称操作标志，一般用简单、醒目的图形和文字表示，用来提示物流作业人员在操作时需要注意的事项。我国国家标准《包装储运图示标志》(GB/T 191—2008)中规定了 17 种指示性标志，如图 4-17 所示。

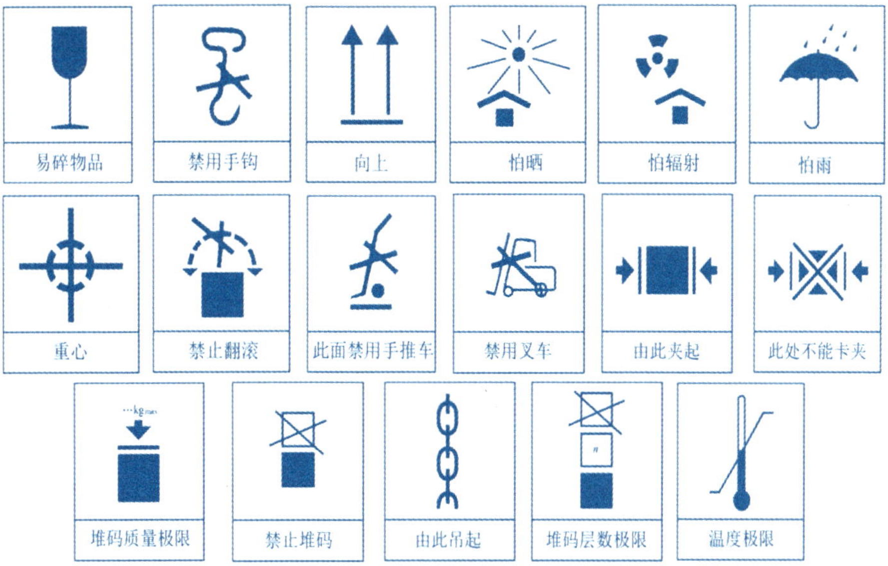

图 4-17　指示性标志

指示性标志一般为黑色，若包装的颜色与标志的颜色相近，则应在印刷面上采用适当的对比色。必要时，指示性标志也可使用其他颜色，除非另有规定，一般应避免使用红色、橙色或黄色，以免与警告性标志混淆。

议一议

请结合实际生活，尝试描述你见过的指示性标志。

三、警告性标志

警告性标志又称危险货物包装标志，是用来表示危险货物的理化性质和危险程度的标志。该标志主要用于提醒物流作业人员根据货物特性采取相应的防护措施，以保障人身安全与货物安全。

想一想

以下货物的外包装上可能印有哪些包装标志?

(1) 玻璃花瓶；(2) 服装；(3) 塑料玩具；(4) 食盐；(5) 白磷；(6) 浓硫酸。

四、标志的使用方法

（一）标志的标订

标志可采用粘贴、钉附及喷涂等方法。

（二）标志的位置规定

（1）箱状包装：位于包装端面或侧面的明显处；

（2）袋、捆包装：位于包装明显处；

（3）桶形包装：位于桶身或桶盖；

（4）集装箱、成组货物：粘贴四个侧面。

（三）危险品包装件的标志

每种危险品包装件应按其类别贴相应的标志，但如果某种物质或物品还有属于其他类别的危险性质，包装上除了粘贴该类标志作为主标志，还应粘贴表明其他危险性的标志作为副标志。

（四）标志应清晰

标志材质和粘贴应满足运输的要求，标志应保证危险货物在贮运期间不脱落、不褪色、图案文字清晰。

（五）标志应由生产单位在货物出厂前标订

出厂后如改换包装，其标志由改换包装单位标订。

查一查

危险货物运输的包装标志都有哪些？

知识拓展

我国国家标准《危险货物包装标志》（GB 190—2009）

我国国家标准《危险货物包装标志》（GB 190—2009）规定，危险货物包装标志可分为标记和标签两大类。危险货物包装标志中，标记有 4 个，如表 4-3 所示；标签有 21 个，其图形分别标示了 9 类危险货物的主要特性，如表 4-4 所示。

表 4-3 危险货物标记

序号	标记名称	标记图形
1	危害环境物质和物品标记	 （符号为黑色，底色为白色）

续表

序号	标记名称	标记图形
2	方向标记	 （符号为黑色或正红色，底色为白色）  （符号为黑色或正红色，底色为白色）
3	高温运输标记	 （符号为正红色，底色为白色）

说一说

请结合实际生活，举例说明危险货物标记适用哪些货物。

表 4-4　危险货物标签

序号	标签名称	标签图形
1	爆炸性物质或物品	 （符号为黑色，底色为橙红色）  （符号为黑色，底色为橙红色）  （符号为黑色，底色为橙红色）  （符号为黑色，底色为橙红色）
2	易燃气体	 （符号为黑色或白色，底色为正红色）

续表

序号	标签名称	标签图形
2	非易燃无毒气体	（符号为黑色或白色，底色为绿色）
	毒性气体	（符号为黑色，底色为白色）
3	易燃液体	（符号为黑色或白色，底色为正红色）
4	易燃固体	（符号为黑色，底色为白色红条）
	易于自燃的物质	（符号为黑色，底色为上白下红）
	遇水放出易燃气体的物质	（符号为黑色或白色，底色为蓝色）

续表

<table>
<tr><th>序号</th><th>标签名称</th><th>标签图形</th></tr>
<tr><td rowspan="2">5</td><td>氧化性物质</td><td>

（符号为黑色，底色为柠檬黄色）</td></tr>
<tr><td>有机过氧化物</td><td>

（符号为黑色或白色，底色为上面红色、下面柠檬黄色）</td></tr>
<tr><td rowspan="2">6</td><td>毒性物质</td><td>

（符号为黑色，底色为白色）</td></tr>
<tr><td>感染性物质</td><td>

（符号为黑色，底色为白色）</td></tr>
<tr><td rowspan="2">7</td><td>一级放射性物质</td><td>

（符号为黑色，底色为白色，附一条红竖条）</td></tr>
<tr><td>二级放射性物质</td><td>

（符号为黑色，底色为上黄下白，附两条红竖条）</td></tr>
</table>

续表

序号	标签名称	标签图形
7	三级放射性物质	 （符号为黑色，底色为上黄下白，附三条红竖条）
	裂变性物质	 （符号为黑色，底色为白色）
8	腐蚀性物质	 （符号为黑色，底色为上白下黑）
9	杂项危险物质和物品	 （符号为黑色，底色为白色）

案例分析

一、案例背景

某年12月19日，浙江省宁波市北仑区一家危险品仓库发生火灾，造成5人死亡，多人受伤。事故原因系仓库内危险化学品泄漏，引发火灾。火灾导致大量周边居民疏散，对当地生态环境和人民群众生活产生较大影响。

二、原因分析

（1）仓库内危险化学品泄漏，导致火灾。

（2）火灾初期，未能及时控制，导致火势蔓延，影响周边区域。

（3）事故发生时，救援力量不足，未能迅速、有效地控制火灾。

三、案例启示

（一）加强危险品仓储安全管理

（1）严格危险品储存资质审批，确保危险品仓库符合国家标准和要求。

（2）强化危险品储存与管理规范，按照规范进行分类、分区、分层存放。

（3）定期对危险品仓库进行安全检查，及时发现和排除安全隐患。

（二）提高员工安全意识

（1）加强员工安全培训，提高员工安全意识，熟悉掌握操作规程。

（2）开展常态化安全演练，提高员工应对突发事件的能力。

（3）强化安全意识教育，使员工时刻保持对安全的警惕。

（三）完善安全监管体制

（1）加强对危险品仓储企业的监管，确保各项安全制度落实到位。

（2）建立健全安全风险防控体系，提高安全风险识别和预警能力。

（3）严厉打击非法储存、运输、销售危险品的行为。

实训任务

实训项目：认识常见的包装标志。

实训目的：掌握常见的包装标志。

实训内容：

（1）各小组搜集 5 个快件包装标志；

（2）小组长组织成员，讨论以下问题：每个包装标志所属的类型、表示的含义、适用的范围；

（3）讨论结束后，对本小组的讨论结果进行汇总、整理，然后制作成 PPT；

（4）小组长以 PPT 的形式展示本小组的实训成果；

（5）教师对各小组的表现进行点评。

实训要求：结合所学知识判断包装标志，说明判断依据。

评分要点：评分要点如表 4-3 所示。

表 4-3　“认识常见的包装标志”评分要点

序号	评分要点	分值	得分
1	对货物包装标志类型的判断合理、分类无误	30	
2	货物包装标志含义描述清晰	20	
3	小组收集的包装标志类型涵盖全面	20	
4	PPT 制作结构合理，内容完整	10	
5	小组分工明确，成员参与度高	20	
合计		100	

项目五

货物储存与养护

项目导学

- 货物储存与养护
  - 任务一　货物储存认知
    - 货物储存的含义
    - 货物储存的类型
    - 货物储存的原则
    - 货物储存的条件
  - 任务二　货物储存质量变化
    - 储存过程中货物的质量变化
    - 储存过程中影响货物质量变化的因素
  - 任务三　货物养护
    - 货物养护的概念
    - 货物养护的方法
    - 货物养护的措施

任务一　货物储存认知

建议教学时数：4

学习目标

1. 知识目标

(1) 掌握货物储存的概念与原则；
(2) 理解货物储存的类别；
(3) 了解货物储存的条件。

2. 能力目标

(1) 能够明确货物的储存条件；
(2) 能够对货物进行合理储存。

3. 素质目标

(1) 培养学生精益求精的工匠精神；
(2) 培养学生安全规范操作的意识。

案例导入

雪糕储存不当导致大肠菌群不合格

某地市场监督管理局发布的关于雪糕等冷冻饮品的质量抽检情况结果显示：某品牌的雪糕被检出大肠菌群项目不合格，经调查该批次产品不合格的原因是该购物广场储存不当。

专家表示，“大肠菌群不合格一般有两个原因：一是生产线污染，出厂就不合格；二是冷链运输或终端的温度失效，导致细菌繁殖”。因此，在运输与储存过程中，温湿度控制不当、包装密封性不足，都可能会加剧微生物的繁殖。

分析提示

案例思考

1. 案例中雪糕属于什么种类的储存？
2. 合理储存雪糕的条件主要有哪些？

相关知识

一、货物储存的含义

（一）货物储存的概念

货物储存是指货物在流通过程中，为保证生产和消费的正常进行而对货物进行的临时存放、保管工作的总称。货物储存作为物流体系中至关重要的一环，对于确保生产与消费的顺畅起着不可替代的作用。货物储存主要包括储存计划管理、入库管理、在库管理、出库管理、库存控制和货物安全管理等工作。

（二）货物储存的过程

货物储存的过程包括货物的入库、出库、移库和盘点等环节。入库是对货物进行检查、分类、标识和放置；出库是根据订单需求准备货物并进行装运；移库是由于库内管理或订单需求而调整货物位置；盘点则是定期核对仓库的货物数量，确保库存的准确性。

想一想

货物储存的重要性有哪些？

二、货物储存的类型

按照货物储存的目的和作用，货物储存可以分为季节性储存、周转性储存和储备性储存三种类型，共同构成了企业货物储存管理体系。

（一）季节性储存

季节性储存是根据货物季节性生产、消费的时间差异，为实现货物的常年供应而实行的货物储存。季节性储存主要针对那些市场需求具有明显季节性特征的货物，这类货物在特定季节内的需求量会大幅增加，而在其他季节则相对较少。为了应对这种需求波动，企业会在需求旺季之前提前进行储存，以确保在旺季时能够稳定供应。季节性储存有助于企业平衡生产和销售之间的时间差，减少因供应不足而导致的市场机会损失。例如，夏装和冬装均属于季节性消费货物，为了保证旺季消费的供应，必须在淡季储存；空调是全年生产的，却只在夏季或个别地方的冬季使用；水果在旺季生产，为了保证全年的消费，就必须在淡季储存。

（二）周转性储存

周转性储存是指为了维持企业正常的生产或销售活动而进行的货物储存。周转性储存的主要目的是保证生产或销售过程的连续性，防止因货物短缺而导致生产中断或销售延误。周转性储存的货物通常是企业在日常运营中经常使用的原材料、半成品或成品。通过合理的周转性储存管理，企业可以确保生产或销售活动的顺畅进行，提高运营效率。

（三）储备性储存

储备性储存是为了应对未来可能的不确定性需求而进行的货物储存，如重要的战略物资、关键零部件或稀缺资源等。储备性储存的主要目的是确保在突发事件或市场波动时，企业能够有足够的货物供应，以维持正常的生产或销售活动。储备性储存的规模和种类通常取决于企业的战略需求、市场环境以及供应链的稳定性等因素。通过储备性储存，企业可以增强自身的抗风险能力，确保在复杂多变的市场环境中保持竞争力。

说一说

结合生活实际，举例说明三种不同的货物储存类型。

三、货品储存的原则

货物储存必须贯彻“安全、及时、方便、经济”的方针，一方面，在保证货物质量和数量的前提下，坚持“按需储存、方便进出、节约费用、减少损耗”的原则；另一方面，在储存过程中按照先入先出、分区、均布、重力、效率五个原则来实施。

（一）先入先出原则

先入先出原则，即先入库的货物先出库，是货物在出库时最先考虑的原则，可以有效避免旧物品的积压，出现物品过期失效现象，适用于有失效期要求的物品。采用先入先出原则有助于保持库存货物的流动性，确保货物的质量和价值得到最大化利用。

（二）分区原则

分区原则是指将仓库内的空间按照一定的规则和标准划分为不同的区域，以便对货品进行有序、高效的储存和管理。分区原则的核心是根据货物的特性、存储需求以及仓库的实际情况，将仓库划分为若干个相对独立的区域，每个区域都有其特定的功能和用途，以满足不同货物的储存要求。通过分区管理，可以实现对货品的分类存储、快速定位、有效监控和及时调拨，从而提高仓库的存储效率、降低管理成本和保障货物安全。

（三）均布原则

均布原则是仓库管理最基本的货位选择原则，目的是使各种货物均匀地分布到各个巷道中去，提高出入库的效率的同时，避免因某种货物集中于某一巷道，此巷道设备出现问题后造成不能出库的现象。

均布原则基本分三种，第一种是货物的均布，适用于原本仓库中有空货位的情况，可以使货物均匀分布在每个巷道中，多用于单种入库货物较多的场合；第二种是货位的均布，适用于原本仓库中存在很少的货位，确保每个巷道都有等量多的空货位，用于单种入库货物较少的场合；第三种是设备负荷的均布，即平均分配每台堆垛机的工作量，充分利用每一台堆垛机的工作量，使每一台堆垛机的工作负荷基本一致，这样可以避免某一台堆垛机因频繁使用负载过大而导致使用寿命缩短。

（四）重力原则

重力原则是指在仓库中的货物重量差别较大时，将较重的货物存放在低层货架，不仅可以保证货物方便存取，同时也确保货物安全。虽然随着钢结构货架的采用和货架结构的力学设计，货架具有很强的承重能力，较重货物的存放不会存在安全隐患；但从堆垛机存取方便性和经济性出发，较重的货物应存放在低层，通过缩短堆垛机叉取时间来提高作业效率。

（五）效率原则

效率原则是对仓库进行优化考虑的主要原则，通过提高出入库效率，降低成本和损耗，为企业带来可观的经济效益。提高仓库出入库效率的方式主要有两种，一种是货位优化原则，即选择最优的货位进行出入库，从而节省出入库时间；另一种是优化出入库任务次序原则，即根据所有的出入库任务，合理优化出入库任务的次序，统筹安排多个任务的优先顺序，对大批量的订单进行合理的调度，适用于出入库任务比较频繁的情况。

议一议

实际操作过程中货物储存的原则有哪些？

四、货物储存的条件

（一）货物储存的设施与设备

1. 仓库的分类

仓库是指保管、储存货物的建筑物和场所的总称，如库房、货棚、货场等。物流中的仓库功能已经从单纯的货物存储保管，发展到具有货物的接收、分类、计量、包装、分拣、配送等多种功能。

(1) 按仓库的用途分类，可将仓库分为自营仓库、营业仓库、公共仓库、保税仓库和储备仓库。

① 自营仓库。自营仓库是指生产或流通企业为经营需要而建设的附属仓库，完全用于储存本企业的货物(如原料、半成品和产成品)。

② 营业仓库。营业仓库是指按照仓库业管理条例取得营业许可证，为经营储运业务而修建的仓库。营业仓库以提供货物仓储服务和仓储场地服务为经营手段，以收取仓储费为营利目的。

③ 公共仓库。公共仓库是国家或公共团体为了公共利益而建设的仓库，即与公共事业配套服务的仓库，如机场、港口、铁路货场等。

④ 保税仓库。保税仓库是指根据有关法律和进出口贸易的规定取得许可证、专门保管国外进口而暂未纳税的进出口货物的仓库。保税仓库适用于存放供来料加工、进料加工复出口的料件；经过海关批准，可以在保税仓库内对货物进行加工、储存等作业。

⑤ 储备仓库。储备仓库是由国家设置，以保管国家应急物资和战备物资的仓库。物资在储备仓库中储存时间一般较长，但储存的物资会定期更新，以保证物资的质量。

（2）按仓库的保管条件分类，可将仓库分为通用仓库和专用仓库。

① 通用仓库。通用仓库是指具有常温保管、自然通风、无特殊功能的仓库，用以储存没有特殊要求的货物。由于通用仓库适应性较强、利用率较高，因而是商业仓库网中分布最广、比重最大、使用最为普遍的常规性仓库，所以也称之为普通仓库。

② 专用仓库。专用仓库是专门用于储存某一类货物的仓库。这些货物或是某类货物数量较多，或是由于货物本身的特殊性质，或对共同储存的货物产生不良影响，如冷藏仓库、恒温仓库、危险品仓库等。

（3）按仓库的构造分类，可将仓库分为单层仓库、多层仓库和立体仓库。

① 单层仓库。单层仓库是指仓库建筑物是平房，结构简单，有效高度一般不超过 6 米的仓库。单层仓库内进行货物装卸、搬运极为方便，其所需投资相对较少。此外，单层仓库的地面承压能力强，各种附属设备如通风、供水、供电等安装、使用和维护都相当便捷。这种仓库通常适用于储存金属材料、建筑材料、矿石等多种物品，并且常见于水运、铁路和航空运输的仓库中，以加快装卸速度。

② 多层仓库。多层仓库是指仓库占地面积小，具有多层结构的仓库。多层仓库一般采用垂直输送设备来搬运货物，作业方式可以是机械化和半机械化。它通常用于储存城市日常所需的高附加值小型货物。然而，使用多层仓库也存在一些问题，如建筑和维护费用较高，货物存放成本也相对较高。

③ 立体仓库。立体仓库是指利用高层货架来储存货物的仓库。在立体仓库中，由于货架比较高，货物的存取需要采用与之配套的机械化、自动化设备。自动化立体仓库采用高层货架存放货物，以巷道堆垛起重机为主，结合入库与出库周边设备来进行自动化仓储作业。

2. 仓储系统的构成

仓储系统由货物储存系统、传送系统、控制和管理系统构成。

（1）货物储存系统。货物储存系统是仓储系统的核心部分，用于存放和保管各类货物，通常由立体货架的货格（托盘或货箱）组成。立体货架机械结构分为分离式、整体式和柜式三种，按高度分为高层货架（12 米以上）、中层货架（5 米至 12 米）和低层货架（5 米以下），按货架形式分为单元货架、重力货架、活动货架和拣选货架等。

（2）传送系统。传送系统主要承担货物存取、出入仓库的功能，确保货物在仓库内快速流动，通常由有轨或无轨堆垛机、出入库输送机、装卸机械等组成。堆垛机是传送系统的重要组成部分，主要负责在仓库或存储区域中垂直和水平方向上自动存取货物；出入库输送机可根据货物的特点采用传送带输送机、机动辊道、链传动输送机等，主要将货物送到堆垛机下料位置和货物出入库位置；装卸机械则承担货物出入库装车或卸车的工作，一般由行车、吊车、叉车等机械组成。

（3）控制和管理系统。控制和管理系统是仓储系统的“大脑”，负责监控和管理整个仓储系统的运行。根据自动化立体仓库的具体情况，有的仓库采取单台 PLC 控制，机与机无联系；有的仓库对单台机械进行联网控制和分布式控制，即由管理计算机、中央控制计算机和堆垛机、出入库输送等直接控制的可编程序控制机械组成控制系统。

练一练

画出仓储系统的功能模块图。

（二）货物储存的环境与要求

1. 温度和湿度

温度和湿度的波动可能会导致货物发生变质、损坏等。因此，在储存货物时，应尽量保持温度和湿度的稳定，并确保其处于适宜的范围内。

2. 光照和辐射

过度的光照会导致货物褪色、老化或脆化，而辐射则可能引起货物的化学变化或破坏。因此，在储存货物时，应尽量控制光照和辐射的强度和时间，避免对货物产生不良影响。

3. 空气流通和清洁度

良好的空气流通可以确保货物不受潮湿、霉变或虫蛀的影响，而清洁的空气则可以减少灰尘、细菌或其他污染物对货物的影响。因此，在储存货物时，应尽量保持良好的空气流通和清洁度，确保货物的品质和安全性。

4. 防火、防盗和安全

防火、防盗和安全是货物储存的基本要求。在储存货物时，应采取必要的措施，如安装火灾报警器、防盗门窗、监控摄像头等，确保货物不受损害。此外，还应定期进行安全检查和维护，确保安全设施的正常运行。

查一查

温湿度控制与调节的方法有哪些？

知识拓展

自动化立体仓库

一、自动化立体仓库的组成

自动化立体仓库是现代物流行业中的一种高效、智能的仓储系统，它通过自动化设备和技术实现仓库内物品的存储、检索和管理的自动化和智能化，主要包括自动化存储系统、自动化搬运系统、自动化控制系统、自动化检测系统，如图 5-1 所示。

图 5-1 自动化立体仓库

（一）自动化存储系统

1. 输送设备

输送设备包括输送带、提升机、堆垛机等，主要用于将货物从入库区域运送到存储位置。

2. 货架系统

立体仓库采用自动化货架系统，可根据货物尺寸和分量的不同，选择不同类型的货架进行存储。

3. 堆垛机器人

通过堆垛机器人的智能控制，可以实现货物的自动分拣、堆垛和取货操作，提高仓库的存储效率。

（二）自动化搬运系统

1. 自动导引车（AGV）

AGV是一种能够自主导航、运输货物的无人驾驶车辆，可实现货物的自动搬运和分拣。

2. 输送线系统

通过输送线系统，可以将货物从存储位置运送到出库区域，实现高效的搬运作业。

3. 搬运机器人

搬运机器人能够根据预设的路径和任务，自主完成货物的搬运和运输，减少人力成本，提高搬运效率。

（三）自动化控制系统

1. 仓储管理系统（WMS）

WMS是由用户管理、仓库管理、库存管理、订单管理、数据分析五个核心模块组成的系统。系统的目的是提供一个有效管理仓储作业的工具，以确保货物的高效运输、储存和跟踪。通过对仓库内货物的管理和信息的实时监控，提高仓库的运作效率和准确性。

2. 可编程逻辑控制器（PLC）

PLC是一种专门为在工业环境下应用而设计的数字运算操作电子系统。它采用一种可编程的存储器，在其内部存储执行逻辑运算、顺序控制、定时、计数和算术运算等操作的指令，通过数字式或模拟式的输入输出来控制各种类型的机械设备或生产过程。可编程逻辑控制器是控制仓库设备运行的核心，可以对仓库内各自动化设备进行监控和调度，通过编程实现设备的自动控制和协调，从而实现仓库内物流的协调和优化。

（四）自动化检测系统

1. 无线射频识别（RFID）技术

通过RFID技术，可以实现对货物的自动识别和跟踪，提高仓库的货物管理效率。

2. 视觉识别系统

视觉识别系统可以实现对货物的外观、尺寸等信息的自动检测，提高货物的分拣和存储精度。

3. 温湿度监测系统

通过温湿度监测系统，可以实时监测仓库内的环境条件，保障货物的质量和安全。

（五）自动化维护系统

1. 远程监控

通过远程监控系统，可以实时监测仓库设备的运行状态，及时发现和解决故障。

2. 预防性维护

采用预防性维护策略，定期对设备进行检修和保养，可以减少设备故障率。

3. 数据分析和优化

通过对仓库运作数据的分析和优化，不断提升仓库的运作效率和性能。

二、自动化立体仓库分区的方法

（一）货物特性分区

货物特性分区是指根据货物本身固有的性质，将需要特别储存、搬运或分离储存的货物进行分开存放，以保证货物的品质在储存期间保持不变。如药品的存放就需要考虑分区原则，易串味的药品需要单独存放在一个区域，需低温存放的药品也要单独物理划区。

（二）出入库优先级分区

出入库优先级分区是指根据不同货物出入库的优先级别，把整个库区划分成几个部分的分区方法。如优先入库区，即离入库台比较近的区域，用来存放需优先入库的货物；优先出库区，即离出库台比较近的区域，用来存放需要优先出库的货物；其他没有特定优先级的货物则放在其他的中间区域。一般而言，自动化立体仓库分区不少于三个。

基于物联网技术的智慧仓储管理系统设计

（三）出入库频率分区

出入库频率分区是指在同一端进行出入库作业的立体仓库用来提高作业效率的分区方法。由于在自动化立体仓库系统中，货物出入库台都在同一端，则靠近出入库台的货位的出入库效率很高，而货架的另一端则是效率最低的区域，可以将出入库频率较高的货物放在离出入库口近的区域，从而提高出入库作业的效率。

案例分析

一、案例背景

某地一座建筑面积约 20 000 平方米、储存近万吨进口棉花的巨型储备棉花仓库（图 5-2），某日凌晨发生火灾。该市消防局出动 52 辆消防车、近 500 名消防人员连续扑救，至当晚 10 点左右，火势基本得到控制，但棉花阴燃现象仍在发生。经调查，此次火灾是由于棉花自燃引起的，最近正值梅雨季节，气温高，湿度大，仓库还有积水，而棉花包装过紧，散热慢，棉花内部温度上升达到自燃点所致。

图 5-2　棉花仓库

据了解，当日凌晨 3 点值班人员发现仓库三楼有火情，但并未立即报警，而是先向值班领导汇报后才拨打“119”报警，延误了火灾初期紧要的 20 分钟时间。而目击者称，火灾现场浓烟滚滚，一千米外就能看见仓库 3、4、5 层均被“火龙”包围。

二、问题分析

棉花在保管阶段发生自燃，紧接着仓库着火，仓库内消防安全不到位，火灾持续时间较长，最终损失惨重。本案例中，责任应由负责储存棉花的仓库承担。作为专业的货物保管方，应具有满足货物要求的储存条件，采取适当的防护措施，防止货物在储存期间受损。储存棉花的方式不当，不仅会造成棉花损失惨重，还会威胁人们的生命安全。

三、原因分析

结合案例，我们发现造成棉花损失惨重的原因主要有储存温湿度不当、储存场地不合理、消防安全不合格等。

（一）储存温湿度不当

该仓库储存的是棉花，并且正值梅雨季节，气温高，湿度大，棉花容易自行吸收或吸附空气中的水蒸气并释放热量，导致棉花温度不断升高。随着温度的上升，热量无法及时散发，当温度接近 150 ℃时，棉纤维开始分解，进入氧化过程，热量继续增加，棉花内部温度上升达到自燃点时，就会引发大火。

（二）储存场地不合理

根据相关规定，储存棉花的仓库面积不得超过 4 000 平方米，每个防火分区的面积不得超过 1 000 平方米。但该仓库总面积达 20 000 平方米，防火分区面积近 1 800 平方米，只有四五千吨储存量的仓库竟存放有近万吨棉花，棉花存放在拥挤的环境中，导致灭火时间长，货损严重。

（三）消防安全不合格

仓库消防用水不足，消防泵房被擅自改为储藏室，进水管道直径仅 10 厘米，远未达到 20 厘米的基本要求，无法维持水枪喷射，近 10 辆消防车被迫到江边抽水应急；仓库内未装火警报警装置，没有喷水灭火器，且消防栓仅有两个，未达到规定的最低限度，导致灭火的效率低下，货损惨重。

四、处理措施

（一）控制仓库温湿度

棉花对仓库温湿度的要求很高，可以选用通风设备、控温设备、除湿机器或除湿剂对储存棉花的仓库进行温度和湿度控制，保证棉花质量和安全。

（二）选择合适的仓库

储存棉花的仓库面积不得超过 4 000 平方米，货物堆放应整齐、稳定，堆高小于 5 米，不得超出仓库面积的承担能力。仓库应建在地势较高、排水良好的地方，远离生产区和工业区，同时避免建在易受洪水侵袭的地方。

（三）做好仓库消防安全管理

储存棉花的仓库应建立健全的消防安全责任制，明确消防安全职责；定期开展消防安全教育培训，提高员工消防安全意识和自防自救能力；定期开展消防安全检查，及时发现和消除火灾隐患；配备足够的灭火器、消防栓、消防水带等消防设施和器材，确保其完好有效；制订灭火和应急疏散预案，并定期组织演练；加强仓库管理，消除火灾隐患。

实训任务

实训项目：设计货物储存方案。

实训目的：掌握不同货物的储存条件。

实训内容：

(1) 选择一类货物分析其特性；

(2) 明确该类货物储存的类型与原则；

(3) 分析该类货物储存应具备的条件；

(4) 设计该类货物储存的方案。

实训要求：对某类货物储存条件分析，设计储存方案。

评分要点：评分要点如表 5-1 所示。

表 5-1 "设计货物储存方案"评分要点

序号	评分要点	分值	得分
1	对货物特性分析无误	15	
2	对货物储存类型分析正确	20	
3	对货物储存条件分析正确	30	
4	储存方案设计合理	25	
5	小组分工明确，成员参与度高	10	
合计		100	

任务二　货物储存质量变化

建议教学时数：4

学习目标

1. 知识目标

(1) 掌握货物质量变化的种类；

(2) 理解货物质量变化的内在因素；

(3) 掌握货物质量变化的外在因素。

2. 能力目标

(1) 能够正确辨别货物质量变化形式；

(2) 能够正确分析货物质量变化的内因与外因。

3. 素质目标

(1) 培养学生严谨细致的工作态度；

(2) 培养学生融会贯通的应用能力。

案例导入

为何知名品牌酸奶被下架召回?

近日，多名消费者向消费者协会投诉某号称无添加的知名品牌酸奶“有消毒水味”“喝着辣嗓子”“饮用后从喉咙到胃部都有灼烧感”。相关媒体报道后，某零售平台内部人士透露，此前收到了来自该品牌的部分产品下架通知，生产商发布公告称：“接到市场反馈部分批次的产品口感异常，经过对质量、生产、设备进行内部排查，相关批次产品微生物及理化指标检测未见异常，判定产品的异味为脱冷后过度发酵导致的尖酸味，为避免继续给客户造成影响，决定将该批次产品进行下架处理。”

案例思考

1. 案例中的酸奶变质属于什么变化?
2. 引起酸奶在储存过程中发生变化的原因有哪些?

分析提示

相关知识

一、储存过程中货物质量变化

储存过程中货物质量变化是指货物在储存过程中由于本身的成分、结构和理化性质以及受到日光、温度、湿度、空气、微生物等客观外界条件的影响而发生的物理变化、化学变化和生物变化。货物储存期间的这些变化可能影响货物的内在品质和使用价值。

（一）物理变化

物理变化是指货物仅改变其本身的外部形态（如气体、液体、固体“三态”之间发生的变化），在变化过程中没有新物质生成，而且可以反复进行变化的现象。货物的物理变化主要有挥发、串味、渗漏、沾污、破碎与变形等形式。

1. 挥发

挥发是指低沸点的液态物品或经液化的气体在空气中经气化而散发到空气中的现象。常见的易挥发货物有汽油、酒精、苯、香水、印刷油墨、液氨、液氮等。液体货物表面的分子运动比其内部分子更为活跃，表面气压大于空气压力，故能不断地挥发扩散到空气中去。挥发速度与货物中易挥发成分的沸点、气温的高低、空气的流速以及与之接触的空气表面积等因素有关。一般而言，温度越高、物质沸点越低、空气流动越快、液面越大、空气压力越小，货物挥发的速度就越快。

液态货物的挥发，不仅会使货物数量减少，有的还严重影响货物的质量，特别是有的挥发气体，不但影响人体健康，甚至还会引起燃烧爆炸。如，各种香精受热易散发香气，导致质量下降；乙醚、丙酮等挥发出来的蒸气具有毒性和麻醉性，对人体健康有影响；有些液体货物挥发出来的气体与空气混合成一定比例时，会成为易燃易爆的气体，若接触火星就会引起燃烧或造成爆炸事故等。

2. 串味

串味是指吸附性较强的货物吸附其他气体、异味，从而改变本来气味的变化现象。由于货物的成分中含有胶体物质，具有疏松、多孔性的组织结构，导致该类货物具有吸附性、易串味的特点。货物的串味，与其表面的状况，与异味物质接触面积的大小、接触时间的长短以及环境中异味的浓度有关。

常见易串味的货物主要有大米、面粉、木耳、食糖、茶叶、卷烟、饼干等；常见的易引起其他货物串味的货物有汽油、煤油、腌鱼腌肉、樟脑、肥皂、农药等。

3. 渗漏

渗漏主要是指液体货物，特别是易挥发的液体货物，由于包装容器密封不良，包装质量不符合内装货物的性质要求，搬运、装卸时碰撞震动，货物发生“跑、冒、滴、漏”的现象。

货物渗漏与包装材料的性能、包装容器的结构、包装技术的优劣以及仓储温度变化有关。如某些液体货物包装质量较差，有的容器有砂眼、气泡或焊接不严等；有些包装材料耐腐蚀性差，易受潮锈蚀；有的液体货物因气温升高，体积膨胀或汽化，使包装内部压力加大而胀破包装容器；有的液体货物在低温或严寒季节，也会发生体积膨胀造成包装容器破裂；还有些货物如玻璃、陶瓷制品、搪瓷制品、铝制品、皮革制品等，在搬运过程中，受到碰撞、挤压和抛掷等外力作用，会发生破碎、变形、结块、脱落散开等形态上的变化，致使货物质量降低或完全丧失使用价值。

4. 沾污

沾污是指货物外表沾有脏物或染有其他污秽，而影响货物质量的现象。货物沾污的主要原因是生产、储运中卫生条件差及包装不严等。对一些外观质量要求较高的货物，如绸缎呢绒、针织品、服装等要注意防沾污。

5. 破碎与变形

破碎与变形是指货物在外力作用下发生的形态改变。容易发生破碎的主要是脆性较大的货物。所谓脆性是指材料在外力作用下，仅产生很小的变形即断裂破坏的性质，如陶瓷制品、搪瓷制品、玻璃等因包装原因或在运输过程中受到碰、撞、挤、压、抛掷，从而掉瓷、破碎等。容易发生变形的通常是塑性较大的货物。所谓塑性是指材料承受外力作用时发生形变，除去外力后，不能自动恢复原来的形状的性质，如钢材、橡胶、塑料等由于受到强烈的外力撞击或长期重压，货物丧失回弹性能，从而发生形态改变。

想一想

除了上述物理变化，货物在储存过程中还有哪些物理变化?

（二）化学变化

化学变化是指构成货物的物质发生变化后，不仅改变外表形态，还有新物质生成，并且不能恢复原状的变化现象。货物在储存期间的化学变化过程即货物的裂变过程，严重时会使货物丧失使用价值。货物的化学变化主要有氧化、分解、老化、腐蚀、化合等形式。

1. 氧化

氧化是指货物与空气中的氧或与其他放出氧气的物质接触，发生与氧结合的化学变化。货物氧化，不仅会降低货物的质量，有的还会在氧化过程中产生热量，引起自燃，甚至引发爆炸。易于氧化的货物种类很多，如化工原料中的亚硝酸钠、硫代硫酸钠、保险粉，油脂类货物(包括用油脂加工的食品)和纤维制品等。有些货物在氧化过程中会产生热量，如果热量不易散失，又会加速氧化过程，使温度逐步升高，达到自燃点时就会发生自燃现象。如桐油布、油纸等桐油制品，如尚未干透就进行包装，就易发生自燃。另外，橡胶的老化、茶叶的陈化、煤的风化等也是在氧化作用下产生的现象。

2. 分解

分解是指某些化学性质不稳定的货物，在光、热、酸、碱及潮湿空气的作用下，会由一种物质分解成两种或两种以上物质的变化现象。分解不仅使货物质量变差，而且会使货物完全失效，如漂白粉在温度高、水分大、光照、不密闭的条件下，会分解生成次氯酸和氧，失去漂白能力，使货物失去原有使用价值。

3. 老化

老化是指某些以高分子化合物为主要成分的货物，如橡胶、塑料、合成纤维等高分子材料制品，在储运过程中，受到光、氧、热及微生物等的作用，出现发黏、龟裂、变脆、失去弹性、强力下降，丧失原有优良性能的变质现象。

货物老化是一种不可逆的变化，易老化是高分子材料存在的严重缺陷。货物老化的原因主要是高分子化合物在外界条件的作用下，分子链发生了降解和交联等变化。储存和运输这类货物时，要注意防止日光照射和高温，尤其是要防止暴晒，同时堆码不宜过高，尽量避免重压。

4. 腐蚀

腐蚀是指物质接触周围的介质(如酸、碱、氧气及腐蚀性气体等)，其表面受到破坏的变化现象。金属的锈蚀是常见的腐蚀现象，主要是发生了电化学腐蚀，先在金属表面造成不规则的凹洞、斑点和溃疡，然后使破坏掉的金属变为金属氧化物或氢氧化物而附于金属表面，最后或快或慢地往里深入腐蚀。

5. 化合

化合是指货物在储存期间，在外界条件的影响下，两种或两种以上的物质相互作用而生成一种新物质的反应。化合反应通常不会单一存在，而是两种反应(分解、化合)依次先后发生。因此要了解货物的性质，否则易发生化合反应的两种货物存放在一起可能会发生爆炸，带来极其严重的后果。

说一说

举例说明货物在储存过程中的化学变化。

(三) 生物变化

货物的生物变化是指由微生物或有害物质侵蚀引起的变化。生物变化一般有两种形式，一是为了维持其生命活动，其自身会发生一系列特有的生物学变化；二是货物遭受外界有害生物的破坏所形成的变化。

1. 生物学变化

货物的生物学变化是指有生命活动的有机体货物，在储存过程中为了维持生命，本身所进行的一系列生理变化。如蔬菜、水果、鲜鱼、鲜肉、鲜蛋等有机体货物，往往由于本身的特性，在储存过程中受到外界环境的影响会发生各种变化。生物学变化有的能够促进产品质量的提高和完善，如番茄、香蕉、柿子等的后熟作用；但有些会降低产品的使用价值，甚至会使货物失去使用价值，如鱼的软化变质。货物的生物学变化主要包括呼吸作用、后熟作用、僵直、软化和发芽这5种类型。

(1) 呼吸作用。呼吸作用是指有机体货物在生命活动中不断进行呼吸，分解体内有机物质，产生热能，维持其本身生命活动的现象。一旦这种作用停止了，就意味着有机体货物生命力的丧失。呼吸作用可分为有氧呼吸和无氧呼吸两种。为了达到保证鲜活货物质量，减少损耗以及延长储藏期限的目的，要创造适宜的外界环境，以保持有机体的正常呼吸作用，抑制旺盛的有氧呼吸，防止无氧呼吸。

(2) 后熟作用。后熟作用是指有生命的有机体货物如香蕉、柿子等，从收获成熟到生理成熟和工艺成熟，品质不断改善的变化过程，是鲜活货物脱离母株后成熟过程的继续。如瓜果类的后熟作用能改进色、香、味及适口的硬脆度等食用性能。但当后熟作用完成后，有机体货物则容易腐烂变质，难以继续储存甚至失去使用价值。因此，对于这类货物，应在其成熟之前采收。如要延缓后熟和延长储藏时间，应采用适宜的低温和适量的通风；如要加快后熟作用，则可以采用适当的高温、密封以及利用某些催化剂以加强酶的活性等措施，加快后熟过程，满足市场销售的需要。

(3) 僵直。僵直又叫僵硬或尸僵，是指畜禽失去生命后，肌肉在一段时间内发生的生化和形态上的变化，如肌肉失去原有的弹性，变得僵硬，肉片呈不透明状态等。在僵直阶段的肌肉组织紧密、弹性差，无鲜肉的自然气味，烹调时不易煮烂，消化率低，肉的食用品质差，但是僵直期的动物肉的 pH 值较低，组织结构也较紧密，不利于微生物的繁殖，所以适于冷冻储藏。

(4) 软化。软化是指畜禽鱼在僵直达到最高点后进一步发生的变化，如逐渐由硬变软，恢复弹性。这是因为蛋白质和三磷酸腺苷分解，使肌肉变得柔软而有弹性。同时，肌肉蛋白质在肌肉中组织酶的作用下产生部分分解，形成与风味有关的化合物，如多肽、二肽、氨基酸、亚黄嘌呤等，使肉具有鲜美滋味，达到肉的最佳食用期。但鱼类软化后往往会降低价值，甚至腐败变质。高温时软化速度较快，当温度低于 0 ℃时则软化停止，故冷冻储藏可防止畜禽鱼等软化。

(5) 发芽。发芽是有机体货物(如蔬菜类)在储存期间经过短期休眠后继续生长的一种生理活动，是一种植物芽的萌生现象。发芽的结果会使有机体货物的营养物质转化为可溶性物质，供给有机体本身的需要，降低有机体货物的质量。如蔬菜发芽消耗大量的营养成分，出现粗老或空心，降低质量并且不耐储藏。而且，有时发芽的过程中，会产生毒素，如土豆发芽会产生龙葵素，从而丧失有机体货物的使用价值。因此，对于能够发芽的货物必须控制其水分，防止光照，并加强温湿度管理，抑制其发芽、抽薹。

2. 其他生物引起的变化

其他生物引起的变化主要是指货物在外界有害生物作用下受到破坏而产生的变化，如虫蛀、霉腐等。

(1) 虫蛀。虫蛀是货物在储存过程中，遭受仓库害虫的蛀蚀或老鼠的咬损，使货物及其包装受到损坏，甚至完全丧失使用价值的现象。除了食品类货物能提供仓库害虫和老鼠活动所需的营养物质，很多用动植物材料制成的工业品货物，如毛皮制品、皮革制品、丝毛织品、纸及纸制品、纤维制品等，都含有蛋白质、脂肪、淀粉、纤维素等仓库害虫所吸食的成分。仓库害虫大多数属于昆虫纲下鞘翅目、等翅目、鳞翅目、蜚蠊目、蜱满目，它们不仅破坏货物的组织结构，使货物发生破碎和洞孔，而且排泄各种代谢废物污染货物，影响货物的质量和外观，降低货物的使用价值。

(2) 霉腐。霉腐是货物在微生物作用下所发生的霉变和腐败现象。货物的霉腐是由于霉腐微生物在货物上进行生长繁殖的结果。霉腐微生物在货物中不断吸取营养并排泄废物，因此在霉腐微生物大量繁殖的同时，货物也就逐渐遭到分解破坏。无论哪种货物，只要发生霉变，质量就会有不同程度的降低，严重霉腐可使货物完全失去使用价值，有些食品还会因腐败变质而产生能引起人畜中毒的有毒物质。常见危害货物的微生物主要是腐败性细菌、酵母菌和霉菌，其中霉菌危害性最大，它是引起绝大部分日用工业品、纺织品和食品霉变的主要根源，它对纤维、淀粉、蛋白质、脂肪等物质具有较强的分解能力。

查一查

危害货物的微生物有哪些？

二、储存过程中影响货物质量变化的因素

货物在储存过程中影响质量变化的因素很多，可以分为内在因素和外在因素两方面。内在因素是变化的前提，外在因素是变化的条件；内在因素主要是货物成分、结构和性质，外在因素主要是环境因素和人为因素。

（一）内在因素

内在因素是指货物的内在成分、性质和结构，对于货物在储存过程中发生质量变化起着决定作用。内在因素不仅影响着货物的质量变化形势，也影响着质量变化速度。货物的成分决定货物的性质，货物的物理性质、化学性质、生物性质会引起货物发生物理变化、化学变化和生物变化，从而造成货物质量的损耗；货物的结构可以表现为外观形态（固态、液态和气态）和内部分子结构，在储存过程中货物的结构改变，同样也会造成货物质量的变化。

练一练

制作影响货物质量变化的内外因素区分表。

（二）外在因素

外在因素是指影响货物变化的环境因素和人为因素，货物储存过程中质量的变化，不仅是货物内部因素作用的结果，还与外在因素的影响有关。

1. 环境因素

环境因素是指货物储存环境中的氧气、日光、温度、湿度、有害气体、卫生条件与仓库害虫等。在储存过程中，货物质量会受到外部环境的影响而发生变化。

（1）氧气。货物发生化学和生物变化绝大多数都与空气中的氧气有关，氧气能与许多货物直接化合，使货物氧化，不仅降低货物质量，有时还会在氧化过程中产生热量，发生自燃，甚至发生爆炸事故。例如，氧气可以加速金属货物锈蚀；氧气是好气性微生物活动的必备条件，使有机体货物发生霉变；氧气是害虫赖以生存的基础，是仓库害虫发育的必要条件；氧气是助燃剂，不利于危险品的安全储存；在油脂的酸败，鲜活货物的分解、变质中，氧气都是积极的参与者。

（2）日光。有些货物在日光照射下发生剧烈或缓慢的破坏作用。例如，酒类在日光下与空气中的氧作用会变浑浊；日光会加快油脂的酸败，加速橡胶、塑料制品的老化；有些货物如油布、油纸在日光照射下氧化放热，若不及时散热，不仅会加速这些货物的氧化，而且还可能达到自燃点引起火灾等。

（3）温度。温度是影响货物质量变化的重要因素。温度过高会导致货物发生挥

发、渗漏、溶化等物理变化及化学变化，而温度过低又容易引起某些货物的冻结、沉淀等变化，从而影响到货物质量。

(4) 湿度。湿度的改变能引起货物的含水量、化学成分、外形结构发生变化。湿度下降，将使货物因放出水分而降低含水量，减轻重量；湿度增高，货物含水量和重量会相应增加；湿度适宜，则可保持货物的正常含水量、外形或体态结构和重量。

(5) 有害气体。大气中的有害气体有二氧化硫、硫化氢等，都会对货物造成不良影响。货物储存在有害气体浓度大的空气中，其质量变化明显。如二氧化硫气体，溶于水能生成亚硫酸，当该气体遇到含水量较大的货物时，能强烈地腐蚀货物的有机物；在金属电化学腐蚀中，二氧化硫是构成腐蚀的重要介质之一，因此金属货物必须远离二氧化硫发源地。

(6) 卫生条件与仓库害虫。卫生条件是保证货物特别是食品免于变质腐败的重要条件之一。卫生条件不好，不仅使垃圾、灰尘、油污等污染货物影响货物质量，而且还为微生物、害虫等提供滋生场所，促使货物腐败变质。仓库害虫不仅蛀食各种货物和包装，破坏货物的组织结构，而且还排泄各种代谢废物沾污货物，影响货物的质量。因此货物在储存过程中，一定要注意仓库卫生与虫害防治，以保持货物质量的稳定。

2. 人为因素

人为因素是指作业人员未按有关规定和货物性质进行合理作业，而使货物受到损失的情况。这些情况主要有货物保管场所选择不合理、货物包装不合理、货物装卸搬运不合理、货物堆码苫垫不合理、违章作业等。

议一议

比较人为因素与环境因素在货物储存过程中对货物质量变化的影响。

知识拓展

现代储存技术

现代储存技术是指为了延长货物的保存期限而采用的各种方法和设备。随着科技的进步和人们对储存需求的增加，现代储存技术得到了广泛的应用和发展。

一、低温冷冻技术

低温冷冻技术是现代最常用的储存技术之一。通过将货物置于低温环境中，可以降低温度，减缓食物和物品内部的化学反应和微生物活动，从而延长其保存期限。常见的低温冷冻设备有冰箱、冷冻柜等，这些设备采用特殊的冷却技术，能够将货物的温度降低到零下并保持稳定。

二、真空封装技术

真空封装技术是通过移除货物周围的氧气，降低氧气浓度，从而抑制货物中的氧化反应和微生物生长，延长保存期限。真空封装设备是指利用特殊的封装袋或容器，将货物置于密封环境中，并抽出其中的空气的设备，广泛应用于食品行业，如真空包装食品。

三、干燥技术

干燥技术是将货物中的水分去除，降低含水量来延长保存期限的一种储存技术。常见的干燥技术有太阳晒干、烘干等，通过去除水分，可以阻断微生物的生长，减缓食品类货物的腐败速度。在食品行业中，干燥技术被广泛应用于蔬菜、水果、肉制品等的加工和保存。

四、辐射灭菌技术

辐射灭菌技术是通过使用特定的射线来杀灭货物中的微生物，从而达到延长保存期限的目的。常见的辐射灭菌技术有紫外线消毒、电子束辐射等，通过破坏微生物的 RNA 和 DNA，抑制其生长繁殖，从而延长物品的保存时间。辐射灭菌技术被广泛应用于药品、医疗器械等领域。

五、气调包装技术

气调包装技术是通过调节包装容器内部的气体组成，控制货物中微生物的生长和化学反应，从而延长保存期限。常见的气调包装技术使用一氧化碳、氮气、二氧化碳等气体，改变食品和物品的氧气浓度和湿度，减缓微生物的生长和食物的氧化速度，达到延长保存期限的效果。

货物质量变化规律分析

案例分析

一、案例背景

某日，一批伊利牛奶从内蒙古呼和浩特市被运送至江西赣州市的仓库，卸货后存放在仓库，次日同城配送至各门店时发现，有 114 箱牛奶包装变形(包括 32 箱内部包装盒挤压变形和 82 箱外部包装盒变形)。但昨日操作人员卸货时并未发现异常。经调查，是由于仓库操作人员堆码不规范造成的，没有遵守重不压轻的原则。

二、问题分析

（一）问题环节

牛奶包装变形发生在货物储存阶段，是仓库工作人员的操作不规范造成的。因此，仓库工作人员的规范操作是货物储存工作的重要组成部分。

（二）责任归属

本案例中，责任应由负责储存货物的仓库承担。作为专业的货物储存管理者，应该具备专业的知识水平、规范的操作能力，保证货物在储存期间的安全。

（三）影响与后果

牛奶包装变形不仅破坏了牛奶的包装，还会导致内部产生变质的风险。如果配送到各门店，不仅影响仓储企业的声誉，更会影响到伊利公司的企业形象。

三、处理措施

发现牛奶盒子变形时，应第一时间确认是否有充足的存货重新配送，如有存货则按照订单先后顺序配送，存货不足则联系伊利公司补货，确定补货的到货时间，电话告知相关门店并致歉，然后与伊利公司协调关于这部分牛奶包装变形的解决对策，合理评估货损价值，根据评估结果提出合理的赔偿方案。

四、案例启示

仓储企业要定期进行员工操作规范培训，培养员工对货物的保护意识，提高员工操作的准确性与规范性，避免此类问题再次发生。

实训任务

实训项目：货物在储存过程中的质量变化因素分析。

实训目的：掌握货物在储存过程中质量变化的因素。

实训内容：

(1) 选择一类货物分析其可能发生的质量变化；

(2) 介绍该类货物质量变化的类型；

(3) 分析引起该类货物质量变化的因素；

(4) 研究该类货物保管养护需要注意的问题。

实训要求：对某类货物质量变化的因素进行调查分析，完成调研报告。

评分要点：评分要点如表 5-2 所示。

表 5-2 “货物在储存过程中的质量变化因素分析”评分要点

序号	评分要点	分值	得分
1	对货物可能发生的质量变化分析无误	15	
2	对货物质量变化的类型判断准确	20	
3	对货物质量变化的原因分析正确	30	
4	对货物保管养护需要注意的问题分析准确	25	
5	小组分工明确，成员参与度高	10	
合计		100	

任务三 货物养护

建议教学时数：4

学习目标

1. 知识目标

(1) 理解货物养护的概念；

(2) 掌握货物养护的方法；

(3) 掌握货物养护的措施。

2. 能力目标

(1) 能正确选择合适的养护方法；

(2) 能够对货物进行合理的养护。

3. 素质目标

(1) 培养学生勇于创新的劳动精神；

(2) 培养学生树立安全作业的意识。

案例导入

砀山梨，皮儿薄，落在地上找不着

“砀山梨，皮儿薄，落在地上找不着”这句民谣生动描述了砀山梨个大、皮薄、汁多、弹指可破的特点，同时也从侧面反映出砀山梨保鲜、运输的不易。

砀山梨产自砀山县，现由安徽某供应链管理有限公司进行管理。为了能让砀山梨持续锁鲜，实现全年供应，2023 年，该公司新建了 10 万立方米冷库，给全县果农带来满满的安全感。“梨子常温保存大约一周就坏了，在冷库里却能保鲜 10 个月左右。”公司负责人说，今年公司预备收购 2.5 万吨砀山梨，通过冷藏、保鲜跨季节销售到全国，并出口到日韩、欧美等地。

图 5-3 砀山梨智能分拣线

公司还新建了两条水果智能分拣线（图 5-3），每天可分拣处理水果 80 吨。负责人介绍称：“只要设定好数值，就能把半斤重、糖度高的砀山梨自动分拣出来，供应高端市场。这是目前国内最先进的智能分拣线，可以实现无损测糖，而且砀山梨在本地只卖每千克 6 元，通过分拣，个大、品质优的供应大型商超，能卖到每千克 10 多元。”

案例思考

1. 砀山梨的储存环境要求有哪些？
2. 如何做好砀山梨的保管和养护？

分析提示

相关知识

一、货物养护的概念

货物养护是指货物在储存过程中所进行的保养和维护。从广义上说，货物离开生产领域而未进入消费领域之前这段时间的保养与维护工作，都称为货物养护。货物养护的基本任务是面向库存货物，根据库存数量的多少、发生质量变化的速度、受危害程度、季节变化情况，按轻重缓急程度分别研究制定相应的技术措施，尽量保证货物质量不变，以求最大限度地避免和减少货物损失，降低保管损耗。

想一想

仓库中的哪些工作可以被称为货物养护？

二、货物养护的方法

货物养护的方法主要包括仓库温湿度控制、防霉腐、防治害虫、防锈蚀，用于解决因环境因素导致的货物变质问题，确保货物的质量和完整性，降低保管损耗，提高企业信誉。

（一）温湿度控制的方法

1. 温度与湿度

(1) 温度。温度是指空气的冷热程度。一般而言，距地面越近气温越高，距地面越远气温越低。在仓库日常温度管理中，多用摄氏度表示，凡 0 ℃以下，在度数前加一个“－”，即表示零下多少摄氏度。

(2) 湿度。湿度是指空气中水汽含量的多少或空气干湿的程度。表示空气湿度的方法主要有以下几种。

① 绝对湿度。绝对湿度是指单位容积的空气里实际所含的水汽量，一般以克为单位。温度对绝对湿度有着直接影响。一般而言，温度越高，水汽蒸发得越多，绝对湿度就越大；相反，绝对湿度就小。

② 饱和湿度。饱和湿度是表示在一定温度下，单位容积空气中所能容纳的水汽量的最大限度。如果超过这个限度，多余的水蒸气就会凝结，变成水滴，这时的空气湿度便称为饱和湿度。空气的饱和湿度不是固定不变的，它随着温度的变化而变化，温度越高，单位容积空气中能容纳的水蒸气就越多，饱和湿度也就越大。

③ 相对湿度。相对湿度是指空气中实际含有的水蒸气量（绝对湿度）距离饱和

状态(饱和湿度)程度的百分比,即在一定温度下,绝对湿度占饱和湿度的百分比数。相对湿度用百分率来表示,公式为:

$$相对湿度=绝对湿度/饱和湿度\times 100\%$$
$$绝对湿度=饱和湿度\times 相对湿度$$

相对湿度越大,表示空气越潮湿;相对湿度越小,表示空气越干燥。空气的绝对湿度、饱和湿度、相对湿度与温度之间有着相应的关系。温度如果发生了变化,则各种湿度也随之发生变化。

④ 露点。露点是指含有一定量水蒸气(绝对湿度)的空气,当温度下降到一定程度时,所含的水蒸气就会达到饱和状态(饱和湿度),并开始液化成水的现象。水蒸气开始液化成水时的温度叫作“露点温度”,简称“露点”。如果温度继续下降到露点以下,空气中超饱和的水蒸气就会在货物或其他物料的表面上凝结成水滴,此现象称为“水池”,俗称货物“出汗”。此外,风与空气中的温湿度有密切关系,也是影响空气温湿度变化的重要因素之一。

2. 仓库温湿度的变化规律

仓库内的温湿度会随着气候、外部环境等因素的变化而发生改变。

(1) 季节性变化。仓库温湿度的变化受到季节的影响。夏季温度高、湿度大,需加强通风降温措施;冬季温度低、湿度低,需要加强供暖保湿措施。合理调整仓库温湿度,可以保持货物在不同季节的最佳储存状态。

(2) 外部环境因素。仓库温湿度还受到外部环境因素的影响。如降雨天气会增加仓库湿度,而强风天气则会增加仓库通风的困难。因此,仓库管理者要根据外部环境因素及时调整温湿度控制措施。

(3) 仪器设备运行。仪器设备在运行过程中会产生热量,影响仓库的温度。如货物堆垛机、货物输送带等设备的运行会产生热量,增加仓库的温度。合理布局仪器设备,调整运行时间和工作强度,可以有效控制仓库温度的变化。

(4) 人员活动。仓库内人员的活动也会对温湿度产生影响。大量人员活动会增加仓库的温度和湿度,因此需要合理安排人员工作时间和活动区域,减少对温湿度的干扰。

3. 仓库温湿度的测定

测定空气温湿度通常使用干湿球温度表。干湿表应安置在空气流通、不受阳光照射的地方,挂置高度与人眼齐平,约 1.5 米。每日定时对库内的温湿度进行观测记录,一般在上午 8—10 时、下午 2—4 时各观测一次。记录资料要妥善保存,定期分析,摸出规律,以便掌握货物保管的主动权。

4. 仓库温湿度控制方法

为了维护仓储货物的质量完好,创造适宜于货物储存的环境,当库内温湿度适宜货物储存时,就要设法防止库外气候对库内的不利影响;当库内温湿度不适宜货物储存时,就要及时采取有效措施调节库内的温湿度。实践证明,采用密封、通风与吸潮相结合,是控制和调节库内温湿度行之有效的办法。

(1) 密封。密封是指把货物尽可能严密封闭起来,减少外界不良气候条件的影响,达到安全保管的目的。采用密封方法,要和通风、吸潮结合运用,可以起到防潮、防霉、防热、防溶化、防干裂、防冻、防锈蚀、防虫等多方面的效果。

密封保管应注意在密封前检查货物质量、温度和含水量是否正常,如发现生霉、生虫、发热、水淞等现象就不能进行密封,发现货物含水量超过安全范围或包装材料过潮,也不宜密封。要根据货物的性能和气候情况来决定密封的时间,怕潮、怕溶化、怕霉的货物,应选择在相对湿度较低的时节进行密封。常用的密封材料有塑料薄膜、防潮纸、油毡、芦席等,这些密封材料必须干燥清洁,无异味。常用的密封方法有整库密封、小室密封、按垛密封以及按货架、按件密封等。

(2) 通风。通风是指利用库内外空气温度不同而形成的气压差,使库内外空气形成对流,从而达到调节库内温湿度的目的。库内外温度差距越大,空气流动越快;若库外有风,借风的压力更能加速库内外空气的对流。正确地进行通风,不仅可以调节与改善库内的温湿度,还能及时散发货物及包装物的多余水分。

(3) 吸潮。吸潮是指通过使用吸潮剂或去湿机械来降低库内湿度的方法。在梅雨季节或阴雨天,库内湿度过高,不适宜货物保管,而库外湿度也过大,也不宜进行通风散潮,可以在密封库内用吸潮的办法降低库内湿度,使用抽湿机把库内的湿空气通过抽风机吸入抽湿机冷却器内,使其凝结为水而排出,从而保证仓库温湿度的均衡,减少事故的发生。

5. 仓库温湿度控制技术

(1) 空调技术。空调技术是最常见的控制温湿度的技术之一。空调系统通过调节室内空气中的温度和湿度为人们提供舒适的生活和工作环境。空调系统通常由制冷循环和除湿功能两大部分组成,制冷循环通过冷媒的循环来吸收和排出室内的热量,从而降低温度;除湿功能则通过冷凝器和蒸发器来控制空气中的水分含量,以确保室内湿度的合适水平。

(2) 湿度控制技术。湿度控制技术通过控制空气中的水分含量,使得室内湿度保持在合适的水平。常见的湿度控制技术有加湿和除湿,加湿技术通过向室内空气中添加水分,提高湿度;除湿技术则通过去除室内空气中多余的水分,降低湿度。

(3) 智能控制技术。智能控制技术是结合人工智能和物联网技术,通过感应器和控制器来收集和分析环境数据,然后根据预设的参数更加精确地控制温湿度的一项智能化技术。随着智能化技术的发展,人们对于温湿度控制的需求也在不断变化。

温湿度控制技术是现代生活中不可或缺的一部分。空调技术、湿度控制技术和智能控制技术都在不同的领域发挥着重要作用。随着技术的不断创新和发展,温湿度控制技术将会越来越智能化和个性化,仓储的温湿度也会得到更有效的控制。

查一查

仓库温湿度控制技术的工作原理是什么?

(二) 防霉腐的方法

货物因自身的成分和结构特点容易受到外界条件的影响,受到霉腐微生物的污染而发生霉变和腐蚀，尤其是含糖、蛋白质、脂肪等物质的货物。做好防霉养护的具体方法主要有以下几种。

1. 化学防霉变

化学防霉变的主要方法是使用防霉腐剂，基本原理是使微生物菌体蛋白凝固、沉淀、变性，或破坏酶系统使酶失去活性从而影响细胞的呼吸和代谢；或改变细胞膜的通透性，使细胞破裂。

2. 气相防霉变

气相防霉变是使用具有挥发性的防霉防腐剂，利用其挥发生成的气体直接与霉腐微生物接触，杀死或抑制霉腐微生物的生长，以达到防霉腐的目的。

3. 气调防霉腐

气调防霉腐是在密封条件下，通过改变空气组成成分来降低氧的浓度，创造低氧环境，抑制霉腐微生物的生命活动与生物性货物的呼吸强度，从而达到防霉腐的效果。

4. 低温防霉腐

低温防霉腐所需的温度与时间应视具体货物而定，一般而言，温度越低、持续时间越长，霉腐微生物的死亡率越高。

5. 干燥防霉腐

干燥防霉腐是通过减少仓库环境中的水分和货物本身的水分，使霉腐微生物得不到生长繁殖所需水分，从而达到防霉腐目的的一种方法。

6. 辐射防腐法

辐射防腐法是仓储管理人员可以采用钴 60 同位素射线辐照杀菌，以达到防霉腐的效果。用钴 60 同位素射线能够灭菌、防霉、防虫蛀，并且具有不破坏营养成分、不污染环境、不影响货物质量的优点，但是由于费用高昂，使用范围较小。

（三）防治害虫的方法

仓库害虫是指对仓库内货物有危害的昆虫，如仓库蛀虫、甲虫等。这些害虫会破坏物品，造成严重的财产损失，还会传播疾病，给仓库管理人员带来巨大的工作负担。因此，及时有效地防治仓库害虫是非常重要的，常用的仓库害虫防治方法主要有以下几种。

1. 熏蒸法

熏蒸法是利用有害化学物质将害虫杀死的方法。可以使用熏蒸剂，将其喷洒在仓库内的物品表面，或用熏蒸槽将熏蒸剂倒入仓库内。这种方法需要专业人员进行操作，并且熏蒸剂的使用量越大，对环境的影响也越大。

2. 化学防治法

化学防治法是利用有害化学物质将害虫杀死的方法。可以使用喷雾器或喷壶将杀虫剂喷洒在仓库内的物品表面和角落处，杀死害虫。这种方法可以控制害虫的数量，但会对环境造成一定的影响。

3. 物理防治法

物理防治法是利用物理方法控制害虫的方法。如可以使用粘虫板、捕虫灯等工具将害虫捉住并杀死，或者使用红外线探测器、雷达等设备监测仓库内的害虫数量，并及时采取措施。

4. 生物防治法

生物防治法是利用生物防治技术防治害虫的方法。可以使用天敌来消灭害虫，如利用赤眼蜂防治蛾类害虫等。这种方法需要专业人员进行操作，并且天敌的数量有限，对环境的影响较大。

议一议

四种防治虫害方法各有哪些优缺点？

（四）防锈蚀的方法

防锈处理是指对金属表面进行特殊处理，以防止金属受到氧化、腐蚀等影响，从而延长金属的使用寿命。在工业生产和日常生活中，防锈处理是非常重要的，常见的防锈蚀方法主要有以下几种。

1. 涂漆

涂漆是最常见的防锈处理方法之一。通过在金属表面涂上一层特殊的防锈漆，可以有效地隔绝金属与外界空气、水分的接触，从而达到防锈的效果。在选择防锈漆时，需要根据金属的材质和使用环境来进行合理选择，以确保防锈效果。

2. 镀锌

镀锌是将金属表面浸入熔化的锌液中，使锌与金属表面发生化学反应，形成一层锌层的防护工艺。镀锌能够有效地提高金属的耐腐蚀性能，常用于钢铁制品的防锈处理。

3. 防锈油

防锈油是一种表面涂层材料，适用于对金属表面进行防锈处理。防锈油可以在金属表面形成一层保护膜，阻隔空气、水分的侵蚀，从而延长金属的使用寿命。在使用防锈油时，需要注意选择适合金属材质和使用环境的产品，并严格按照说明书进行正确使用。

4. 防锈膜

防锈膜是一种通过化学方法在金属表面形成一层保护膜的防锈处理方法。防锈膜可以有效地隔绝金属表面与外界环境的接触，从而起到防锈的作用。常见的防锈膜有磷化膜、化学镀膜等，可以根据金属材质和使用环境选择合适的防锈膜进行处理。

5. 硫化

硫化是将金属表面暴露在含有硫化物的气体中，使金属表面形成一层硫化物保护膜的防锈处理方法。硫化能够有效地提高金属的耐腐蚀性能，常用于铜、铝等金属材料的防锈处理。

防锈处理是保护金属材料免受氧化、腐蚀等影响的重要手段。在选择防锈处理方法时，需要根据金属材质和使用环境进行合理选择，并严格按照操作规程进行处理，以确保防锈效果。

说一说

金属防锈的方法有哪些？

三、货物养护的措施

（一）选择适当的储存场所

货物出生产部门转入流通领域，首先进入储存部门。为了确保其质量不变，应根据货物的性能，选择合适的储存地点，注意避免与同库储存的货物在性质上有相互抵触性，避免串味、沾染及其他影响。同时应注意同库储存的货物养护措施与养护方法必须一致。

（二）规范入库验收的环节

货物在入库之前，需要经过运输、搬运、装卸、堆垛等作业，可能受到雨淋、水湿、沾污或操作不慎以及运输中震动、撞击，致使货物或包装受到损坏，通过入库验收能及时发现问题，分清责任界限。对入库货物除了核对数量、规格，还应该按比例检查其外观有无变形、变色、沾污、生霉、虫蛀、鼠咬、生锈、老化、沉淀、聚合、分解、潮解、溶化、风化、挥发、含水量过高等异状，有条件的还应进行必要的质量检验。

（三）进行合理的堆垛苫垫

入库货物应根据其性质、包装条件及安全要求，采用适当的堆垛方式，以达到安全牢固、便于堆垛且节约仓容的目的。为了方便检查、通风、防火和库房建筑安全，应适当地留出垛距、墙距、柱距、顶距、灯距以及一定宽度的主通道和辅助通道。为了防止货物受潮和满足防汛需要，货垛垛底应适当垫高，对怕潮货物垛底还要加垫隔潮层。露天货垛必须苫盖严密，达到风吹不开、雨淋不湿的要求。垛底地面应稍高，货垛四周应无杂草，并有排水沟以防积水。

（四）加强仓库温湿度的管理

各类货物在储存过程中发生的质量变化，多数是由于受到空气温度和湿度的影响。因此，不同的货物在储存过程中都要求有一个适宜的温湿度范围，这样就需要掌握自然气候变化规律，采取各种措施，使库房内的温度和湿度得到控制与调节，创造适宜货物储存的温湿度条件以保护货物的质量不变。

（五）坚持在库质量检查

货物在储存期间受到各种因素的影响，在质量上可能发生变化，如未能及时发现，就可能造成损失，因此要根据其性质、储存条件、储存时间以及季节气候变化分别确定检查周期、检查比例、检查内容，按期进行检查或进行巡回检查。在检查中如发现异状，要扩大检查比例，并根据问题情况，及时采取适当的技术措施，防止货物受到损失。

（六）做好出库安全管理

对于即将出库的货物需要结合货物性质进行拣货包装出库，操作过程中注意保护货物，轻拿轻放，避免暴力操作造成货物损坏。对于时间要求较高的货物，如冷藏货物，要做到全程冷链，避免在高温下存放，出库全过程保证货物安全，确保货物保质保量地送达收货人手中。

练一练

绘制货物养护的操作流程图。

知识拓展

智能化养护技术

智能化养护技术是指利用物联网、大数据、云计算、人工智能等先进技术，对养护设施、环境和设备进行实时监测、诊断和控制，并通过数据分析和机器学习优化养护决策，提高养护效率和质量的一系列技术集合。

一、智能化养护技术的基本内涵

（一）实时监测

通过各种传感器和物联网技术，对养护设施、环境和设备进行全方位实时监测，采集大量数据，为智能化养护提供基础数据。

（二）数据分析

利用大数据技术对海量监测数据进行分析，提取有用信息，发现潜在问题和规律，为智能化诊断和决策提供依据。

（三）智能诊断

通过机器学习和人工智能技术，对监测数据进行智能诊断，识别设备故障模式，预测剩余寿命，辅助养护人员制订精准的养护计划。

（四）优化决策

结合数据分析和智能诊断结果，利用优化算法和专家系统，自动或辅助养护人员制定最优的养护决策，包括养护时机、养护方式和养护资源分配等。

（五）远程控制

通过云计算和物联网技术，实现远程对养护设施、环境和设备的控制，方便养护人员远程管理，降低养护成本。

（六）智能预警

利用大数据和机器学习技术，建立故障预测模型，提前预警设备故障风险，为预防性养护提供预警信息。

（七）决策支持

利用专家系统和知识库，为养护人员提供决策支持，辅助养护人员制定科学的养护策略，提高养护决策的准确性和效率。

（八）学习优化

智能化养护系统可以不断学习和优化，通过积累和分析历史数据，不断提高故障诊断和决策优化的准确性和可靠性。

二、智能化养护技术的主要特点

（一）自动化程度高

利用物联网和智能化设备，实现养护过程自动化，降低人工参与度，提高养护效率。

（二）数据驱动

基于大数据和数据分析，智能化养护技术实现了数据导向的养护决策，提高养护的科学性和精准性。

（三）全生命周期管理

智能化养护技术涵盖养护设施、环境和设备的全生命周期，从预防性维护到故障修复和寿命预测，实现全方位的养护管理。

（四）协同优化

智能化养护技术通过数据共享和信息集成，实现不同养护部门之间的协同优化，提高整体养护效率和质量。

（五）可持续发展

智能化养护技术通过预测性维护和预防性维修，延长设备寿命，减少废弃物产生，促进养护工作的可持续发展。

三、智能化养护技术的发展历程

智能化养护技术的发展经历了三个阶段：基础阶段（20 世纪 70 年代至 90 年代），该阶段主要应用传感器技术对设备进行监控，实现对设备参数的实时采集；探索阶段（20 世纪 90 年代中期至 21 世纪初），该阶段开始应用数据分析技术，探索设备故障预测和健康评估；快速发展阶段（21 世纪初至今），该阶段随着物联网、大数据和人工智能的发展，智能化养护技术进入快速发展期，实现了对设备全生命周期管理的智能化。

四、智能化养护技术的应用领域

（一）实时监控与诊断

使用传感器、摄像头等设备对设备进行实时监控，通过数据分析和机器学习算法，实现设备故障的早期预警和诊断。

（二）健康状态评估

采集设备的历史数据和当前数据，进行综合分析，运用健康指数等指标，评估设备的健康状况和剩余寿命。

（三）故障预测与预维护

基于设备历史数据和故障模式分析，建立预测模型，提前预测设备可能发生的故障，制订预防性维护计划。

（四）智能巡检

利用无人机、机器人等设备进行自动化巡检，利用图像识别和机器视觉技术，识别设备异常情况。

(五)优化养护策略

分析设备故障和大修记录,优化养护策略,根据设备使用情况和健康状况,制订个性化的养护方案。

(六)知识管理与专家系统

建立设备知识库,存储历史故障、养护记录和专家经验,开发专家系统,为养护人员提供故障诊断和处理建议。

(七)人机交互与增强现实(AR)

利用AR技术,为养护人员提供设备信息、操作指南和远程指导,提高养护效率和质量。

(八)云平台与大数据

将智能化养护数据和算法部署在云平台上,通过大数据分析,发现设备故障规律,优化养护决策。

五、智能化养护技术的效益分析

智能化养护技术是利用先进的物联网、大数据、人工智能等技术,对工程设施和设备进行实时监测、故障诊断和预测性维护。其广泛应用产生了显著的效益,主要包括经济效益、环境效益和社会效益三个方面。

(一)经济效益

1. 减少维护成本

智能化养护技术通过预测性维护和状态监测,避免非计划停机和紧急维修,从而降低维护成本。

2. 提高生产效率

智能化养护系统可实时监控设备运行状况,自动调整参数,优化生产流程,提高设备利用率和生产效率。

3. 降低运营成本

采用智能化养护技术可以减少停机时间,优化备件管理,实现维保流程自动化,降低整体运营成本。

(二)环境效益

1. 减少碳排放

智能化养护技术通过优化设备运行和降低能源消耗,减少碳排放,提高企业的可持续性。

2. 节约资源

智能化养护系统通过实时监测设备状态,延长设备寿命,减少设备报废和资源消耗。

3. 改善环境质量

智能化养护技术通过预测性维护,避免设备故障导致的污染物泄漏,改善环境质量。

（三）社会效益

1. 提升公共安全

智能化养护技术用于公共设施维护，如桥梁、高速公路和供电系统，可及时发现安全隐患，防止事故发生，保障公众安全。

2. 改善生活质量

智能化养护技术在住宅、商业和公共建筑中应用，可自动调节室内温度、湿度和空气质量，营造舒适健康的居住环境。

3. 促进产业转型

智能化养护技术可以加速传统维保行业的转型升级，培育新兴产业，创造就业机会。

六、智能化养护技术的发展趋势

随着人工智能、物联网、大数据等技术的快速发展，智能化养护技术已经成为现代养护领域的热点。该技术通过利用传感器、数据采集和分析技术，实现对设备状态的实时监测，及时发现和诊断故障，并制定相应的养护措施，显著提高了养护效率和可靠性。

（一）监测技术的智能化

监测技术是智能化养护的基础。传统监测技术主要依赖人工巡检和定期检测，存在时效性差、覆盖面窄、准确性低等问题，而智能化监测技术采用无线传感器网络、边缘计算、云计算等技术，实现对设备运行参数的实时采集、传输和处理，大幅提升了监测的效率和准确性。

（二）故障诊断的智能化

故障诊断是智能化养护的关键环节。传统故障诊断主要依赖经验判断，存在主观性强、准确性低等问题，而智能化故障诊断技术利用机器学习、深度学习等算法，对设备历史数据进行分析，建立故障模型，实现对故障的快速、准确诊断，提高了故障判定的可信度。

（三）养护决策的智能化

养护决策传统上由工程师根据经验和直觉进行。智能化养护决策技术利用运筹优化、模拟仿真等技术，对设备运行状态、故障风险和养护成本等因素进行综合考虑，制订科学合理的养护计划，提高养护资源的利用率，降低养护成本。

（四）养护执行的智能化

养护执行是智能化养护的最后环节。传统养护执行主要依赖人工操作，存在效率低、质量不可控等问题，而智能化养护执行技术采用机器人、虚拟现实、增强现实等技术，实现对养护任务的自动化和智能化，提高了养护执行的效率和质量。

随着智能化养护技术的不断发展，其应用范围将逐步扩大，涵盖工业、交通、能源、建筑等众多行业。智能化养护技术将成为未来养护领域的主流技术，为设备的可靠运行和高效管理提供有力保障。

案例分析

一、案例背景

在农业生产中，大棚是一种常见且重要的环境控制设施。通过调节大棚内的温度和湿度、防治害虫等方式，可以给农作物提供适宜的生长环境，促进农作物的健康生长。然而，如果大棚温湿度监管不当，没有做好防虫措施等可能会导致严重的后果。

某农场拥有多个大棚，用于种植蔬菜等农作物。由于管理不善，该农场存在一系列问题。

（一）温度过高，影响农作物生长

由于大棚内的温度无法有效调控，导致温度过高，高温环境会影响农作物的生长发育，甚至引发植株的气象病害。

（二）湿度过高，加快害虫繁殖

大棚内湿度过高，导致霉菌滋生，植物病害增加、害虫繁殖增强，影响农作物的质量和食用安全。

二、问题分析

（一）原因分析

大棚温湿度监管不当的原因主要是管理人员缺乏相关经验和知识、设备维护不及时、温湿度监测设备失灵等。

（二）影响分析

大棚温湿度监管不当直接影响农作物的生长和产量。温度和湿度的异常变化会导农致作物无法正常生长，影响农作物的抗病能力和品质。

三、处理措施

（一）加强管理人员培训

制定合理的人员管理制度，提高管理人员的专业知识能力，通过不断积累经验，提高对大棚环境的监控能力和应变能力，能够及时有效地解决可能会发生的问题，保证农作物的质量，促进农业的发展。

（二）安装大棚智能监控系统

大棚智能监控系统可以对大棚内外的温湿度变化进行实时监测，确保当温湿度到达预警线时能够及时报警，还可以提前对可能出现的温湿度变化进行预测和预警，以便及时采取措施进行调整。图 5-4 所示为大棚智能监控系统。

图 5-4　大棚智能监控系统

（三）定期检查和维护设备

定期检查大棚的结构稳定性，是否存在安全隐患，确保监测设备的准确性和稳定性，做好预防性维护；定期检查设备的运行状态并进行必要的维护和维修。大棚的日常维护管理对于保证农作物的生长环境、提高产量和延长设施使用寿命至关重要。

（四）调整温湿度控制策略

根据不同农作物的生长特点和需求，合理调整大棚的温湿度控制策略，确保农作物处于适宜生长的温湿度中。在大棚日常温湿度管理中，日间温度适宜控制在 28 ℃左右，最高不超过 30 ℃，夜间温度适宜控制在 15 ℃左右；对湿度进行控制时，要避免湿度过高，将棚内湿度控制在 50%以下。

（五）选择合适的防虫方法

结合大棚内的害虫种类寻找合适的防治方法，可采用化学、物理或者生物的防治方法，在保证不影响农作物品质的前提下避免虫害的发生。化学防治是当前防治蔬菜病虫害的主要措施，将生物农药与化学药剂相结合，控制农药使用量，将病虫害的发生控制在较低的水平，达到绿色生产目标。物理防治是利用外界物理因素或器械装置、人工操作等形式来对大棚蔬菜进行病虫害防治，大棚中最常见的物理防治方法为灯光诱杀，主要有频振式杀虫灯和黑光灯。生物防治是利用天敌、生物制剂、病原物微生物等进行的病虫害防治，是一种无毒、无污染的防治措施。

四、案例启示

大棚温湿度监管与防虫不当会直接影响农作物的生长和产量，给农场带来经济损失。加强管理人员培训、安装报警系统、定期维护设备、调整温湿度控制以及采取合适的防虫害方法等，有助于改善大棚种植环境，提高农作物的产量和品质，促进农业生产的健康和持续发展。

实训任务

实训项目：分析货物的养护措施。

实训目的：掌握货物的养护方法。

实训内容：

(1) 选择一类货物分析其可能会发生的质量变化；

(2) 分析该类货物发生质量变化的原因；

(3) 选择该类货物合适的养护方法；

(4) 制订适合此类货物储存与养护的方案。

实训要求：对某类货物储存与养护方法进行调查分析，完成调研报告。

评分要点：评分要点如表 5-4 所示。

表 5-4　“分析货物的养护措施”评分要点

序号	评分要点	分值	得分
1	货物选择合理、分析无误	15	
2	对货物质量变化的类型判断准确	20	
3	对货物质量变化的因素分析正确	30	
4	对货物养护需要注意的问题分析准确	25	
5	小组分工明确，成员参与度高	10	
合计		100	

项目六

普通货物

项目导学

- 普通货物
  - 任务一　清洁货物
    - 茶叶
    - 纺织品
    - 易碎品
    - 金属及金属制品
  - 任务二　液体货物
    - 油类制品
    - 酒类制品
    - 散装液体化学品
    - 散装液化气
  - 任务三　粗劣货物
    - 水泥
    - 煤炭
    - 化学肥料
    - 生皮

任务一　清洁货物

建议教学时数：4

学习目标

1. 知识目标

(1) 掌握茶叶种类、特性及运输保管要求；

(2) 掌握纺织品类别、性质及运输保管要求；

(3) 掌握易碎品类别及特性；

(4) 掌握金属类别及特性。

2. 能力目标

(1) 能够根据清洁货物的不同特性确定不同的保存注意事项；

(2) 能够对清洁货物采取正确的存储方法。

3. 素质目标

(1) 培养学生认真严谨的工作态度；

(2) 培养学生从事物流职业的基本素养。

案例导入

皮革手套因六价铬超标被召回

某年6月，一批从巴基斯坦出口的皮革手套在德国被召回。经检测发现，这些手套中的六价铬含量高达25.3 mg/kg，超过了欧盟REACH法则规定的3 mg/kg的限量要求。六价铬是一种有毒物质，长期接触可能引发皮肤过敏甚至癌症。经调查，问题源于制造商在保管过程中，未能严格管理储存环境，导致皮革材料受到污染。

分析提示

案例思考

1. 分析皮革制品的保管有哪些要求？
2. 如何有效防止此类问题的再次发生？

相关知识

一、茶叶

茶叶是采用茶树的新鲜叶经过加工制作而成，从中医角度来看，茶叶具有生津止渴、兴奋神经等作用。茶叶是我国的重要经济作物之一，也是传统的出口商品。

（一）茶叶的种类

1. 按茶叶的发酵程度分类

茶叶发酵过程是指茶叶通过复杂的生化反应形成茶叶特有的色、香、味的过程。根据茶叶的发酵程度，可将茶叶分为不发酵茶、部分（半）发酵茶、全发酵茶、后发酵茶等。

（1）不发酵茶类（初制过程中有0—2%的儿茶素被氧化）。不发酵茶类是指在加工的第一道工序就通过炒或者蒸等方式高热抑制酶的活性，使得茶叶在加工过程中未经发酵，茶叶没有红变，如绿茶。

（2）部分（半）发酵茶类（初制过程中有5%—55%的儿茶素被氧化）。部分（半）发酵茶类是指在加工过程中首先进行了一定程度的发酵，再以高温（炒或者烘）的形式抑制酶的活性，茶叶在加工过程中进行了部分发酵，茶汤为蜜绿、杏黄等颜色，茶叶边缘为红色，如乌龙茶。

（3）全发酵茶类（初制过程中有80%以上的儿茶素被氧化）。全发酵茶类是指在茶叶加工的整个工序中从萎凋到干燥前，都在进行茶叶的发酵，甚至有补足发酵的工序，最后再以高温（烘干）抑制酶活性，从而停止发酵，茶叶充分红变，茶汤红艳，如红茶。

（4）后发酵茶类。后发酵茶类是指茶叶发生褐变，茶汤呈褐红，但颜色不是有儿茶素类的酶促氧化缩合作用生成，而是由茶多酚在渥堆或陈放时进行的缓慢的非酶促氧化作用生成，如黑茶。

2. 按茶叶的制造方法分类

按茶叶的制造方法分类，可将茶叶分为基本茶类和再加工茶类。

（1）基本茶类。直接利用茶树叶加工形成的茶叶统称为基本茶类，根据加工技术和加工工序的不同，可分为绿茶、黄茶、白茶、青茶、红茶、黑茶六大类。

（2）再加工茶类。采用基本茶类为原料，使用各种食品加工技术如熏香、萃取、浓缩研磨等将基本茶类再加工成不同的花色，用来增加口味变化或改变消费方式的成品，这类茶叶统称为再加工茶类。

查一查

上网查询绿茶、黄茶、白茶、青茶、红茶、黑茶的主要产地、特点及制作工艺。

（二）茶叶的性质

1. 吸湿性

茶叶是多孔性的组织结构，茶叶中又存在这许多亲水性的成分（如糖分、蛋白质、茶多酚等），决定了茶叶具有显著的吸湿性，红茶正常含水量≤7%，绿茶≤7%，保持这个含水量，茶叶质量变化很小，如含水量超过12%，就容易发霉变质。

2. 吸收异味性

茶叶的多孔性组织和存在胶体性物质，使茶叶具有较强的吸收异味的性能。茶叶的多孔性组织使得其表面积相对较大，拥有更多的高分子接触点，这有利于茶叶与异味分子的接触和吸附；茶多酚、芳香烃等挥发性物质能够与空气中的异味分子发生化学反应，从而吸附并吸收异味。茶叶吸收异味后，会降低茶叶的品质乃至不能饮用。

3. 怕热性

当茶叶暴露在温度过高的环境中时，茶叶内部的水分会逐渐蒸发，导致茶叶干燥易碎；高温还会加速茶叶内部化学成分的氧化和分解，导致茶叶的香气物质流失。一般而言，含水量过多的茶叶在高温条件下会加速细菌繁殖，茶叶易发霉变质，导致品质大大降低。

4. 陈化性

茶叶品质由色、香、味、形决定。随着保管时间的延长，尤其是在不适宜的环境下，茶叶质量会不断降低，如色泽灰暗、香气消失、汤色暗浑、茶味淡薄等，这种变化称为茶叶的陈化。茶叶陈化的主要原因是芳香物质逐渐散失以及某些成分发生氧化；茶叶含水量增加、环境温度过高、密封包装差等因素也会加速茶叶的陈化。

说一说

结合实际，说说茶叶不同类型的包装和保管形式体现了茶叶的哪些特性？

（三）茶叶的运输与保管

1. 装货隔离要求

茶叶积载须远离有气味的或潮湿的货物以及一切有碍食用卫生的货物。如椰干、糖、姜黄、桂皮、各种油（尤其是香料油）、化肥、皮张等货物，不能与茶叶在同一货舱积载。异味货、散湿货还不能在与茶叶舱有通风筒相连的货舱积载。茶叶串味是常见的货损事故，应引起注意。

2. 装载要求

茶叶在运输中应在舱内积载，货舱应清洁、干燥、无异味。舱内水管无渗漏，排水系统畅通，舱盖板应严密完好。船舱舱盖漏入海水是造成茶叶货损的原因之一。装过有气味的货物或毒害品的船舱，必须经过彻底洗舱除味、消毒后方能装载茶叶；同时舱壁四周护货板要齐全并衬垫洁净的麻袋片；整舱铺垫干席，衬垫材料应清洁、干燥、无异味。茶叶属轻泡货，不可重压，尤其是袋装茶叶，受重压容易致碎，影响质量；茶叶宜与重货类配搭积载，以充分利用舱容及重量；装卸中应避免遭受剧烈撞击，不能抛、掷、扔，不能使用手钩作业，以免损坏包装。

3. 温湿度要求

茶叶不宜积载在机炉舱、厨房等热源附近的舱内，以防温度过高引起茶叶质量下降。茶叶的储存温度不超过 15 ℃，相对湿度不超过 70%。

二、纺织品

（一）棉花

棉花是一种重要的纺织原材料，在所有纺织品原材料中占据了 60%左右。棉花不仅是我国农产品中最大的经济作物，也是关系民生的特殊商品，涉及农业和纺织工业两大重要产业。棉花是广大人民群众不可缺少的生活必需品，也是我国出口创汇的重要商品，和国民经济的发展息息相关。

1. 棉花的分类

(1) 按品种分类，可将棉花分为长绒棉、细绒棉。

① 长绒棉。长绒棉又称海岛棉，纤维细而长，一般长度在 33 mm 以上，线密度在 1.54—1.18 dtex(6 500—8 500 支)，强力在 4.5cN 以上。长绒棉品质优良，主要用于编织优等面纱，在新疆地区广泛种植。

② 细绒棉。细绒棉又称陆地棉，纤维密度和长度中等，一般长度在 25—35 mm，线密度在 2.12—1.56 dtex(4 700—6 400 支)，强力在 4.5 cN 左右。

(2) 按原棉的色泽分类，可将棉花分为白棉、黄棉、灰棉和彩棉。

① 白棉。正常成熟、正常吐絮的棉花，不管原棉的色泽呈现洁白、乳白或淡黄色，都称之为白棉。棉纺厂使用的原棉绝大多数是白棉。

② 黄棉。棉花生长晚期，棉铃经过霜冻伤害后枯死，铃壳上的色素染到纤维上，有的棉花发黄，称为黄棉。黄棉一般属于低级棉，棉纺厂仅少量应用。

③ 灰棉。生长在多雨地区的棉纤维，在发育过程中遇到雨量多、日照少、温度低，纤维成熟就会受到影响，原棉呈现灰白色，称为灰棉。

④ 彩棉。彩棉是指天然具有色彩的棉花，是在原来的有色棉基础上，采用远缘杂交，转基因等技术培育而成。天然彩色棉花在保持原有棉纤维松软、舒适透气等优点的基础上，减少了染印工序和加工成本，避免对环境的污染，但是彩棉色相一般，色牢度不够，存在一定的缺陷。

(3) 按照棉花的初加工分类，可将棉花分为锯齿棉、皮辊棉。

① 锯齿棉。采用锯齿轧棉机加工得到的皮棉称为锯齿棉。锯齿棉含短绒比较少，纤维度比较整齐，产量高，但纤维长度偏短，轧工瑕疵多，细绒棉大多采用锯齿轧棉。

② 皮辊棉。采用皮辊轧棉机加工得到的皮棉称为皮辊棉。皮辊棉含短绒多，纤维长度整齐度差，产量低，纤维长度相较锯齿棉长，瑕疵少，皮辊棉适合长绒棉。

2. 棉花的性质

(1) 吸湿性。棉纤维中的纤维素含有大量的亲水基因，而且棉纤维中有中腔，在纤维层中有许多孔隙，因此棉纤维具有较强的吸湿能力。在一定温度下，空气湿度越大，吸湿量就越多，当相对湿度超过 70%时，吸湿变化会更加显著；当棉花含水量在 14%以上时，容易引起发热、霉烂，使棉花丧失光泽，纤维强度降低，影响质量。

(2) 沾附染尘性。棉花是绒毛性纤维，很容易沾染灰尘、油污，造成品质严重下降，并可能使棉花纺织性能受到影响。

(3) 保温性。棉纤维是热的不良导体,有很好的保温性能,这也是棉花的主要用途。因此在运输中,如果积留在棉花中的热量不易散出,很容易导致棉花自热或者自燃,当棉花沾染了油污,则更为危险。

(4) 易燃、自燃性。棉花是一种易燃品,棉纤维的表面蜡质尤为易燃,微小火星就会引起棉花着火,当棉花温度超过 230 ℃时,就可引起自燃。

(5) 怕酸性。棉花纤维的化学稳定性较好,耐碱不耐酸,在张力和碱性溶液的作用下也会使强度增大,获得耐久的光泽。但是无机酸对棉花破坏性很强,无机酸能分解棉花纤维,使其溶解,强度下降。

3. 棉花的运输与保管

(1) 棉花的运输。棉花运输要选择合适的包装方式,如根据棉花的重量和规格选择适当的编织袋,并在编织袋内部放置防潮剂或灭虫剂以防潮防虫,防止棉花受潮、发霉或变质;选择合适的运输工具和运输线路,充分考虑道路状况、天气条件,防止棉花受潮、发霉或变质。

(2) 棉花的保管。棉花应存放在防火、通风、防潮、防霉变的仓库,库内温度保持在 30 ℃以下,相对湿度不得超过 70%;棉花不宜露天存放,棉垛下要打好垫基(如枕木或石块),堆垛时平放,上下层交叉压缝,垛与垛之间应留出必要的通道,以便检查和通风。

练一练

根据棉花的保管要求,家里的棉织品服装应该如何妥善保管呢?

(二) 生丝

1. 生丝的含义

生丝是桑蚕缫丝后得到的产品。优良的蚕茧在放入 80 ℃的热水软化后,连续缠绕在缫丝架上,此时的茧丝含有约 20%的丝胶成分,质感稍硬,呈现半透明状,称为"生丝";在后续精炼去胶质后,称为"熟丝"。

2. 生丝的性质

(1) 吸湿性。生丝属于多孔性物质,蛋白质本身含有亲水基因,所以生丝的吸水性强,标准回潮率为 11%,最大回潮率达 36%—39%。生丝吸湿后,强度会下降,在一定温度下会发霉变质。

(2) 怕污染性。生丝是贵重的纺织原材料,被颜料、油脂等污染后,会影响美观,降低使用价值。

(3) 怕虫蛀。生丝中含有大量的蛋白质,极易受到虫害破坏,导致纤维使用价值下降。

(4) 怕晒。生丝怕日光照射,在日晒 200 小时后,强度损失约为 50%,在天然纤维中,生丝的耐光性是最差的。

想一想

保管生丝需要注意哪些事项?

三、易碎品

（一）玻璃制品

玻璃是一种具有许多优良性能的材料，广泛应用于建筑、科研、工业和日常生活等多个领域。玻璃是石英砂、石灰石等主要原材料和助溶剂、着色剂等辅助原材料按适当比例混合在熔炉里经高温作用形成的产物。

1. 玻璃的分类

(1) 按玻璃的化学成分分类，可将玻璃分为钠玻璃、钾玻璃、铅玻璃、硼硅玻璃、石英玻璃等。

① 钠玻璃(普通玻璃)。钠玻璃用于窗户玻璃、包装用瓶等一般日用品。

② 钾玻璃(硬玻璃)。钾玻璃的质地较硬，有较好的光泽，热稳定性和化学属性较钠玻璃更高，主要用于制造质量比较好的日用器皿和化学仪器。

③ 铅玻璃(光学玻璃、火石玻璃)。铅玻璃具有较强的光泽和折光性，抗性弱，硬度较小，易于加工装饰，适合用于制造光学仪器、艺术品和优质日用器皿。

④ 硼硅玻璃。硼硅玻璃具有很高的热稳定性和化学稳定性，以及较好的机械强度、光泽和绝缘性，主要用于制造优质的化学仪器和耐热钢化器皿。

⑤ 石英玻璃。石英玻璃具有极高的耐酸性和良好的热稳定性，透紫外线强，主要用于电工、电子等尖端技术部门，但是成本比较高，耐碱性差。

⑥ 铝硅玻璃。铝硅玻璃具有极强的热稳定性和化学稳定性，多用于制造火焰直接加热的烹饪器皿。

⑦ 微晶玻璃。微晶玻璃经加入金、银、铜的盐类做晶核形成剂，用短波射线及热处理等方式制作而成，具有良好的机械性能、极高的热稳定性和耐腐蚀性，多用于航空玻璃、实验器皿等。

(2) 按玻璃的用途分类，可将玻璃分为器皿玻璃、建筑玻璃、仪器玻璃、光学玻璃和特种玻璃。

① 器皿玻璃。器皿玻璃是以制造盛装物品的容器为主要目的的日用玻璃，其种类繁多，性能各异。

② 建筑玻璃。建筑玻璃是主要用于制作门窗及墙壁等的平板玻璃。

③ 仪器玻璃。仪器玻璃是具有高强度和稳定性的玻璃，用于制作各种仪器仪表。

④ 光学玻璃。光学玻璃是具有高透明性和折光性的玻璃，常用于制作显微镜、望远镜等。

⑤ 特种玻璃。特种玻璃是具有某方面特殊性能，或具有某种特定用途的玻璃，如汽车挡风玻璃、医用玻璃。

2. 玻璃制品的特点

(1) 易碎性(脆性)。玻璃属于易碎品，受到冲击力超过其强度极限时就会破碎。玻璃具有较大的脆性，不耐撞击，这是玻璃及其制品易于破损的主要原因。玻璃若存在着不均匀的应力或者有波纹、砂砾、气泡等，均会降低其冲击强度。

(2) 耐碱性差。玻璃是一种化学性质相对稳定的物质,耐酸能力较强,除氢氟酸能使玻璃溶解之外,一般的酸不会对玻璃发生强烈的作用。碱对玻璃的作用超过一般的酸对玻璃的作用,在温度越高时,碱对玻璃的破坏作用就越大,如果玻璃长时间接触碱溶液,会被逐渐腐蚀。

(3) 热稳定性差。物体受剧烈的温度变化而不破裂的性能称为热稳定性或耐温急变性。玻璃是热的不良导体,在温度急变时,玻璃的内外层会因为温度差而引起胀缩不一致现象,从而在伴生的应力作用下引起玻璃的破裂。因此,玻璃的热稳定性差,不耐急热,不耐急冷。

(4) 风化。玻璃的风化是指玻璃长时间处于潮湿空气中,由于空气中的水分和二氧化碳的作用,使表面产生白色薄膜或斑点,降低透明度。

3. 玻璃及其制品的包装

(1) 平板玻璃的运输包装。平板玻璃运输包装通常使用干燥结实的木条箱,将一定数量的平板玻璃竖立在木条箱中,每箱玻璃包装数量有统一规定。在运输过程中,这类运输包装在运输装卸时稍有不慎就易造成破碎。目前,已逐步发展为用玻璃专用铁箱和集装箱装运。

(2) 玻璃器皿的运输包装。玻璃器皿的外包装一般都用木箱或瓦楞纸箱。将一定数量的玻璃器皿装入纸板盒内,器皿间用纸片或其他有弹性的材料隔开;高级的玻璃器皿应用软纸逐个包好再装入纸盒,外包装箱内必须用稻草、纸屑或木屑等做填充物,使其固定不摇动,以免震碎。另外,玻璃制品在运输包装的箱子上应印上包装储运指示标志和字样,如"小心轻放""向上""防湿"等,以确保安全。

4. 玻璃及其制品的运输与保管

(1) 正确配装(防震、防挤、防压)。配舱时应远离震动大的机舱,最宜配在舱口附近,避免拖拉造成破碎;装舱时玻璃应直立放,不能平躺放,箱的两端应按船舶首尾方向放置;箱与箱要紧紧靠拢,外用板条连贯钉固,再用绳子加绑,空隙处用草片或合适货物塞满,以免航行中摆动倒塌;装舱时基础平整稳固,不得装在会下沉的货物上面,勿受重压,箭头朝上,玻璃一般只装一个高。

(2) 正确积载与隔离。玻璃不得与容易散湿返潮的货物(肥皂、果菜、食糖等)配装在一起,也不得与酸(HF)、碱盐类(纯碱、水泥、化肥等化学物品)及油类配装在一起,玻璃纤维制品不得与食品类混装一起,以免影响食品食用。

(3) 正确装卸(防摔、防撞击)。装卸时应轻搬放正,避免碰撞,机械作业要稳铲、稳吊、稳放,避免机械金属部位、钢丝绳等直接接触玻璃,不能使用滑槽、皮带机进行作业。

(4) 堆层不能过高。按品种、规格做好分隔工作。库存堆码时不能过高,玻璃制品堆码高度一般在 2.5 m,纸箱保温瓶堆 6—7 个箱高,堆垛必须稳固,骑缝交叉,防止倒垛。

(二) 陶瓷制品

1. 陶瓷制品的种类

(1) 按坯体组成的不同,陶瓷制品可分为黏土质陶、石灰陶、长石质陶、混合质陶。

(2) 按用途不同,陶瓷制品可分为美术陈设陶瓷、厨具、炊具、卫生用具。

(3) 按烧制外表特征不同,陶瓷制品可分为透明釉、不透明釉、无色釉和色釉。

(4) 按彩绘的技法不同,陶瓷制品可分为釉下彩、釉上彩、贵金属彩和其他彩等。

2. 陶瓷制品的特点

(1) 易碎性。陶瓷制品的一个显著特点是易碎性,主要是由于陶瓷材料本身的高硬度和低韧性所导致的。陶瓷的硬度使得它在使用过程中能够抵抗划痕和磨损,但也意味着在受到外力冲击时容易破裂。因此,在陶瓷制品的运输、使用和存放过程中需要特别注意,轻微的磕碰或跌落都可能导致陶瓷制品的破损,在搬运和摆放陶瓷制品时要轻拿轻放,避免剧烈地震动或碰撞。

(2) 易受潮性。陶瓷制品的另一个特点是易受潮性。陶瓷材料本身具有一定的吸湿性,能够吸收空气中的水分。当陶瓷制品长时间暴露在潮湿环境中时,表面可能会出现水珠或水渍,甚至可能导致内部结构的膨胀和变形,这种受潮现象不仅影响陶瓷制品的美观性,还可能对其使用寿命造成损害。

(3) 耐高温性。陶瓷材料在高温下能够保持稳定的物理和化学性质,不易变形或熔化,使得陶瓷制品在烹饪、烘焙和高温实验等领域具有广泛的应用价值。

查一查

查询相关资料,了解中国著名五大瓷窑及其特点。

四、金属及金属制品

(一) 金属的类别

1. 按金属成分的复杂性分类

(1) 纯金属。纯金属是由单一金属元素构成、杂质含量不超过工业标准规定限值(通常纯度≥99.90%)的具有典型金属键晶体结构的物质。

(2) 合金。合金是由两种或两种以上金属元素(或金属元素与非金属元素)通过冶金结合形成的、具有金属特性的均匀固溶体或化合物材料。合金相对纯金属而言,具有更好的机械性能,可以制造出不同用途的制品。

2. 按工业生产要求分类

(1) 黑色金属。黑色金属又称钢铁材料,包括杂质总含量小于0.2%及含碳量不超过0.021 8%的工业纯铁,含碳量为0.021 8%—2.11%的钢,含碳量大于2.11%的铸铁。

(2) 有色金属。有色金属是指除铁、铬、锰以外的所有金属及其合金。有色合金的强度和硬度一般比纯金属高,并且电阻大、电阻温度系数小。

(二) 金属制品的特点

1. 比重大

比重,即物质的密度与参考物质(通常为水)密度之比,反映了物质单位体积的质量。金属制品，如钢铁、铜、铝等，其比重普遍较高，这意味着它们相对较重，具有较高的质量密度。

2. 积载因数小

积载因数小则意味着在相同质量下，金属制品的体积相对较小，也就意味着在相同体积下，金属制品的质量较大。这一特点使得金属制品在需要承受较大重量或提供稳定支撑的结构中表现优异，如桥梁、建筑骨架、机械设备等。但也带来了运输和安装上的挑战，因为金属制品的重量往往较大，需要专门的设备和人力进行处理。

3. 易锈蚀

锈蚀是金属在潮湿、氧化等环境下，与空气中的氧气、水或其他化学物质发生反应，导致表面生成氧化物（锈）的过程。锈蚀不仅影响金属制品的美观性，还可能降低其力学性能和耐用性，严重时甚至导致结构失效。

4. 易变形

金属制品在受到外力作用时，容易发生变形，但金属具有较好的塑性和延展性，能够在一定程度上承受形变而不发生断裂。金属的易变形性限制了金属制品在某些高精度、高稳定性要求场合的应用。

（三）金属及金属制品的储存与运输

1. 金属及金属制品的包装

(1) 金属的包装。金属大多铸成锭块进行运输，也有制成圆条状、板状或粉状运输的。金属锭多为裸装或捆扎包装，特种生铁锭使用木箱或金属桶装运，高纯度的铝锭也装入箱内运输，金属条（板）以捆束、捆扎包装，金属粉装入严密的金属桶内。

(2) 金属制品的包装。型钢大多以裸装或简易捆束为单位运输；厚钢板不加包装，有的以卷筒状（称卷钢）运输；直径较小的金属管不加包装，以捆束为单位，直径大的金属管裸装运输；钢丝通常是盘成圈状，俗称盘圆，以扎为单位运输；日用小五金制品通常用油纸或纸盒互相隔开，装入木箱内运输；日用金属器皿外包装为纸箱或木箱；铸铁制品外捆草绳进行运输。

2. 金属及金属制品的储存

金属及金属制品的储存需严格控制湿度、避免温差波动，并按照材质分类采取防锈包装，贵金属还需防静电密封存放。

3. 金属及金属制品的运输

(1) 避免船舶重心过低引起急剧摇摆。金属及其制品大多数较重且又是长大件货物，应选用结构坚固和舱口尺寸大的船舶装运。金属的积载因数小，如只装金属货易引起亏舱，倘若都装于底舱，又会造成船舶重心过低而引起急剧摇摆，对人、货、船体结构和航海仪器均不利。因此，装载时应与轻泡货物合理搭配，以得到适当的稳定性并充分利用舱容。

(2) 避免船体变形与局部损伤。各舱的货重分配基本均匀，如果金属货装舱重量分配不均匀，则会影响船体结构强度。如船首尾舱装载过多会引起船体中拱，中舱装载过多会发生中垂变形，应按舱容比考虑分配各舱的装载重量，允许有±10%

的调整量;为使船纵向各部分的负荷均衡,在中舱应多装载些货物,首尾舱少装些,以取得船舶重力和浮力的相应平衡;同时还应考虑对吃水差的调整和装卸速度的平衡。

(3) 保证各部位受载不超过额定负荷量。金属装载时不可超过内底板和各层的单位负荷量,重量不能太集中于某一部分,尤其舱口梁以及其他强度较弱的开口结构附近,要留有足够的安全余地,以免发生甲板被压塌、断裂等事故。为减轻局部负荷量,对重件应采用方木厚板铺垫,以扩大受压面积。

(4) 保证运输途中货物不发生移位。金属货物易于滑动,如在航行中发生随船体摇动而移动,会造成撞裂船体或使船舶倾覆的危险,因此在装货时必须特别注意做好在舱内和甲板上的防移措施。装载的货物要堆码紧密整齐,用衬垫物、木楔等垫牢卡稳,在上面压装其他货物;金属货上不加装其他货物时,应用绳索绑扎牢固;必要时可设置止动板、隔壁、支柱等防移装置;装运钢轨、槽钢、角钢、钢管等长大件,在舱内应顺着船首尾方向堆放;若采用格子垛形,横向的两端应衬垫好,以防碰伤船体;卷钢易于滚动,应特别注意堆积的稳固,采用横放,两端向着两舷,用骑缝方法堆高,做好衬垫加固工作;钢轨应采取平扣(又称仰俯交错)方法堆码,这样货物不易移动又不会受压变形。

议一议

生活中常见的金属制品有哪些特点?

知识拓展

仓库 7S 管理

一、仓库 7S 管理的含义

(一) 整理(Seiri)

整理是 7S 管理的首要步骤,目的是通过清除仓库中的多余物品,腾出空间并提高工作效率。整理的具体操作主要有:将所有物品分成必要的和不必要的两类,必要的物品包括当前使用和偶尔使用的物品,不必要的物品则包括已损坏的设备或长时间未使用的材料等;清除不必要的物品,以减少混乱,提高仓库的整体性能;对于必要的物品,需要进一步细分和排序,确保能快速找到和取用。

(二) 整顿(Seiton)

整顿是将必要物品井然有序地安排的过程,目的是提高工作效率和操作的方便性。整顿的具体操作主要有:规划仓库的布局,确保物品摆放得井然有序;安装适当的存储设备,如货架、托盘等,以优化存储空间;设计物品存储位置,并为每个位置贴上相应标签,以便快速找出和取用。

(三) 清扫(Seiso)

清扫是指保持仓库内部的清洁,包括地面、货架、设备等的清洁,目的是通过定期清洁,防止垃圾和灰尘堆积,提高工作环境的整洁度,并预防设备故障。清扫的具体操作主要有:制订明确的清扫计划,规定谁负责清洁哪些区域,何时进行清扫;使用适当的清洁工具和方法,确保清洁效果;跟踪和记录清洁情况,确保所有区域保持洁净。

(四) 清洁(Seiketsu)

清洁是将清扫进行到底,通过养成良好的清洁习惯,保持长久的清洁状态。清洁的具体操作主要有:定期检查、维护和修理设备,确保其处于最佳工作状态;向员工讲解清洁的重要性以及详细的清洁步骤和工具使用方法;通过持续性的培训和管理,使员工自觉养成良好的行为规范。

(五) 标准化(Standardize)

标准化是指建立和执行标准化的管理制度和流程,以提高工作效率和准确性。标准化的具体操作主要有:制定标准的作业流程和操作规程;配备相应的设备和工具,以提高操作标准性和准确性;进行标准化培训,确保员工熟悉并遵守标准流程。

(六) 素养(Shitsuke)

素养是指培养员工良好的工作习惯和自律性,让每个员工都认识到仓库管理的重要性,并自觉遵守相关规章制度。素养的具体操作主要有:通过定期培训,员工能掌握基本的工作流程和标准;建立监督机制,通过常规检查和考核,及时纠正不良行为,表彰优秀表现;营造积极向上的工作氛围,提高员工的工作积极性。

(七) 安全(Safety)

安全是仓库7S管理中至关重要的一环,保障员工在工作中的安全以及设施设备的安全。安全的具体操作主要有:设置安全标识和建立安全操作规程,以提高员工的安全意识;定期进行安全教育和演练,确保员工在突发事件中能够迅速、正确地应对;配备必要的安全防护装备,如头盔、手套等,以保障员工的人身安全。

二、仓库7S管理的作用

(一) 7S管理有利于提升工作效率

通过7S管理,仓库的布局得到优化,物品摆放有序,减少员工寻找物品的时间,从而提高工作效率;强调标准化作业流程,员工遵循固定的标准和规范进行操作,减少工作中的困惑和错误,提升工作的一致性和效率。

(二) 7S管理有利于降低成本

7S管理通过清理不必要的物品和保持仓库的整洁,减少了物料和空间的浪费,降低了运营成本;通过优化库存管理和物品摆放,有助于减少库存积压和缺货现象,提高库存周转率,降低库存成本。

(三) 7S管理有利于改善工作环境

7S管理要求保持仓库的整洁和卫生,提升了工作环境的美观度和舒适度;通过消除安全隐患和制定安全操作规程,有助于保障员工的生命安全和企业资产的安全。

（四）7S管理有利于提高员工满意度

整洁、有序的工作环境让员工感到舒适和自豪，增强了他们对企业的归属感和忠诚度；强调员工的参与和反馈，使员工在工作中获得更多的自主性和成就感，从而提高工作积极性。

（五）7S管理有利于增强企业竞争力

一个整洁、有序的仓库环境能够给客户留下良好的印象，提升企业的形象和声誉，7S管理有助于实现库存的精确管理，优化供应链管理流程，提高企业的运营效率和响应速度，从而增强企业的竞争力。

（六）7S管理有利于保障安全生产

7S管理通过规范化管理，能够预防火灾、爆炸等突发事件的发生，保障员工的人身安全；通过定期的安全培训和应急演练，提高员工的应急处理能力，减少事故的发生，降低事故的损失。

案例分析

一、案例背景

新疆地区的李某与沈某达成了一项运输协议。李某作为托运人，需要将一批棉花从产地运往目的地；而沈某则作为承运人，负责驾驶拖拉机完成这次运输任务。双方对运输的路线、时间以及费用等细节进行了协商，并达成了共识。

在运输过程中，沈某驾驶着拖拉机沿着预定的路线前行。然而，由于他未能充分注意路况和安全，拖拉机不慎触碰到了路边的电线。这一突如其来的意外导致电线的短路和火花的产生，进而引发了火灾。火势迅速蔓延，很快就将拖拉机上的棉花包裹吞噬其中。

尽管沈某在发现火灾后立刻采取了灭火措施，但由于火势过大，他无法独自扑灭火焰。周围的群众也迅速加入了灭火的行列，但遗憾的是，由于火势已经失控，他们无法挽救这批棉花。最终，棉花被完全烧毁，现场一片狼藉。

二、问题分析

这次火灾事故中，承运人沈某和托运人李某都存在操作不当的问题。火灾的直接原因是驾驶员沈某的疏忽大意，他在驾驶过程中未能保持高度的警惕和注意力，导致拖拉机触碰电线引发火灾。而托运人李某在交付棉花时也存在疏忽。他只是简单地加盖了防晒网，而没有对棉花进行更为妥善的包装，这种不规范的包装方式在一定程度上增加了火灾的风险。

三、案例启示

这次事故给我们带来了深刻的启示：在运输过程中，我们必须严格遵守交通规则和安全操作规程，确保货物的安全运输；同时，我们也应该加强消防安全意识和技能培训，提高应对突发事件的能力。

实训任务

实训项目：制订仓库温湿度调节和控制的方案。

实训目的：掌握仓库温湿度对不同货物品质的影响及温湿度控制的工作流程和工作职责。

实训内容：

某物流有限公司约有 2 000 平方米的仓库，主要为大型超市储存普通货物，物流公司根据要求，储存以下货物：不锈钢刀具、玻璃酒具和茶具、碧螺春茶、毛巾、浴巾、床单、被褥。针对该物流有限公司储存的货物，分析影响货物储存质量的因素，制订该批货物的温湿度调节和控制方案。

实训要求：制订该批货物的温湿度调节和控制方案，并进行小组汇报。

评分要点：评分要点如表 6-1 所示。

表 6-1　“制订仓库温湿度调节和控制的方案”评分要点

序号	评分要点	分值	得分
1	对货物的性质判别正确	15	
2	对影响货物质量变化的因素分析正确	20	
3	制定的温湿度调节和控制方式合理	30	
4	货物保管养护措施得当	25	
5	小组分工明确，成员参与度高	10	
合计		100	

任务二 液体货物

建议教学时数：4

学习目标

1. 知识目标

（1）掌握油类种类及其特性；

（2）掌握酒类类别和性质；

（3）掌握散装液体化学品类别及特性；

（4）掌握散装液化气类别及特性。

2. 能力目标

（1）能够根据液体货物的特性确定保存注意事项；

（2）能够对液体货物采取正确的存储方法。

3. 素质目标

（1）培养学生认真严谨的工作态度；

（2）培养学生从事物流职业的基本素养。

案例导入

装油员擅自离开岗位引发火灾

2023 年，一辆油罐车到某油库提取汽油。在装油过程中，装油员打开阀门后擅自离开岗位，让司机代为看管，司机在观察流量表读数时发现还差 1 000 多升，需要等待一段时间，便离开现场到路边聊天。随后，现场其他人员发现油罐车冒油，立即呼救，但此时大量汽油已经流淌蔓延至汽车和地面，装油员迅速到现场关闭阀门。然而，当司机返回驾驶室发动汽车时，排气管的火星引燃了溢出的汽油，导致了一场火灾。这场火灾烧毁油罐车一辆、汽油 4.5 吨、灌油间一栋，并造成 20 余人烧伤。

分析提示

案例思考

1. 案例中，发生该事故的原因是什么？
2. 汽油在保管和运输过程中应注意哪些事项？

相关知识

一、油类制品

（一）石油及其产品

石油是一种黏稠状的可燃性液体矿物，颜色多为黑色、褐色或暗绿色，偶有黄色。在一般情况下，石油的密度比水小，为 0.77—0.96 g/cm³，石油的主要成分是碳和氢，伴随有少量的氧、硫等元素。石油是国民经济发展的重要物资之一，也是现代工业、农业、交通和机械设备的燃料和润滑剂的主要来源。

1. 石油及其产品分类

（1）原油。原油按烃类不同分为甲烷族原油、环烷与多环烷族原油、甲烷与环烷族原油、特殊族原油。

（2）成品油。成品油按用途可分为燃料油类、润滑油类、工业用料类、建筑材料类用油。

（3）油轮可载运的油类。在《经 1978 年议定书修订的 1973 年防止船舶造成污染公约》（以下简称《MARPOL 73/87》）附录Ⅰ中列出了油轮可载运的油类名单，共计八类，包括石脑油、喷气燃料类、汽油类、汽油调和类、馏分油、轻柴油、油类、沥青溶液。

2. 我国对石油的分类

（1）一级石油。一级石油是指闭杯闪点在 28 ℃以下的石油，如汽油、石脑油等。

（2）二级石油。二级石油是指闭杯闪点在 28 ℃以上、60 ℃以下的石油，如煤油等。

（3）三级石油。三级石油是指闭杯闪点在 60 ℃以上的石油，如燃料油、重柴油等。

3. 石油及其产品的特性及危害性

（1）石油及其产品的主要特性。

① 挥发性。大部分原油及其产品都含有易挥发的碳氢化合物，因此具有易挥发性。石油挥发的快慢取决于温度的高低、压力的大小、表面积的大小、气流速度的快慢等。

② 爆炸性。石油及其产品所挥发的油气与空气混合，在一定的浓缩范围，遇火花爆炸。

③ 易燃性。石油及其产品具有遇火燃烧的属性，石油的燃烧是蒸气的燃烧，越容易挥发的油品越容易燃烧。

④ 易感静电性。石油及其产品在管道内以一定的速度流动或在容器内动荡，会因管壁或容器摩擦而带电，这时如果接触到周围的油气与空气等混合气有可能引起燃烧或爆炸。

⑤ 粘结性。原油、重油、柴油等不透明的石油产品在低温时，流动性减小而粘结成糊状或者块状。

⑥ 胀缩性。石油及其产品的体积随温度的变化而膨胀或者收缩，不同的品种在相同的温度下胀缩性不同。

⑦ 毒害性。石油及其产品所挥发的气体对人体有害，尤其是含有硫较多的石油气。

⑧ 污染性。石油及其产品除了大量挥发能造成空气污染，液体的滴、漏以及污水排放也可能造成水域、陆域环境的污染。

(2) 石油及其产品的危害性。

① 石油及其产品对人体存在安全危害，包括燃烧爆炸、易感静电和毒害性的危害。

② 石油及其产品对海洋有污染，造成对海洋生物资源的危害、对海滨和海岸线自然环境的危害和其他影响。

4. *石油及其产品的储存*

凡是用来接收储存和发放原油、汽油、煤油、柴油喷气燃料、溶剂油、润滑油和重油等整装、散装油品的独立或企业附属的仓库、设施，都称为石油库，简称油库。油库收发和储存的油品均系易燃和可燃液体，一旦泄漏，遇明火易发生火灾等事故。因此，正确储存石油及其产品对于促进国民经济的发展具有重要意义。储存石油及其产品具体要注意以下事项：

(1) 石油库区与周围建筑群之间应有适当的安全距离，这是为了减少石油库与周围居住区、工矿企业和交通线之间由于火灾事故可能发生的互相影响，降低火灾损害程度。

(2) 油库的各项设施应按作业性质的不同，结合防火的要求，分区布置，以保证油库安全和便于技术管理。

(3) 油库内各设施的位置应合理布局，以保证油品有一个安全环境，使油品的储运顺利进行。如铁路装卸区是油库重点要害部位，收发栈桥应为不燃烧体结构，并应尽可能地设在油库的边缘地区，避免与库内的道路交叉，同时布置在辅助区的上风方向，与其他建筑物保持一定距离。汽车收发作业区属油库中火灾爆炸事故多发场所，故不宜设在纵深部位，而应设在油库出入口附近，以便与公路干线接近，减少装油车辆的停留时间以及带来的各种不安全因素；漏油入水会造成下游的大面积燃烧并影响下游码头和船只，因此也应尽量设在各类码头和依江(河)建筑物的下游。

(4) 储油罐区的油罐布置要合理，并须设置罐区防火堤，配备充足的灭火设施。根据油气扩散、火焰辐射、油品性质、油罐类型、扑救条件、消防力量等因素来成组布置储油罐，一般在同一组内布置火灾危险相同或相近的油罐，但地上油罐不能与半地下、地下油罐布置在同一油罐组内；每组固定顶油罐的总容量应不大于100 000 m^3，浮顶油罐或内浮顶油罐的容量应不大于2 000 m^3，每组油罐不得超过12座；山洞罐区的罐顶应设类似呼吸阀的透气管，以便将油气引出洞外，引出洞口的透气管应布置在下风方向；水封油库可在洞罐油面充惰性气体，设置洞罐水封墙和竖井盖板。

(5) 防火堤可以防止油罐爆炸时油品四处流淌所引起的火灾蔓延。防火堤应以不燃材料建造，堤高 1.0—1.6 m，土质防火堤顶宽不小于 0.5 m；立式油罐的外壁与防火堤内侧基脚线的间距不小于罐壁高的一半，卧式的应不小于 3 m；堤内空间容积应小于最大油罐的全部容量，对于浮顶油罐则应不小于最大油罐容量的一半；油罐组容量大于 2 000 m^3 且座数多于 2 座时，防火堤内应设隔堤，顶高应比防火围堤低 0.2—0.3 m。

(6) 油库内道路应尽可能布置成环形，双车道 6 m 或单车道 3.5 m，尽量采用水泥路面，不得使用沥青辅料，距路边主防火堤基脚应不小于 3 m，两侧不宜栽植树木。

5. 石油及其产品的运输与装卸安全

(1) 应掌握“慢—快—慢”的装油速度。开始送油时速度要慢，检查输油管壁是否有油流入，管线连接处是否有泄露，装油是否已进入拟装的货舱，泵间是否有货油泄漏，船边是否有油迹，透气系统是否处于正常状态；等等。当检查确认一切情况正常时，通知岸方做好准备，及时停泵避免溢油。

议一议

装油过程为什么要有三种速度？

(2) 应注意装油进度。装油过程中要经常测定各舱装油进度，避免货油溢出舱外；值班驾驶员应严密监视各舱液位变化，通常每 1 小时记录一次并计算装油速率。

(3) 正确进行换舱操作。应按规定的装油顺序进行换舱操作，当进油的一舱接近换舱（距离空当高度约 1 m）时，应及时换舱，避免造成油管爆破事故。

(4) 合理确定各油舱的装卸顺序。严格执行装载计划，严格按照装载计划进行装货，保证船舶装载过程中各剖面的剪力和弯矩不超出允许的范围。

装油时先侧重装中部油舱，以减缓中拱变形；然后适当侧重装前部油舱以减少尾倾；最后前、中和后部均衡装载。

卸油时先侧重卸中部油舱，以减缓中垂变形；然后侧重卸前部油舱，使船呈少量尾倾，以便于清舱；最后前、中和后部均衡卸载。

(5) 注意装油过程中船舶稳性的变化。通常，船舶稳性报告书只解决船舶到/离港的稳性状态，但在船舶装/卸货或货物内部转驳过程中也存在稳性问题。货舱较宽的大型双壳油轮在装、卸油过程中会排放或根据需要打入压载水，在某一时刻压载舱内压载水产生的自由液面和货油产生的自由液面对稳性的影响可能导致船舶的 GM 值很小或为负值，船舶出现短暂较大横倾。

(6) 预防产生静电。为了确保原油及相关船舶在港口作业的安全，控制静电压，使其不能发展到危险的程度，应保持良好的接地以疏导静电，既要保持船上管道设备与船体之间的连接，又要使船体与码头之间接地；同时要求作业人员穿戴防静电工作服与工作鞋，用静电导杆消除人体静电，严禁在船上穿或脱换尼龙、化纤、混纺类的衣服；在对船舱进行洗舱时，排水量要得到限制并用惰性气体防爆；不得使用化学药剂或含油污的再循环水洗舱。

查一查

了解有关石油及其产品相关的公约和法规。

（二）食用植物油

食用油脂主要源于动物脂肪和植物油类。我国食用油脂以植物油为主，主要有大豆油、菜籽油、花生油等。

1. 常见的食用植物油

食用植物油是以食用植物油料或植物原油为原料制成的食用油脂，常见的食用植物油有大豆油、花生油、菜籽油、调和油、芝麻油、玉米胚芽油、色拉油、葵花籽油等。

食用油选择和保存的小技巧

说一说

自己家常用的是食用植物油哪种？

2. 食用植物油的特点

（1）食用植物油的熔点较低，在低温下能从固态转变成液态，在储存和运输过程中需要特别注意控制温度，以防止其凝固或变质。

（2）植物油中富含不饱和脂肪酸，在高温下容易发生氧化和分解反应，导致油脂变质和产生有害物质。

（3）植物油在常温下暴露于空气中会逐渐发生氧化反应，生成过氧化物和自由基等有害物质，对健康造成潜在风险。

二、酒类制品

市场上酒的类别繁多，根据生产工艺，可以划分成蒸馏酒、发酵酒和配制酒三类。蒸馏酒是以粮食、谷物、糖蜜等为主要原材料，经发酵、蒸馏、勾兑等过程，大多数为高度酒，典型代表有威士忌、白兰地和我国的白酒等。发酵酒又称酿造酒，是借助酵母的作用，将含有淀粉和糖分的物质进行发酵，属于低度酒，典型代表有黄酒、果酒和啤酒。配制酒又称再制酒，是使用蒸馏酒和酿造酒作为基础，加入水、糖、药材等配置而成，典型代表有玫瑰酒、竹叶青等。按酒精含量分类，酒精含量在40%以上的称为高度酒，包括我国的白酒和蒸馏工艺的洋酒；酒精含量在20%—40%的称为中度酒，如药酒和露酒；酒精含量在20%以下的称为低度酒，如啤酒、黄酒等。

（一）白酒的分类

1. 按酒曲和工艺分类

（1）大曲酒。大曲酒主要是以大曲为糖化发酵剂，原材料是小麦、大麦加上一定的豌豆，一般采用固态发酵技术。

（2）小曲酒。小曲酒是以稻米为原材料制成的，多采用半固态发酵技术。

（3）麸曲酒。麸曲酒是以麸皮为载体培养的纯种曲霉菌，加纯种酵母生产的白酒，由于生产成本比较低，多为酒厂采用。

(4) 混曲法白酒。混曲法白酒主要指大曲酒和小曲酒混合酿制的酒。

(5) 其他糖化剂白酒。

2. 按酒的香型分类

白酒按酒的香型可以分为酱香型白酒、浓香型白酒、清香型白酒、米香型白酒和其他香型白酒。

(二) 啤酒的分类

1. 按麦芽汁浓度分类

啤酒按麦芽汁浓度可分为高浓度啤酒、中浓度啤酒和低浓度啤酒。

(1) 高浓度啤酒。高浓度啤酒的原麦汁浓度为14°—20°,酒精含量在4.9%—5.6%,如黑啤酒。

(2) 中浓度啤酒。中浓度啤酒的原麦汁浓度为11°—12°,酒精含量在3.1%—3.8%,我国大多数啤酒属于此类。

(3) 低浓度啤酒。低浓度啤酒的原麦汁浓度为7°—8°,酒精含量在2%左右。

2. 按啤酒的色泽分类

啤酒根据色泽可以分为浅色啤酒、金黄色啤酒、棕黄色啤酒、浓色啤酒和黑色啤酒。

3. 按工艺是否杀菌分类

啤酒按照工艺是否杀菌,分为鲜啤酒和熟啤酒。

(三) 葡萄酒的分类

1. 按色泽分类

葡萄酒根据色泽可以分为白葡萄酒和红葡萄酒。

2. 按糖分分类

葡萄酒根据糖分不同可以分为干葡萄酒(含糖量<0.4 g/100 ml)、甜葡萄酒(含糖量>5 g/100 ml)、半甜葡萄酒(含糖量为1.2 g/100 ml—5 g/100 ml)、半干葡萄酒(含糖量在0.4—1.2 g/100 ml)。

3. 按酿造方式分类

葡萄酒根据酿造方式可以分为天然葡萄酒、半汁葡萄酒和调味加强葡萄酒。

4. 按二氧化碳压力分类

葡萄酒按二氧化碳压力不同可以分为无汽葡萄酒、葡萄汽酒和起泡葡萄酒。

(四) 黄酒的分类

1. 按原料和酒曲分类

黄酒根据原料和酒曲不同可分为糯米黄酒、黍米黄酒、大米黄酒和红曲黄酒。

2. 按含糖量分类

黄酒按含糖量不同可分为干黄酒、半甜黄酒、甜黄酒。

3. 按酒的颜色分类

黄酒按酒的颜色不同可分为元红酒(颜色呈琥珀色或橙黄色)、加饭酒(颜色较深,呈深黄色或褐黄色)、善酿酒(颜色更深,呈深褐色或红褐色)。

想一想

在生活中,家里是如何保存酒的?

三、散装液体化学品

（一）散装液体化学品的分类

1. 按运输方式分类

（1）大宗化工产品。大宗化工产品，如硫磺、硝酸、磷酸、盐酸、氢氧化钠等。

（2）石化产品。石化产品，如润滑油、溶剂、添加剂等。

（3）煤焦油产品。煤焦油产品，如煤焦油沥青、粗苯等。

（4）糖类和醇类。糖类，如蔗糖糖浆、转化糖浆等；醇类，如甲醇，乙醇等。

（5）植物油和动物脂。

练一练

找找身边正在运输的液体化学品。

2. 按品种分类

（1）石油化工产品。石油化工产品主要有基本有机化工原料、有机溶剂、润滑油、添加剂、农药和炸药等。

（2）非石油化工产品。非石油化工产品主要有无机酸等化工产品、动植物油脂和糖浆等。

3. 按反应程度分类

（1）0类。0类是几乎不起反应的化学品，但在某种情况下，能与4类化学品反应，如饱和烃。

（2）1类。1类是仅与4类物质反应的化学品，如芳香烃、烯烃、醚、酯等。

（3）2类。2类是不能与0类或1类化学品反应、能与3类和4类化学品反应的化学品，如醇、酮、聚合物等。

（4）3类。3类是能与2类和4类化学品反应，且本类化学品能相互反应的化学品，如有机酸液氨、环氧衍生物等。

（5）4类。4类是可以相互反应，并能与所有其他化学品反应的化学品，如浓无机酸、强酸、磷和硫等。

4. 按海洋污染程度分类

在《MARPOL 73/78》附则Ⅱ“控制散装有毒液体物质污染规则”中，根据物质对海洋的危害程度和应采用的相应防污措施，将有毒液体物质分为以下四类。

（1）A类。这类有毒液体物质，如从洗舱或排除压载的作业中排放入海，将对海洋资源或人类健康产生严重危害，或对海上的休憩环境和其他合法利用造成严重损伤，因而有必要采取严格的防范措施。

（2）B类。这类有毒液体物质，如从洗舱或排除压载的作业中排放入海，将对海洋资源或人类健康产生危害，或对海上的休憩环境和其他合法利用造成损害，因而有必要采取特殊的防污措施。

（3）C类。这类有毒液体物质，如从洗舱或排除压载的作业中排放入海，将对海洋资源或人类健康产生较小危害，或对海上的休憩环境和其他合法利用造成较小损害，因而要求有特殊的操作条件。

（4）D类。这类有毒液体物质，如从洗舱或排除压载的作业中排放入海，将对海洋资源或人类健康产生可察觉的危害，或对海上的休憩环境和其他合法利用造成轻微伤害，因而要求对其操作条件予以适当注意。

（二）散装液体化学品的特性及危害性

1. 散装液体化学品的主要特性

（1）密度范围大。散装液体化学品有的比水轻，有的比水重2—3倍，如丁烷的密度为0.599 g/cm^3，酸的密度为1.84 g/cm^3。蒸气的相对密度大，高达2.4 g/cm^3。

（2）黏度大。散装液体化学品由于黏度大，流动性能差，因此装卸时需要加热，如润滑油、动植物油脂等。

（3）腐蚀性强。强酸、碱类的很多货物，不仅会对皮肤（接触）造成严重损伤，而且对货舱的结构材料和仪器仪表也有严重的腐蚀。

（4）毒性大。化学品液体和蒸气一般都具有刺激性，液体接触皮肤会造成刺激和脱脂等作用，如醋酸异丁酯会刺激皮肤，并具有强烈的脱脂作用；氯乙烯、三氯甲烷有麻醉性；乙醚、氯乙烷能使人麻醉，甚至丧失知觉。

（5）容易燃烧。很多货物闪点低于23 ℃，爆炸范围大于20%，属于易燃液体，且比一般石油产品具有更大的易燃性。如环氧乙烷的闪点为−20 ℃，爆炸范围为3%～100%。

（6）反应性强。有些货物与货物之间会发生化学反应；有些货物与水或空气会发生反应。

（7）自身具有反应性。有些货物会发生分解、结晶、氧化还原和聚合反应。

（8）蒸气压力高、沸点低。一般液体定义为在37.8 ℃时的蒸气压力不大于0.28 MPa，而有些化学品的表压可达0.06～0.098 MPa，可看作“半气体”，它们的挥发性强、沸点低，如环氧丙烷、异戊二烯、乙醚的沸点都在34 ℃左右。

（9）热敏感性。有些石油化学品因受热会发生氧化、老化等反应而遭受破坏，如干性油、鱼油等。

（10）对杂质极其敏感。液体化学品根据使用要求对纯度有严格的规定，一旦被杂质沾污，就会丧失使用价值。如润滑油、食用动植物油脂、碱溶液、特制化学品以及大多数石油化学品都具有对杂质的敏感性。

（11）对海洋的污染性大。散装化学品运输对海洋的污染源有：从舱内排出的压载水和洗舱水；舱底水井内积聚的舱底水；用于清除船上渗漏的各种材料（锯末、擦布）；货物的应急排放；等等。

3. 散装液体化学品危害性

（1）火灾危害性。火灾危害性可由其闪点、燃点、自燃点和爆炸范围来表示和确定。

（2）对健康的危害性。散装液体化学品可通过吸入、皮肤接触或误食等途径对人体造成急性或慢性危害，可能导致中毒、灼伤、器官损伤甚至致癌等严重后果。

(3) 对水体污染带来的危害。对水体污染的危害主要是由对人的毒害性、水溶性、气味或味觉以及比重来确定的。

(4) 对空气污染带来的危害。散装液体化学品在储存、运输和使用过程中可能通过挥发、泄漏或事故性排放进入大气环境,对空气质量和生态系统造成多重危害。

四、散装液化气

(一) 散装液化气的分类

1. 按液化气运量分类

(1) 液化石油气。液化石油气的主要成分是丙烯、正异丁烯和丁二烯在内的含3—4个碳原子的烃类化合物。

(2) 液化天然气。液化天然气的主要成分是甲烷,少量氮他烃类(如乙烷、丙烷、丁烷等)的化合物。

(3) 液化化学品气。液化化学品气是指除无机化合物或单质温下为气态,经冷冻或加压的方法以液体形式进行运输的化学物质,包括无机化合物或单质以及各类有机化合物。

2. 按组成和性质分类

(1) 烃类液化气。烃类液化气包括甲烷、乙烷、丙烷、丁烷以及丙烯和丁烯。

(2) 卤代烷。卤代烷主要有氯甲烷、溴甲烷、氯乙烷和制冷剂气体。

(3) 烯烃类。除了石油气中的丙烯和丁烯,所有带双城双键的化合物归为烯烃类,包括乙烯、丁二烯、异戊二烯、丙炔、氯乙烯、偏氯乙烯、乙烯基乙醚。

(4) 含氧化合物。这类物质含氧,但不带双键,如环氧乙烯、环氧丙烷、乙醛和乙醚。

(5) 胺类。胺类包括乙胺、双甲基胺和异丙胺三种。

(6) 无机物。无机物包括单质氯、氨、化合物氨和二氧化硫四种。

(二) 散装液化气的特性

1. 液化和气化

绝大多数液化气在常温常压下都是气体,须加压或降温使其液化后再运输贮存。如液化了的气体吸收热量温度升高时,液化气会大量气化;如液化了的气体压力降低,液化气也会大量气化。因此,当液化气货品泄露时,由于外界压力低于它在容器内的饱和蒸气压力,或者外界环境温度高于原来的温度,泄漏出来的液化气会马上蒸发气化。

2. 外观和气味

除氯和二氧化硫等少数货物之外,其他绝大多数液化气货物都是无色的。氯是淡黄色的液体,蒸气是绿色或黄色;二氧化硫则是淡棕色透明液体。纯净的甲烷、乙烷、丙烷、丁烷、丁烯、戊烯、氮和制冷剂气体等液化气货物是无色无味的,为了便于察觉泄漏,对于民用液化石油气和液化天然气须增添加臭剂。

3. 比重和相对密度

除氯、溴甲烷、二氧化硫、二氯乙烯之外，《国际散装运输液化气体船舶构造和设备规则》(简称 IGC Code)所列的其他液化气货物液体的比重均小于 1，比水轻，一旦泄漏，在气化前会漂浮起来。对比水轻的液化气液体在地面或甲板面流淌着火时，不能用水柱直接喷向着火液体，以免水将着火液化气液体托起向四周蔓延。

4. 水溶性和水合物

在液化气货物中，乙醛、氨和环氧乙烷是全溶于水的，二甲基胺和氧化丙烯易溶于水，氯、乙醚、异丙胺、溴甲烷、氯甲烷、二氧化硫和氯乙烷是可溶或微溶于水的，其他液化气货物都不溶于水。

5. 自身聚合反应

自身聚合反应是同一种物质分子(单体)间相互反应结合形成同分子聚合物。聚合过程通常是放热的，热会促使聚合反应加速进行；货物在整个聚合过程中，会变得更加黏稠，直到变成坚硬的聚合物为止；聚合反应使货物损坏，还会破坏设备，引起危险。在液化气货物中，有丁二烯、异戊二烯、氧乙烯、氯乙烯单体、二氯乙烯等在运输条件下可能会发生自身聚合反应。凡是可能发生聚合反应的货物，应在运输前加入适当的抑制剂。

6. 与空气反应

有些液化气货物会与空气生成不稳定的过氧化物，并会导致爆炸。这些过氧化物不稳定，会引起货物自身聚合反应。为了避免过氧化物的生成，必须利用抗氧化剂等对这些货物进行抑制，或在惰性气体覆盖下载运。另外，只要过氧化物是潮湿的，它们就不会爆炸，因此在修理其中可能存在过氧化物的货物系统前应进行冲水，装货运营时为避免形成过氧化物，应对货物系统高度除氧和清除氧化物。会与空气发生反应的液化气货物主要是非饱和的碳氢化合物，包括乙醛、丁二烯、乙醚环氧乙烷、异戊二烯、氯乙烯和乙氧基乙烯等。

7. 化学相容性

某些货物之间会发生剧烈的危险反应，因此不能将不相容的货物混装。如果同时载运两种或多种不相容的货物，每种货物必须分别采用独立的管系、液货舱、再液化设备和透气系统等。对于常见的液化气货物，如甲烷、乙烷、丙烷、丁烷、乙烯、丁二烯、异戊二烯、氨、氯乙烯单体等，它们之间是化学相容的货物，互相之间在运输条件下不会起化学反应，但上述货物都与氯(干燥的)不相容，会有危险反应。另外，氨与氧乙烯、氧丙烯、二氧化硫等液化气货物化学不相容。

8. 与材料及其他物质的相容性

必须确保货物系统使用的材料与所载运货物在化学上是相容的。对于甲烷、乙烷、丙烷、丁烷、乙烯、丁烯等常见的液化气货物，与一般常规的金属材料及常见物质在化学上是相容的，只是与聚乙烯不相容(乙烯、丙烯与聚乙烯相容)。另外，甲烷和乙烯对软钢是不相容的。异丁二烯、异戊间二烯与镁、汞、铜、铝不相容，氨与汞、锌、铜、氯、聚四氟乙烯、聚氯乙烯等不相容。氯乙烯与氯不相容。此外，氨会与惰性气体中的二氧化碳起反应，压缩机润滑油也会和某些货物起反应造成堵塞和损坏。

9. 与水反应及其腐蚀性

除了部分液化气会与水起反应生成水合物或导致结冰外，大多数液化气货物都不会与水有危险反应，但是以下这些液化气货物会与水起反应，如氨、氯、氯甲烷氯乙烷、二氧化硫等。还有些液化气货物有腐蚀性，但在干燥时腐蚀性不大，只是与水接触后，会明显增加腐蚀性。如氨与水反应生成氢氧化铵并发热；氯与水或水蒸气反应生成有毒并有高度腐蚀性的酸溶液或酸烟气；氯甲烷与湿气接触会分解；氯乙烷会慢慢水解形成有毒和有腐蚀性的氯化氢气体；二氧化硫与水化合生成亚硫酸和硫酸等腐蚀性酸，并产生危险的烟雾。

10. 易燃性

在 IGC Code 所列的 32 种液化气货物中，氯、氮、二氧化硫和制冷剂气体（如IR-12、R-22）等是完全不可燃物质，但泄漏出的液化气蒸气与空气混合后，在爆炸极限浓度范围内遇到火源或热源都会引起燃烧和爆炸。

11. 毒性

在 IGC Code 所列的 32 种液化气货物中，有 17 种是有毒的，这些有毒液化气在特定条件下，如受热分解或燃烧不完全时，可能会产生有毒气体，对人体和环境构成威胁。

（三）散装液化气的安全运输

1. 装货

装货前应确保液化气船具备规定的适装条件，包括：持有有效地满足 IGC Code 要求的“国际散装运输液化气体适装证书”；获得货主提供的托运货物的完整资料；制订装载计划；对货舱进行气体环境控制，如干燥处理惰性化除气和预冷等；大副亲自指挥，按预订装货计划执行；一开始进液舱流速控制在不超过 1 m/s，并巡视检查，检查正常后可通知岸方提高装货速率；在基准温度下，任何货舱的装货数量不得超过液货舱容积的 98%并考虑管系内的残液。

2. 航行

在航行中，应对船舱空间的气体进行不断地检测，万一货舱发生些微泄漏，应利用排气装置，使气体的浓度控制在爆炸下限以下。冷冻式液化气船使用液化装置处于运行之中，以便保持一定的压力和温度。必须按规定记录货物的温度、压力和液面，如发现异常情况，应立即调查原因，妥善处理。

3. 卸货

液化气船卸货方法取决于船舶类型、货物种类和岸上储罐要求等，常见的基本方法主要有以下三种：

(1) 用货物压缩机卸货（仅适用于压力式货舱）。

(2) 用货舱内的深井泵或潜水泵卸货（现代大型液化气船普遍采用此种方法）。

(3) 用货物压缩机与甲板上的增压泵联合卸货。

查一查

IGC Code 所列的 32 种液化气货物分别是什么？

知识拓展

化学品安全说明书

一、什么是化学品安全说明书

化学品安全说明书，国际上称作化学品安全信息卡或材料安全数据表(Material Safety Data Sheet，简称 MSDS)，是化学品生产商和经销商按法律要求必须提供的一份综合性文件。该文件详细描述了化学品的燃爆性能、理化特性(如 pH 值、闪点、易燃度、反应活性等)、毒性、环境危害，以及对使用者健康(如致癌、致畸等)可能产生的危害，并提供了安全使用、泄漏应急救护处置、法律法规等方面的信息。

二、化学品安全说明书的内容

化学品安全说明书的主要内容通常包括以下几个方面。

(一) 化学品及企业标识

说明化学品的名称、生产企业名称、地址、邮编、电话、应急电话、传真和电子邮箱等信息。

(二) 成分/组成信息

标明该化学品是纯化学品还是混合物，以及各成分的含量或浓度范围，对于有害成分，应给出化学文摘索引登记号(CAS 号)。

(三) 危险性概述

化学品的危险性类别、危险性综述、侵入途径、健康危害、环境危害、燃爆危险等信息。

(四) 急救措施

该部分主要是皮肤接触、眼睛接触、吸入、食入等不同暴露途径下的急救方法。

(五) 消防措施

根据化学品的危险特性、有害分解产物、灭火方法、灭火剂等信息，确定消防措施。

(六) 泄漏应急处理

化学品小量泄漏和大量泄漏的处理方法。

(七) 操作处置与储存

化学品使用和储存过程中的注意事项。

(八) 接触控制、个体防护

化学品的最高容许浓度、监测方法、工程控制、呼吸系统防护等信息。

(九) 理化特性

化学品的外观与性状、熔点、沸点、相对密度、闪点、引燃温度、爆炸极限等理化参数。

(十) 稳定性和反应性

化学品的稳定性、禁配物、避免接触的条件、聚合危害、燃烧产物等信息。

(十一) 毒理学资料

化学品的急性毒性、刺激性、亚急性和慢性毒性、致突变性、生殖毒性、致癌性等资料。

(十二) 生态学资料

化学品的生态毒性、生物降解性、非生物降解性等信息。

(十三) 废弃处置

化学品的废弃物性质、废弃处置方法等。

(十四) 运输信息

化学品的危规号、UN 编号、包装类别、包装标志、包装方法、运输注意事项等。

(十五) 法规信息

化学品在生产、使用、储存、运输等环节的法律法规要求。

(十六) 其他信息

其他需要说明的事项。

三、化学品安全说明书的编写要求

(一) 完整性

MSDS 规定的十六大项内容在编写时不能随意删除或合并,顺序不可随意变更。大项为必填项,小项可根据实际情况选择填写;若无相关数据,应写明原因(如"无资料""无意义"等)。

(二) 准确性

安全技术说明书的内容必须准确可靠,数据应来源于可靠的实验或测试。

(三) 及时更新

从化学品制作之日算起,安全技术说明书每 5 年应更新一次。若发现新的危害性,在有关信息发布的半年内,生产企业必须对安全技术说明书的内容进行修订。

(四) 针对性

安全技术说明书采用"一个品种一个卡"的编写方式,同类物、同系物的技术说明书不能互相替代。

(五) 流通性

安全技术说明书由生产供应企业编制,并在交付商品时提供给用户,作为给用户提供的服务,安全技术说明书应随商品在市场上流通。

案例分析

一、案例背景

某年11月22日10时25分，位于B省A市经济技术开发区的中国石油化工股份有限公司管道储运分公司东黄输油管道泄漏原油，原油进入市政排水暗渠，在形成密闭空间的暗渠内油气积聚遇火花发生爆炸。

二、事故处置

爆炸发生后，现场指挥部组织2 000余名武警及消防人员、专业救援人员，调集100余台(套)大型设备和生命探测仪及搜救犬，紧急开展人员搜救等工作。截至12月2日，62名遇难人员身份全部确认并向社会公布。遇难者善后工作基本结束。136名受伤人员得到妥善救治。

A市对事故区域受灾居民进行妥善安置，调集有关力量，全力修复市政公共设施，恢复供水、供电、供暖、供气，清理陆上和海上油污。当地社会秩序稳定。

三、事故原因

输油管道与排水暗渠交汇处管道腐蚀减薄、管道破裂、原油泄漏，流入排水暗渠及反冲到路面。原油泄漏后，现场处置人员采用液压破碎锤在暗渠盖板上打孔破碎，产生撞击火花，引发暗渠内油气爆炸。

通过现场勘验、物证检测、调查询问、查阅资料，并经综合分析认定：由于与排水暗渠交叉段的输油管道所处区域土壤盐碱和地下水氯化物含量高，同时排水暗渠内随着潮汐变化海水倒灌，输油管道长期处于干湿交替的海水及盐雾腐蚀环境，加之管道受到道路承重和振动等因素影响，导致管道加速腐蚀减薄、破裂，造成原油泄漏。泄漏点位于秦皇岛路桥涵东侧墙体外15厘米处，位于管道正下部位置。经计算认定，原油泄漏量约2 000吨。

泄漏原油部分反冲出路面，大部分从穿越处直接进入排水暗渠。泄漏原油挥发的油气与排水暗渠空间内的空气形成易燃易爆的混合气体，并在相对密闭的排水暗渠内积聚。由于原油泄漏到发生爆炸达8个多小时，受海水倒灌影响，泄漏原油及其混合气体在排水暗渠内蔓延、扩散、积聚，最终造成大范围连续爆炸。

四、案例启示

(一) 科学规划合理调整布局，提升城市安全保障能力

随着经济高速发展及城市快速扩张，开发区危险化学品企业与居民区毗邻、交错，功能布局不合理，对该区域的安全和环境造成一定影响，也不利于城市的长远发展。A市人民政府要对该区域的安全、环境状况进行整体评估、评价，通过科学论证，对产业结构和区域功能进行合理规划、调整，对不符合安全生产和环境保护要求的，要立即制订整治方案，尽快组织实施。各级人民政府要加强本行政区域油气管道规划建设工作的领导，油气管道规划建设必须符合油气管道保护要求，并与土地利用整体规划、城乡规划相协调，与城市地下管网、地下轨道交通等

各类地下空间和设施相衔接，不符合相关要求的不得开工建设。

（二）完善油气管道应急管理，全面提高应急处置水平

中石化集团公司和B省、A市各级人民政府及其有关部门要高度重视油气管道应急管理工作。各级领导干部要带头熟悉、掌握应急预案内容和现场救援指挥的必备知识，提高应急指挥能力；接到事故报告后，基层领导干部必须第一时间赶到事故现场，不得以短信形式代替电话报告事故信息。油气管道企业要根据输送介质的危险特性及管道状况，制订有针对性的专项应急预案和现场处置方案，并定期组织演练，检验预案的实用性、可操作性；要加强应急队伍建设，提高人员专业素质，配套完善安全检测及管道泄漏封堵、油品回收等应急装备；对于原油泄漏要提高应急响应级别，在事故处置中要对现场油气浓度进行检测，对危害和风险进行辨识和评估，做到准确研判，杜绝盲目处置，防止油气爆炸。地方各级人民政府要紧密结合实际，制订包括油气管道在内的各类生产安全事故专项应急预案，建立政府与企业沟通协调机制，开展应急预案联合演练，提高应急响应能力；要根据事故现场情况及救援需要及时划定警戒区域，疏散周边人员，维持现场秩序，确保救援工作安全有序。

（三）加快安全保障技术研究，健全完善安全标准规范

要组织力量加快开展油气管道普查工作，建立管道信息系统和事故数据库，深入研究油气管道可能发生事故的成因机理，尽快解决油气管道规划、设计、建设、运行面临的安全技术和管理难题。要吸取国外好的经验和做法，开展油气管道安全法规标准、监管体制机制对比研究，完善油气管道安全法规，制定油气管道穿跨越城区安全布局规划设计、检测频次、风险评价、环境应急等标准规范。开展油气管道长周期运行、泄漏检测报警、泄漏处置和应急技术研究，提高油气管道安全保障能力。

实训任务

实训项目：仓储消防实战演练。

实训目的：熟练掌握消防器材的使用方法和火灾扑救技能，提高学生在仓库发生火灾时的应急疏散和自救互救能力。

实训内容：

(1) 火灾报警与初期扑救：模拟仓库火灾发生，员工发现火情后立即报警，并使用灭火器进行初期扑救。

(2) 紧急疏散：在火势无法控制的情况下，现场指挥组下达疏散命令，员工按照预定路线有序撤离到安全地带。

(3) 伤员救护：模拟火灾中有人员受伤的情况，救护组对伤员进行现场救护并送往医院。

(4) 消防设备使用：对消防栓、消防水带、灭火器等消防设备的使用方法进行现

场教学和实操演练。

实训要求：

(1) 安全第一：确保演练过程中的人身安全和财产安全。

(2) 纪律严明：所有参与人员必须服从指挥组的指挥和调度。

(3) 真实模拟：尽量模拟真实火灾场景进行演练以提高实训效果。

评分要点：评分要点如表 6-2 所示。

表 6-2 "仓储消防实战演练"评分要点

序号	评分要点	分值	得分
1	火灾报警与初期扑救正确	15	
2	紧急疏散正确	20	
3	伤员救护合理	30	
4	消防设备使用得当	25	
5	小组分工明确，成员参与度高	10	
合计		100	

任务三 粗劣货物

建议教学时数：4

学习目标

1. 知识目标

(1) 掌握水泥的分类及特点；

(2) 熟悉水泥的仓储和运输要求；

(3) 掌握煤炭的分类及运输要求；

(4) 掌握化肥的分类及特点；

(5) 掌握生皮的分类及特点。

2. 能力目标

(1) 能够根据粗劣货物的特性，确定保管和运输的具体要求；

(2) 能够根据粗劣货物的特性，识别货物的具体类别。

3. 素质目标

(1) 培养学生严谨认真的工作态度；

(2) 使学生具备从事物流职业的基本素养。

案例导入

化肥保管失误事件

某农业合作社在备耕期间，购进大量化肥用于即将到来的春耕生产。然而，由于合作社仓库容量有限，部分化肥被临时堆放在露天场地上，仅用简单的塑料布进行遮盖。不久后，当地遭遇连续阴雨天气，导致这些露天堆放的化肥受潮结块，严重影响化肥的肥效和使用效果。该农业合作社因此遭受了较大的经济损失，并延误了农民的春耕生产。

案例思考

1. 案例中，化肥属于哪类货物？有何特征？
2. 案例中，化肥应如何有效保管？

分析提示

相关知识

一、水泥

水泥是当今社会最重要的建筑材料之一，广泛应用于桥梁隧道、大坝、公路、铁路、机场跑道等重大工程和建设中。为了满足不同工程的要求，需要开发出品种繁多的水泥品种。目前，世界上水泥品种已近百余种，其中以硅酸盐系列水泥应用最广泛。

（一）水泥的种类

1. 按水泥的用途和性能分类

(1) 通用水泥。通用水泥是用于一般土木建筑工程的水泥，如硅酸盐水泥、普通硅酸盐水泥等。

(2) 专业用水泥。专业用水泥是专业用途的水泥，如油井水泥、道路水泥、型砂水泥等。

(3) 特性水泥。特性水泥是某种性能突出的水泥，如白色硅酸盐水泥、快硬高强水泥、抗硫酸盐水泥等。

2. 按水泥的主要水硬性物质名称分类

(1) 硅酸盐水泥(国外称“波特兰水泥”，约占世界水泥产量的80%以上)。硅酸盐水泥主要由硅酸盐水泥熟料加入少量石灰石细磨而成，为水硬性胶凝材料。硅酸盐水泥具有强度高、快硬、早强、抗冻性和耐磨性好的优点，但水化热高，耐蚀性差。硅酸盐水泥适用于配制高强度等级混凝土、先张法预应力制品、道路及低温下施工的工程，但不适用于大体积混凝土、受化学及海水侵蚀的工程。

(2) 普通硅酸盐水泥(普通水泥)。普通硅酸盐水泥主要由硅酸盐水泥熟料加6%—15%的混合材料与适量石膏细磨而成，是最常用的水硬性胶凝材料。普通硅酸盐水泥的优点是抗硫酸盐侵蚀能力较强；但早期强度增长率有减少，抗冻性、耐磨性稍有下降，低温凝结时间有所延长。普通硅酸盐水泥适应性强，无特殊要求的工程都可使用。

(3) 矿渣硅酸盐水泥。矿渣硅酸盐水泥主要由硅酸盐水泥熟料加粒化高炉矿渣及适量石膏细磨而成，为水硬性胶凝材料，是我国产量最大的水泥品种。矿渣硅酸盐水泥的优点是水化热低，抗硫酸盐侵蚀性好，蒸气养护有较好的效果，耐热性能较普通硅酸盐水泥高；但早期强度低，后期强度增进率大，保水性差，抗冻性差。矿渣硅酸盐水泥适用于地面、地下、水中各种混凝土工程，高温车间建筑，但不适用于需要早强和受冻融循环或干湿交替的工程。

(4) 火山灰质硅酸盐水泥。火山灰质硅酸盐水泥主要由硅酸盐水泥熟料加入火山灰质混合材料及适量的石膏细磨而成，属于硬性胶凝材料。火山灰质硅酸盐水泥的优点是保水性好、水化热低、抗硫酸盐侵蚀能力强；早期强度低，但后期强度增进率大，需水性大，干缩性大，抗冻性差。火山灰质硅酸盐水泥适用于地下、水上工程，大体积混凝土工程，一般工业和民用建筑，不适用于需要早强、冻融循环或干湿交替的工程。

(5) 粉煤灰硅酸盐水泥。粉煤灰硅酸盐水泥主要由硅酸盐熟料与粉煤灰和适量石膏细磨而成，为水硬性胶凝材料。粉煤灰硅酸盐水泥的优点是保水性好，水化热低，抗硫酸盐侵蚀能力强，后期强度发展高，需水性及干缩率较小，抗裂性较好；但早期强度增进率比矿渣水泥低，其他同火山灰水泥一样。粉煤灰硅酸盐水泥适用于大体积混凝土工程、地下工程、一般工业和民用建筑，但不适用范围与矿渣水泥相同。

(6) 复合硅酸盐水泥。复合硅酸盐水泥主要由硅酸盐水泥熟料和两种或两种以上规定的混合材料加入适量石膏细磨制成，为水硬性胶凝材料。复合硅酸盐水泥的优点是比矿渣水泥、火山灰水泥和粉煤炭水泥的早期强度高，比普通水泥的和易性好，易于成型、捣实；缺点是需水性大，配置的混凝土耐久性不如普通水泥配置的混凝土。复合硅酸盐水泥适用于一般混凝土工程以及工业与民用建筑工程，但不适用于耐腐蚀工程，自密实混凝土慎用。

(二) 水泥的特点

1. 水硬性

水泥不仅能在空气中硬化，而且能在水中硬化，水硬性就是指其必须与水发生反应，并在潮湿环境中逐渐凝结硬化的性质。水泥与适用的水调和后可成浆状，经过一段时间后会凝结硬化。水泥的凝结硬化主要经过两个阶段：一是凝结，即从具有流动性和可塑性的浆状变为没有流动性和可塑性的固体，固体在该阶段稍受压力即会溃碎；二是硬化，是指已凝结的水泥开始逐渐变硬，直至硬度达到最大限度，此时水泥凝固体的机械强度迅速提高。水泥所具有的水硬性使其不仅能用于地面建筑工程，还能用于地下和水下建筑工程。

2. 改变凝固速度的特性

水泥的凝固速度、标号(强度)和体积变化均匀性是反映其品质的重要指标。凝固速度对于施工工程质量有着重大影响。水泥在水化作用过程中会产生氢氧化钙，而氢氧化钙以及水泥成分中的三钙铝酸盐可与较多的物质起化学反应，这些化学反应会影响水泥的凝固速度。水泥受外界其他物质的影响而改变凝固速度的情况较为复杂，如铵盐(常见的如硫酸铵、氯化铵、硝酸铵等化学肥料)能放出氨气，水泥受氨气的影响会加速凝固；水泥中混入 1/150 000 的砂糖，就会影响它的凝固速度，而当混入 1/1 000 的砂糖时，则会完全丧失凝固性，失去使用价值；水泥中混入磷酸钠，对凝固也有影响，混入少量后，水泥凝结会缓慢，大量混入后，水泥会急速凝结；水泥中混入碱类、酸类、氯化物、硫化物、散发水分物质和氧化镁等物质，对凝固和硬化也有不同程度的不利影响。

3. 扬尘性

水泥是颗粒极细的粉状物，在装卸搬运作业中极易飞扬，属于扬尘污染性货物。大量水泥粉尘易污损其他货物，并造成本身散失减量，如水泥粉尘撒落在食品、纺织纤维及其制品、裸装皮张、化肥等货物的表面，对货物的品质及使用、加工都有不利的影响。

（三）水泥的保管和运输

1. 水泥的保管

(1) 袋装水泥的保管。在储存袋装水泥时，一定要注意防潮防水，水泥受潮后会结块，降低强度，甚至不能使用。因此，不要弄破袋装水泥的纸袋，运输时要加覆盖物防雨。储存水泥的仓库，应保持干燥，屋顶和外墙不得漏水，地面垫板离地面不小于 300 mm，水泥垛四周离墙不小于 30 mm，堆垛高度一般不应超过 10 袋；不同品种、不同强度等级和不同出厂日期的水泥应该分别堆放，不得混杂，并应有明显标志，先到先用。

(2) 散装水泥的保管。散装水泥的保管是一项细致且重要的工作，直接关系到水泥的质量和性能。散装水泥的保管要注意以下几点：

① 存储环境要干燥通风，防止水泥受潮，可以使用高强度、防震耐压的水泥储罐存放，或者在地面上洒水后再放置水泥(确保水层与水泥之间有防雨布等隔离物)，以有效防止水泥吸潮。

② 要防止水泥混杂，不同品种、不同标号及不同出厂日期的水泥应分别储存，并进行清晰的标识，以便于管理和使用。

③ 存储时间的管理也至关重要，应遵循先进先出原则，优先使用存放时间较短的水泥，同时要注意水泥的正常存放时间一般不应超过 3 个月(快硬水泥为 1 个月)，以免水泥强度下降。

④ 在存放和使用过程中，应避免水泥受到震动或挤压等外力，以免其结块和失去活性。

⑤ 要定期检查水泥的储存情况，及时处理受潮、结块、变质等问题。

⑥ 储存场地应远离火源、易燃易爆物和酸性物质等，确保安全储存。

2. 水泥的运输

(1) 包装水泥的运输。水泥在货舱内或在仓库内的堆垛高度有所限制，纸袋包装的水泥一般堆高不超过 2 m(平堆 13～15 层)，桶装水泥一般堆高不超过 9 层。袋装水泥的积载因数为 0.90—1.52 m^3/t，桶装水泥的积载因数为 1.05—1.29 m^3/t，但由于堆高受限制，所以船运时亏舱损失较大，为了减少亏舱损失，大宗袋装水泥普遍装在船舶间舱。

为保证水泥的运输质量，除了必须符合上述装运条件和遵循基本的配装积载要求，还须注意以下两点：一是袋装水泥应得到充分冷却后才能装船，否则水泥温度较高，会使货舱(在外界温度较低时)出汗而造成水泥湿损；二是应充分注意水泥包装的脆弱性，由于水泥灌包时温度还较高，包装纸受烤会影响纸质的坚韧性，所以搬运堆装时严禁抛掷、拖曳，且堆装必须平整，以防破包。

查一查

水泥按强度分类的标准规范有哪些?

(2) 散装水泥的运输。运输散装水泥，要用专用车辆或船只。储存散装水泥，地面要抹水泥砂浆面，不得混有杂物，最好使用灌仓。不同品种、不同强度等级和不同出厂日期的水泥应分开储放。

水泥遇潮湿容易结块，因此要密切注意天气变化，及时关舱防止货物雨湿，严禁雨中作业；装卸货时，如果甲板上或舱口上有散落水泥应及时清除；装货时要尽量装平，防止出现山头。

想一想

为什么罐装车在运输水泥时要转动罐仓？

二、煤炭

（一）煤炭的分类

1. 褐煤

褐煤又名柴煤，是煤化程度最低的矿产煤，是介于泥炭与沥青煤之间的棕黑色、无光泽的低级煤。褐煤是我国主要使用的煤，褐煤多作民用燃料或用来制造煤化工产品，如褐煤蜡、硝基腐殖酸铵等，主要产地有内蒙古伊敏河、霍林河、大雁、元宝山，云南小龙潭、昭通等。

2. 烟煤

烟煤是主要的工业用煤，烟煤的种类主要有以下几种。

(1) 长焰煤。长焰煤是最年轻的烟煤，呈弱黏结性的长焰煤在低温干馏时能析出较多的焦油，一般用作动力燃料、民用燃料、气化原料，也可供低温干馏生产半焦或炼油原料。

(2) 瘦煤。瘦煤属于中高等变质烟煤，加热时能产生少量的胶质体，软化温度高，可以单独炼焦，结成的焦炭块度大、裂纹少，但熔解较差，耐磨强度低。

(3) 不粘煤。不粘煤在焦化中不结焦，煤的水分有时高达10%以上，一般用作动力及民用燃料，也可作气化用煤。

(4) 气煤。气煤属于低等变质烟煤，加热时有较多的挥发物和焦油析出，胶质体的热稳定性差，气煤能单独炼焦，但焦炭细长而且易碎。

(5) 焦煤。焦煤属于中等变质烟煤，加热时能产生稳定性很好的胶质体，是优质的炼焦原料。用焦煤单独炼焦，所得焦炭块度大、裂纹少，机械强度和耐磨强度都很高，但由于膨胀压力大，用大型炼焦炉生产时，易造成推焦困难。

(6) 肥煤。肥煤属于中等变质的烟煤，加热时能产生大量的胶质体。在炼焦过程中，煤的软化、固化温度的间隔较大，用肥煤单独炼焦能产生溶解性良好的焦炭，但裂纹较多，焦炭易成小块，机械强度及耐磨强度差。

3. 无烟煤

无烟煤俗称白煤或红煤，是煤化程度最大的煤。无烟煤固定碳含量高，挥发分产率低，密度大，硬度大，燃点高，燃烧时不冒烟、不结焦。一般含碳量在90%以上，挥发物在10%以下，热值为6 000—6 500 kcal/kg。

（二）煤炭的运输

煤炭运输是指煤炭经开采出来后依靠铁路、公路、沿海和内河水运等方式将煤炭输送至目的地的过程。

1. 铁路煤炭运输

铁路煤炭运输方式分为窄轨和标准轨两种。窄轨铁路煤炭运输一般多用于厂内或距煤矿距离较近的小规模热源厂使用；标准轨铁路煤炭运输是厂外运输的重要方式，具有运量大、运距远、速度快、不受气候条件限制等特点。我国铁路煤运量一直占煤运总量的60%以上，煤炭运输量占铁路货运总量的40%左右。

2. 公路煤炭运输

公路煤炭运输作为铁路和水路煤炭运输的重要补充，具有灵活性大、占地少、对地形条件适应性好等特点。在主要的煤炭生产基地和煤炭中转港腹地，一直有部分中短距离的公路直达运输或公路集港运输。

3. 水路煤炭运输

水路煤炭运输是利用天然的江、河、湖、海通航，与公路、铁路组成方便的交通运输网，适合中长距离的运输。路煤炭运输的特点是运输量大、运费低、维修费用少，基建投资较少；但水路煤炭运输时间较长，有些通航航道还会受季节性水位变化的影响。当工厂距水运码头较近、水路运输原料煤能满足要求时，可考虑采用水路运输的方式。

4. 其他运输

除了铁路、公路、水路三种运输方式，坑口电站及锅炉房的原料煤，还可用架空索道运输或远距离胶带输送机运输方式。

进口煤炭检验监管要求

议一议

分组讨论我国10大煤场的地区分布及产煤种类情况。

三、化学肥料

化学肥料简称化肥，是用煤炭、石油、天然气以及水、矿石等作为原料，经过化学工业合成或机械加工方法而制成的农用肥料，是重要的农业生产资料。由于化学肥料养分含量高，肥效发挥快，便于储运与施用，用途广泛。

（一）化肥的种类

1. 按化肥所含的营养元素分类

(1) 氮肥。氮肥是供给氮素的化学肥料，如碳酸氢铵、氨水、氯化铵、硫酸铵、硝酸钙、硝酸钠、硝酸铵钙、硫硝酸铵、尿素、石灰氮等。

(2) 磷肥。磷肥是供给磷素的化学肥料，如过磷酸钙、重过磷酸钙、钙镁磷肥、脱氟磷肥、钢渣磷肥、磷矿粉等。

(3) 钾肥。钾肥是供给钾素的化学肥料，目前常用的有氯化钾、硫酸钾、硝酸钾和窑灰钾肥等。

(4) 复合肥。复合肥按所含营养元素的种类多少分为:二元复合肥,如磷酸铵、硝酸钾等;三元复合肥,如铵磷钾、硝磷钾等;多元复合肥,如氮磷钾复合肥、尿素钾磷复合肥等。

(5) 微量元素肥。常用微量元素肥有硼肥、钼肥、锰肥、铜肥和锌肥等。

2. 按化肥的化学性质分类

(1) 酸性肥料。酸性肥料可分为化学酸性肥料和生理酸性肥料两类。化学酸性肥料是指本身呈酸性反应的肥料,如过磷酸钙、重过磷酸钙等;生理酸性肥料是指通过作物选择性吸收一些离子之后,产生了酸,能使土壤呈酸性反应的肥料,如氯化铵、硫酸铵等。

(2) 碱性肥料。碱性肥料可分为化学碱性肥料和生理碱性肥料两类。化学碱性肥料是指本身呈碱性反应的肥料,如石灰氮、氨水等;生理碱性肥料是指通过作物选择性吸收一些离子之后,产生了碱,能使土壤呈碱性反应的肥料,如硝酸钠、硝酸钙等。

(3) 中性肥料。中性肥料既不呈酸性,也不呈碱性,施用后不会造成土壤发生酸性或碱性的变化,如尿素及大部分复合肥等。

此外,化肥按物理状态的不同,可分为固体化肥和液体化肥;按效力快慢的不同,可分为速效化肥和迟效化肥;按化肥中有效成分含量高低的不同,可分为高效化肥和低效化肥等。

(二) 化肥的性质

1. 吸湿性与水溶性

大部分化肥都具有吸湿性,吸湿的程度与环境温度、湿度、化肥的品种有关。一般情况下,温度越高,湿度越大,化肥的吸湿性就大。有些化肥吸湿后结块,特别是硝酸铵化肥吸湿结块性尤强;有的化肥(如碳酸氢铵、过磷酸钙、石灰氮、磷酸铵、硫磷铵)吸湿后引起分解、化合等反应而损失有效成分,降低质量;大多数化肥易溶于水,吸湿后会溶化;有的化肥(如硫酸铵、石灰氨、过磷酸钙)吸湿后会增强腐蚀性和体积膨胀,造成包装损坏。总之,化肥吸湿后会影响质量,不利于运输。

2. 分解性与挥发性

化肥中的磷肥、钾肥和部分氮肥性质较稳定,但是有部分氨肥稳定性差,容易分解、挥发,如碳酸氢氨、氨水在常温下就能分解、挥发出氨。铵态化肥受热、遇碱均能发生分解,挥发出氨;硝态化肥(如硝酸铵、硝酸钙)在受热后能分解,甚至引起爆炸;石灰氮吸湿或遇水会分解出易燃爆的乙炔气体等。化肥分解、挥发时,不仅造成肥效损失,还会引起燃爆、毒害、腐蚀等风险。

3. 燃烧性与爆炸性

化肥中的硝酸铵、硝酸钾、硝酸钠等同属危险品中的氧化剂,具有助燃、爆炸性。石灰氮具有遇水燃烧性,液氨具有受热或冲击爆炸性;燃烧、爆炸是有条件的,如硝酸盐类在受到高温或遇强烈撞击或与金属粉末、可燃物、强酸等接触,才能引起燃烧或爆炸;石灰氮化肥在吸湿或水湿后产生的乙炔气体,遇火星才会燃爆;液氨在受高温或猛烈撞击或漏气接触氯气或火星时才会引起爆炸。

4. 腐蚀性

凡有酸性或碱性的化肥，均有一定程度的腐蚀性，酸碱性越强，腐蚀性越大。腐蚀性对人的肌肤、包装物、金属、有机物等均能造成伤害和破坏作用。腐蚀不仅是直接接触时发生，其挥发出来的气体（如氨、游离酸）同样具有破坏力，且危害范围大，必须注意防范。

5. 毒性

石灰氮化肥具有毒性，且粉末容易飞扬，吸入呼吸器官、消化器官或接触皮肤过久，或飞入眼睛都能引起危害。铵态化肥挥发出的氨也有一定的毒害性，氨尤其刺激呼吸道和眼睛。

6. 结块性

化肥尤其是散装化肥容易因受潮、水湿变干或受重压、热融等原因而结成大块，甚至在散装化肥船舱内结块形成难卸的“山头”。袋装化肥往往因贮存时间过长而造成干燥结块和压实结块。化肥结块不仅造成减重降质，而且给运输、装卸带来困难。

7. 扬尘性

粉状化肥当包装破损或散装时具有扬尘性，如磷矿粉、过磷酸钙、石灰氮等。

8. 散发异味性

有的化肥有强烈的异味，如碳酸氢铵、氨水、石灰氨等化肥，尤其敏态化肥分解挥发出氨气时，异味更强烈。

（三）化肥的保管和运输

1. 化肥的保管

（1）防潮湿。碳酸氢铵易吸湿，造成氨挥发损失；硝酸铵吸湿性很强，易结块、潮解；石灰氨和过磷酸钙吸湿后易结块，影响施用效果。因此，化肥应存放在干燥、阴凉处，尤其碳酸氢铵储存时包装要密封牢固，避免与空气接触。

（2）防挥发。氨水、碳酸氢铵极易挥发，储存时要密封。氮素化肥、过磷酸钙严禁与碱性物质（石灰、草木灰等）混合堆放，以防氮素化肥挥发损失和降低磷肥的肥效。

（3）防受热。温度越高，化肥的潮解挥发和结块越严重（稳定性越差），因此储存仓库的温度应保持在 30 ℃以下。硝酸铵、硝酸钾等有助燃性，储存时不能和易燃物如煤油、汽油、秸秆、木屑等堆放在一起，以免引起火灾。

（4）防腐蚀。过磷酸钙有腐蚀性，应防止与皮肤、金属器具接触；氨水对铜、铁有强烈腐蚀性，宜储存于陶瓷、塑料、木制容器中。

2. 化肥的运输

（1）正确积载与隔离。化肥运输最好专船专舱装运，积载时必须防潮、防热及垫舱，还应隔离火源、防震和防有害杂质混入。化肥不得与食品混装混存，以免引起食物串味或中毒；不能与金属及其制品同舱，以免金属及其制品被锈蚀；不能与散湿货、清洁货、吸味货配装；酸性化肥不能与碱性化肥及其他碱性货物（如石灰、纯碱等）混存，以免发生中和作用；铵态化肥与碱性货物也不能接触，否则会分解放出氨气，降低肥效。

(2) 正确装卸。装卸有毒性、腐蚀性化肥时，应注意人身安全，做到工前不喝酒，卸前先通风，作业时穿戴防护品，站在上风口操作，工作完毕及时洗手、脸等，避免灼伤和中毒事故发生；装卸时禁用手钩，不使用钢丝网络等损坏运输包装的吊货工具；对结块的硝酸铵不能用铁质工具粉碎，应用木质工具；对结成“山头”的散装尿素等非危险品的化肥可采用机械或膨胀破碎剂粉碎，作业时要防倒塌伤；装卸时注意防雨防潮，作业完毕后要做好清扫工作。

(3) 防止受潮。大多数化肥都易溶于水，也易吸湿结块，因此应有完整并能防潮、防水的包装；用于堆装化肥的货舱（或仓库）以及所用的衬垫材料都必须干燥；装运化肥的货舱的舱盖板应完整和水密，污水沟应畅通；通过该舱内的管道应完好。此外，在船舶航行途中，应加强通风管理，严防因船体“出汗”而发生货损。

说一说

谈谈自己身边的植物应该用哪种化肥？

四、生皮

生皮是从屠宰后的动物上剥下的、未经鞣制成革的皮。生皮通常分为制革原料皮和毛皮原料皮，新鲜的生皮含有蛋白质、水分、类脂物和少量盐类。

（一）生皮的分类

1. 制革原料皮

(1) 按照防腐方式，可将制革原料皮分为鲜皮、盐干皮和干皮。

① 鲜皮。鲜皮是未经任何防腐处理，新鲜剥取的皮。鲜皮含有较高的水分和生物活性，需要尽快进行加工处理，以防止腐败变质。

② 盐干皮。盐干皮是经过盐腌处理的皮。盐分可以抑制微生物的生长，延长皮的保存时间。盐干皮加工前需要去除盐分，并进行适当的处理。

③ 干皮。干皮是经过自然干燥或人工干燥处理的皮，水分含量较低，易于保存和运输。干皮加工前需要进行回湿和软化处理。

(2) 按动物种类，可将制革原料皮分为牛皮、猪皮、羊皮和稀有皮类。

① 牛皮。牛皮质地坚韧，耐磨性好，常用于制作皮鞋、皮包、皮带等。

② 猪皮。猪皮柔软且富有弹性，常用于制作皮鞋、皮衣、手套等。

③ 羊皮。羊皮细腻柔软，透气性好，常用于制作高档皮衣、皮鞋等。

④ 稀有皮类。稀有皮类主要是少量的鳄鱼皮、鲨鱼皮、蛇皮等，常用于制作高档皮鞋、皮包等。

(3) 按照用途，可将制革原料皮分为硬革皮和软革皮。

① 硬革皮。硬革皮质地坚硬，耐磨性好，常用于制作皮鞋底、皮带、皮箱等。

② 软革皮。软革皮质地柔软，富有弹性，常用于制作皮鞋面、皮衣、皮包等。

2. 毛皮原料皮

毛皮原料皮一般分小毛细皮类、大毛细皮类、粗毛皮类和杂毛皮类四种。

(1) 小毛细皮类。小毛细皮类主要指黄狼皮、紫貂皮、扫雪皮(石貂皮)、水獭皮、灰鼠皮等。

(2) 大毛细皮类。大毛细皮类主要是狐狸皮、猞狸皮、麝鼠皮(水老鼠皮)、水貂皮等。

(3) 粗毛皮类。粗毛皮类主要指豹皮、羊羔皮以及狗皮、狼皮等。

(4) 杂毛皮类。杂毛皮类主要指猫皮、家兔皮等。

(二) 生皮的性质

1. 怕潮湿

生皮含有亲水性质的成分和皮纤维的毛细管作用，具有易湿性，受潮湿尤其是水湿后可能会促进细菌的繁殖，腐蚀皮层组织，从而发霉变质。

2. 感染性

如果生皮未经严格处理，在动物皮上，会经常存在多达 20 多种细菌，在 30 ℃—37 ℃时，生皮上的细菌繁衍速度极快，使生皮成分中的蛋白质、脂质分解腐败。

3. 怕热性

生皮受到高温或者日晒，会过度干燥，发生脆裂，受潮的生皮遇到高温会腐烂发臭，降低原料皮的质量。

4. 散发异味性

生皮具有强烈的刺鼻气味，经常在生皮上撒有杀虫药剂，也会散发异味。

(三) 生皮的保存

刚从动物胴体上剥下的生皮带有多种微生物，加之鲜皮含水量占总重量的一半以上，因此极易腐败，而且鲜皮内含有溶体，剥下后最初几小时内易发生自溶。因此，鲜皮如不能立即投入生产，就必须进行有效的防腐保藏。常用的保藏方法有干燥保藏法、盐腌保藏法、盐干保藏法、浸酸保藏法和冷冻保藏法。

1. 干燥保藏法

干燥保藏法即直接将鲜皮晾干或在高于室温的条件下干燥，但不适用于猪皮等含脂肪多的生皮。

2. 盐腌保藏法

盐腌保藏法即用食盐腌制鲜皮，盐腌保藏法又可分为撒盐法和盐水浸泡法。撒盐法是将食盐均匀地撒在鲜皮的肉面上，盐用量为皮重的 35%—50%；盐水浸泡法是将鲜皮放在 25%的食盐水中浸泡 16—24 小时后再撒盐保存。

练一练

尝试使用盐腌保藏法对猪皮保存。

3. 盐干保藏法

盐干保藏法是将生皮用盐腌过后再经干燥进行保藏。

4. 浸酸保藏法

浸酸保藏法通常以皮重 15%—20%的食盐和 1.5%—2.0%的硫酸降低皮层的

pH 值，多用于绵羊皮经脱毛、浸灰、脱灰后的裸皮的保藏。

5. 冷冻保藏法

冷冻保藏法即采用使鲜皮冻结的方法。冷冻保藏法会破坏生皮的组织结构，降低生皮的机械性能。

（四）生皮运输的注意事项

（1）运输生皮必须具有检疫证书。

（2）生皮应避免与液体货物及易散发水分的货物同舱装载。

（3）生皮应避免与易吸收气味的货物同舱装载。

（4）装载生皮的舱室应清洁、干燥，铺垫完整，污水沟畅通无阻。

（5）生皮装载应远离机舱等热源，且不宜装于深舱。

（6）生皮的装卸不能在雨雪天进行，搬运时严禁使用手钩，并避免摔、扔、拖等。

知识拓展

常见植物病害及防治

植物在生长过程中，可能会受到其他生物的侵染或遇到生长环境条件不适宜的情况，从而在生理上、组织上和形态上发生一系列反常的病理变化，并出现各种病态，致使不能正常地生长发育，最终表现为产量下降、品质降低，甚至导致植物死亡。

一、常见植物病害

1. 白粉病

白粉病常见于多种植物上，表现为叶片表面出现白色粉末状物质，影响植物的光合作用和呼吸作用。

2. 锈病

锈病是叶片上出现黄色或红褐色的锈斑，后期形成孢子堆，严重时会导致叶片枯死。

3. 叶斑病

叶斑病是叶片上出现大小不一的斑点，斑点颜色可能因病害种类而异，最终可能导致叶片枯黄脱落。

4. 枯萎病

枯萎病由真菌或细菌引起，发病突然，症状包括严重的点斑、凋萎，叶、花、果、茎或整株植物的死亡。

5. 炭疽病

炭疽病主要发生于叶片上，初期为红褐色小斑点，后期扩大并呈深褐色，严重时导致叶片枯死脱落。

6. 纹枯病

纹枯病主要发生在水稻上，危害叶鞘、叶片，严重时侵入茎秆并蔓延至穗部。

7. 稻瘟病

稻瘟病一般发生在水稻上，根据为害时期、部位不同分为苗瘟、叶瘟、节瘟、穗颈瘟、谷粒瘟。

二、常见植物病害的防治方法

（一）农业防治

1. 选用抗病品种

选择适应当地环境条件、抗病性强的植物品种进行种植，是预防植物疾病的重要措施。

2. 合理轮作与间作

通过轮作与间作，可以减少土壤中病原菌的积累，降低病害的传播风险。轮作可以中断病原菌的生命周期，间作则可以利用不同植物间的相互作用来抑制病原菌的生长。

3. 加强田间管理

改善种植环境，如保持适宜的土壤湿度、合理施肥、及时排水等，可以增强植物的抗逆性；及时清除病株和病残体，可以减少病原菌的侵染源。

4. 调整种植密度

保持适宜的种植密度，有利于通风透光，减少病害的发生。

（二）生物防治

1. 利用天敌和生物制剂

利用天敌，如捕食性昆虫、寄生性昆虫等来控制害虫的数量，从而减少害虫对植物的危害；使用生物制剂，如细菌、真菌、病毒等微生物制剂来防治植物病害，这些制剂对病原菌具有专一性，对环境友好。

2. 间套种与生物多样性

通过间套种不同作物，可以增加生物多样性，从而抑制病原菌的生长和传播。

（三）化学防治

1. 使用化学农药

在病害严重或无法用其他方法控制时，可以使用化学农药进行防治。注意选择适宜的农药种类和使用浓度，避免对植物和环境造成危害；严格按照农药的使用说明进行喷洒，确保防治效果。

2. 注意农药的安全使用

在使用农药时，要做好个人防护，避免农药中毒；农药使用后，要及时清洗喷洒工具，避免农药残留。

（四）其他防治方法

1. 物理防治

利用物理方法，如高温、低温、射线、超声波等来处理植物或土壤，以杀死病原菌或抑制其生长。

2. 综合防治

综合运用农业防治、生物防治和化学防治等多种手段，形成防治合力，提高防治效果；根据植物的生长周期和病害的发生规律，制订科学的防治计划，确保防治工作的针对性和有效性。

案例分析

一、案例背景

某日，某地区煤炭场的仓库区域发生火灾，火灾迅速蔓延至整个仓库区域，造成严重的破坏和损失，数名工人和现场管理人员受伤，并带来重大经济损失。

二、事故原因

（一）煤炭堆储不当

仓库内煤炭堆储未能按照规范进行，导致煤炭之间的通风不畅；煤堆直接靠近设备和输煤机械，增加了火灾发生的风险。

（二）设备故障

输煤机械在火灾发生时出现故障，加速了火势的蔓延；输煤机械长期运行且维护保养不足，设备老化情况严重。

（三）防火措施不完善

煤炭场的防火设施基本处于停滞状态，未能保持良好的工作状态；现场作业人员对安全管理的重视程度不够，存在禁烟区域吸烟等违规行为。

三、案例启示

（一）加强煤炭堆储的规范化管理

确保库房内煤炭的堆储符合相关规范要求，保持通风畅通，防止产生火灾隐患；要求员工在堆储煤炭时遵守规定的安全距离。

（二）定期检修和维护设备

对输煤机械等关键设备进行定期检修和维护，确保设备的正常运行；引入先进的设备维护技术，确保设备处于最佳状态。

（三）完善防火设施和管理

加强对防火设施的维护和管理，确保设施处于良好状态，一旦发生火灾能够迅速控制；建立完善的防火值班制度，及时发现并排除火灾隐患。

（四）提高员工安全意识

加强员工的安全教育和培训，提高员工对安全管理的重视程度；严禁在禁烟区域吸烟等违规行为，确保生产环境的安全稳定。

（五）制订应急预案

煤炭企业应制订完善的应急预案，明确火灾等突发事件的应对流程和措施；一旦发生火灾等事故，要及时向上级主管部门报告，启动应急预案，减少事故造成的损失。

实训任务

实训项目：制订生皮仓储虫害处理与控制实训方案。

实训目标：掌握仓储虫害处理与控制工作流程和工作职责。

实训内容：

某地仓库位于城市城郊，周围都是农田及农村居住区，××年×月，仓库管理员在检查时发现，生皮仓内有货品破损现象，在仓库门口还发现了鼠类粪便的踪迹。针对虫害问题的严重性，公司要求立即制订虫害控制方案。

实训要求：制订虫害处理和控制方案，并进行小组汇报。

评分要点：评分要点如表 6-3 所示。

表 6-3　“制订生皮仓储虫害处理与控制实训方案”评分要点

序号	评分要点	分值	得分
1	对虫害类型及习性判别正确	15	
2	对虫害来源分析正确	20	
3	制订的虫害防治方式合理	30	
4	制定的整治方案得当	25	
5	小组分工明确，成员参与度高	10	
合计		100	

项目七

特殊货物

项目导学

- 特殊货物
  - 任务一　特殊货物认知
    - 特殊货物的概念
    - 特殊货物的分类
  - 任务二　危险货物
    - 危险货物概述
    - 危险货物的积载与隔离
  - 任务三　冷藏货物
    - 认知冷藏货物
    - 冷藏货物的储存
    - 冷藏货物的运输

任务一　特殊货物认知

建议教学时数：2

学习目标

1. 知识目标

(1) 掌握特殊货物的概念；

(2) 掌握特殊货物的分类；

(3) 了解特殊货物分类的条件。

2. 能力目标

(1) 能够正确区分特殊货物和普通货物；

(2) 能够根据条件正确识别特殊货物。

3. 素质目标

(1) 培养学生安全规范的意识；

(2) 培养学生认真负责的工作态度；

(3) 培养学生勇于担当的职业精神。

案例导入

石质骨灰盒运输受损谁之过？

据中国日报网站消息：一个新近在耶路撒冷出土、刻有“耶稣”字样的2000年前的石质骨灰盒，在空运往加拿大多伦多市一家博物馆展出的途中受损，盒体出现裂缝。加拿大皇家安大略博物馆官员表示，该骨灰盒从以色列特拉维夫市启程，途经纽约，当地时间11月2日抵达多伦多，准备首次向公众展示。但是当工作人员打开时，发现在骨灰盒的正面、背面和底部出现了几道裂痕。博物馆馆长丹·莱西米说：“一定是在运输过程中产生了某种接触，或者某种损害，我们现在还无法解释，但是盒子外部不仅原有的裂缝扩大了，还出现了新的裂缝。”

案例思考

1. 案例中的石质骨灰盒是普通货物吗？为什么？
2. 该石质骨灰盒在运输中有哪些注意事项？

分析提示

相关知识

一、特殊货物的概念

特殊货物是指因本身性质、价值、体积或是重量而对装卸、运输、保管有特殊要求的货物，如危险货物、贵重货物、鲜活易腐货物、冷藏货物、活动物、重大件货物等。

对于特殊货物的运输，必须严格按照运输部门的有关规定，根据不同的性能、价值、体积、重量等特点，采取不同的措施和特殊的运输方式，加强包装和标记、监装监卸等环节，确保货物的安全运输。

想一想

日常生活中有哪些特殊货物？

二、特殊货物的分类

（一）贵重货物

贵重货物是指价值高，在运输过程中需要特别保护的货物。对于运输的一票货物中含有下列一种或多种物品的，均称为贵重货物。

（1）运输声明价值毛重每千克超过（或等于）1 000 美元的任何物品。

（2）黄金（包括提炼或未提炼过的金锭）、混合金、金币以及各种形状的黄金制品；白金类稀有贵重金属（钯、铱、铑、钌、锇等）和各种形状的铝合金制品。

（3）法定的银行钞票、有价证券、股票、息票、旅行支票及邮票。

（4）钻石（包括工业用钻石）、红宝石、蓝宝石、绿宝石、蛋白石、珍珠（包括养殖珍珠），以及镶有上述钻石、宝石、珍珠等的饰物。

（5）金、银等材料制作的珠宝饰物和手表。

（6）金、铂制品（不包括镀金、镀铂制品）。

练一练

下列货物属于贵重货物的是（　　）。

A. 有价证券　　B. 古董　　C. 黄金　　D. 人造钻石

（二）危险货物

危险货物是指具有杀伤、燃烧、爆炸、腐蚀、毒害以及放射性等危险特性，在生产、经营、运输、储存、使用和处置中容易造成财物损毁、人身伤亡或环境污染等社会危害的物品。

（三）活体动物

活体动物不同于其他货物，由于活体动物对环境的变化敏感性很强，在运输中应严格按照有关活体动物运输规则组织运输。国际航空运输协会（IATA，简称“国际航协”）发布的《活体动物规则》包括了有关活体动物运输的各项内容，如包装种类、操作和仓储标准等，目的是保证活体动物能安全到达目的地。下面以活体动物航空运输为例，介绍一下收运活体动物的基本条件和运输条件。

1. 收运活体动物的基本条件

(1) 交运的动物必须健康状况良好，无传染病，并具有卫生检疫证明。

(2) 托运人必须办妥海关手续，根据有关国家的规定，办妥进出口和过境许可证，以及目的地国家所要求的一切文件。

(3) 妊娠期的哺乳动物，一般不予收运，除非兽医证明动物在运输过程中无分娩的可能，方可收运，但必须对此类动物采取防护措施。

(4) 对于动物与尚在哺乳期的幼畜同时交运的情况，只有大动物与幼畜可以分开时，方可收运。

(5) 有特殊不良气味的动物，不予收运。

2. 活体动物的运输条件

(1) 必须在订妥全程舱位之后方可收运。

(2) 活体动物运输不办理运费到付。

(3) 活体动物运输应尽量利用直达航班，如无直达航班，尽量选择中转次数少的航班。

(4) 活体动物在运输过程中，由于自然原因而发生的病、伤或死亡，承运人不负责任，除非证明由于承运人造成的责任。

(5) 由于托运人的过失或违反承运人的运输规定，致使活体动物在运输过程中造成对承运人或第三者的伤害或损失时，托运人应负全部责任。

(6) 动物在运输途中或到达目的地后死亡(除承运人的责任事故外)所产生的一切处理费用，应由托运人或收货人承担。

(四) 骨灰、灵柩

1. 骨灰托运的要求

骨灰应当装在封闭的塑料袋或其他密封容器内，外面加木盒，最外层用布包装。

2. 灵柩托运的条件

(1) 托运人应当凭医院出具的死亡证明及有关部门出具的准运证明，并事先与承运人联系约定。

(2) 尸体无传染性。

(3) 尸体经过防腐处理，并在防腐期限以内。

(4) 尸体以铁质棺材或木质棺材为内包装，外加铁皮箱和便于装卸的环扣。棺内铺设木屑或木炭等吸附材料，棺材应当无漏缝并经过钉牢或焊封，确保气味及液体不致外溢。

(5) 在办理托运时，托运人须提供殡葬部门出具的入殓证明。

(五) 超大超重货物

超大货物一般是指需要一个以上集装板方能装下的货物，这类货物的运输需要特殊处理程序以及装卸设备。超重货物一般是指每件超过 150 kg 的货物，航空运输最大允许货物的质量取决于飞机的机型(飞机地板承受力)、机场设施以及飞机在地面停站的时间。

1. 超大超重货物的收运条件

(1) 订舱。如果一票货物包括一件或几件超大超重货物，订舱时应说明货物的质量和尺寸，并在货运单内单独列明，承运人可提前制订装载计划并准备必要的固定设施。

(2) 包装。托运人所提供的包装应便于承运人操作，如托盘、吊环等，必要时应注明中心位置。

2. 超大超重货物的运输条件

(1) 确保货物内部不含有危险性的物品(如电池、燃油)，如果有此类物品，应按有关危险品规定来处理。

(2) 托运人应提供装卸超大超重货物的设施。

(3) 超重货物应尽量装在集装器的中间位置。

说一说

生活中，有哪些货物属于超大超重货物？

知识拓展

几种特殊货物运输的特殊要求

一、活体动物运输的特殊要求

活体动物运输必须符合国家有关规定，并出具当地县级(含)以上检疫部门的免疫注射证明和检疫证明书；托运属于国家保护的动物，还须出具有关部门的准运证明；托运属于市场管理范围的动物要有市场管理部门的证明。托运人托运动物，应当事先与承运人联系并定妥舱位；办理托运手续时，须填写活体动物运输托运申明书；需要专门护理和喂养或者批量大的动物，应当派人押运。动物的包装，既要便于装卸，又要适合动物特性和空运的要求，防止动物破坏、逃逸和接触外界，底部有防止粪便外溢的措施，保证通风，防止动物窒息。动物的外包装上应当标明照料和运输的注意事项。

托运人和收货人应当在机场交运和提取动物，并负责动物在运输前和到达后的保管；有特殊要求的动物装舱，托运人应当向承运人说明注意事项或在现场进行指导；承运人应当将动物装在适合载运动物的飞机舱内；动物在运输过程中死亡，除承运人的过错外，承运人不承担责任。

根据货物的性质，在运输过程中需要专人照料、监护的货物，托运人应当派人押运，否则承运人有权不予承运；押运货物须预先订妥舱位；押运员应当履行承运人对押运货物的要求并对货物的安全运输负责；押运员应当购买客票和办理乘机手续；托运人派人押运的货物损失，除证明是承运人的过失造成的以外，承运人不承担责任；经证明是由于承运人的过失造成的，按活体动物运输赔偿条例，承运人或承包人应承担相应赔偿；承运人应当协助押运员完成押运任务，并在押运货物包装上加“押运”标贴；在货运单储运注意事项栏内注明“押运”字样并写明押运的日期和航班号。

二、贵重货物运输的特殊要求

（一）黄金、珠宝、钻石等贵重货物的运输要求

黄金、珠宝、钻石等贵重货物，一般货代是无法处理的，要找专业处理贵重货物的代理，因为他们有一整套专门为贵重货物量身定做的方案，而且要兼顾安全和隐私问题。贵重货物最后装机，通常要有航空公司人员护送或者代理护送，直接送到机底，货物连同护送人员一同上机；如果贵重货物体积不大，就会被放到一个手提箱里面，用手铐把护送人员的手和手提箱铐在一起来保证安全。一般贵重货物都不会装在货机上，因为缺少人的监控，比较容易出问题。

（二）其他类型的贵重货物的运输要求

其他类型的贵重货物，如货值比较高的高科技电子产品，也需要单独打板。这些货物的空运费用比较高昂，对始发站、中转站和目的地的安全要求比较高，全程必须有监控。

三、特种管制物品运输的要求

枪支、警械（简称枪械）是特种管制物品；弹药是特种管制的危险物品。托运时应当出具下列证明：

(1) 托运人托运各类枪械、弹药必须出具出发地或运往县、市公安局核发的准运或国家主管部委出具的许可证明。

(2) 进出境各类枪支、弹药的国内运输必须出具边防检查站核发的携运证；枪械、弹药包装应当是出厂原包装，非出厂的原包装应当保证坚固、严密、有封志；枪械、弹药要分开包装；枪械、弹药运输的全过程要严格交接手续。

查一查

特殊货物运输的法律法规有哪些？

案例分析

一、案例背景

某年3月29日18时50分许，一辆罐式半挂车行至京沪高速公路沂淮江段南行线，左前轮爆胎，车辆方向失控后撞毁中央护栏，冲向对向车道，侧翻在北行线行车道内。对面货车紧急避让不及，货车车体左侧与侧翻的罐车顶部发生碰刮，致使位于槽罐颈部的液相阀、气相阀八根螺丝全部断裂，液相阀、气相阀脱落，液氯发生泄漏。

二、问题分析

事故发生的直接原因是槽罐车使用报废轮胎，致使车辆左前轮爆胎。事故发生的间接原因是押运员王某缺乏应有的工作资质。

三、案例启示

进行危险货物道路运输的企业必须获得道路危险货物运输的许可，有符合要求的专用车辆及设备、停车场地、从业人员和安全管理人员，有健全的安全生产管理制度。道路危险货物运输时，驾驶人员、装卸管理人员和押运人员上岗时应当随身携带从业资格证。道路危险货物运输企业或者单位应当通过岗前培训、例会、定期学习等方式，对从业人员进行经常性安全生产、职业道德、业务知识和操作规程的教育培训。

实训任务

实训项目：制订贵重货物的运输方案。

实训目的：掌握贵重货物的判断标准。

实训内容：

背景资料：某物流公司是一家大型第三方物流企业，具有贵重货物的运输资质。春节前夕，该物流公司接到一笔运输贵重货物的订单，要求将货物从新疆运往广州。为了顺利将该批货物运至目的地，须完成以下工作：

(1) 确定该批贵重货物的种类；

(2) 了解贵重货物运输时的包装要求；

(3) 为贵重货物选择合理的运输包装；

(4) 确定运输的车辆；

(5) 明确运输和装卸的要求；

(6) 选择合理的运输路线；

(7) 制订该批货物的运输方案。

实训要求：根据判断标准确定贵重货物的种类，选择合适的运输包装材料、运输车辆等；合理规划运输路线，确定运输的过程；制订货物从新疆至广州的运输方案；小组展示汇报。

评分要点：评分要点如表 7-1 所示。

表 7-1 “制订贵重货物的运输方案”评分要点

序号	评分要点	分值	得分
1	对贵重货物种类的判断正确	10	
2	运输包装材料和器具选择正确	25	
3	运输车辆选择正确	20	

续表

序号	评分要点	分值	得分
4	贵重货物积载和隔离正确	25	
5	运输路线最优	10	
6	运输方案完善	10	
合计		100	

任务二 危险货物

建议教学时数：6

学习目标

1. 知识目标

(1) 理解危险货物的分类和特征；

(2) 掌握危险货物的包装标志；

(3) 理解危险货物隔离和积载方式；

(4) 掌握危险货物运输和储存的基本要求。

2. 能力目标

(1) 能够运用危险货物特性进行分类；

(2) 能够区分不同危险货物的包装标志；

(3) 能够运用危险货物运输的基本要求进行运输。

3. 素质目标

(1) 培养学生的安全意识和环保意识；

(3) 树立遵纪守法的社会责任感。

案例导入

危险品爆炸事故谁之过?

某年8月12日，A市瑞海国际物流公司危险品仓库发生特别重大火灾爆炸事故。爆炸事故发生的第二天，公安部消防局官方微博发布消息称，该堆场存放有四大类、几十种易燃易爆危险化学品。根据公开信息对事故发生过程进行推测，认为爆炸前经历了以下过程：

(1) 硝化棉或者硫化钠自燃，并点燃了可燃液体、可燃固体。

(2) 港口消防队接警赶到，但是没有被告知现场存在与水不相容的危险化学品。

(3) 在灭火过程中，因为集装箱中的碱金属钾、钠和硅化钙(硅钙合金)遇水放出可燃气体，导致燃烧更猛烈，并发生爆炸。

(4) 可燃液体火势未被控制，液体瞬间沸腾，形成BLEVE(沸腾液体蒸气爆炸)或者VCE(蒸气云爆炸)；在可燃蒸气爆炸过程中，不排除压缩气体罐爆炸；从爆炸火焰可观察到流星一样的大团抛射状物，疑为金属燃烧爆炸。

(5) 硝酸铵和其他硝酸盐参与爆炸。

分析提示

案例思考

1. A 市“8·12”危险品爆炸事故的原因是什么？

2. 我们应如何避免此类事故的发生？

相关知识

一、危险货物概述

（一）危险货物的概念

危险货物的概念在项目一任务二中已有介绍，这里不再赘述。危险货物品名以列入国家标准《危险货物品名表》(GB 12268—2012)的为准，未列入《危险货物品名表》的，以有关法律、行政法规的规定或者国务院有关部门公布的结果为准。

说一说

生活中常见的危险货物有哪些？

（二）危险货物的分类和特性

《国际海运危险货物运输规则》将危险货物分为 9 类，即第 1 类爆炸品，第 2 类特殊气体，第 3 类易燃液体，第 4 类易燃固体、易自燃物质和遇水放出易燃气体的物质，第 5 类氧化物质(氧化剂)和有机过氧化物，第 6 类有毒(毒性)物质和感染性物质，第 7 类放射性物质，第 8 类腐蚀性物质，第 9 类杂类危险物质。

1. 爆炸品

《危险货物分类和品名编号》(GB 6944—2012)将爆炸品定义为：含有一种或几种爆炸性物质的物品。定义中的“爆炸性物质”是指固体或液体物质或混合物，自身能够通过化学反应产生气体，其温度、压力和速度高到能对周围环境等造成破坏。

危险爆炸品一般是指发生化学性爆炸的物品。本类化学品主要是指在外界作用(如受热、受压、撞击等)下，能发生剧烈的化学反应，瞬时产生大量的气体和热量，使周围压力迅速上升，从而发生爆炸，对周围环境造成破坏的物品。爆炸品也包括无整体爆炸危险，但具有燃烧、抛射及较小爆炸危险的物品，或仅产生热、光、声响或烟雾等一种或几种作用的烟火物品，如火药、炸药、烟花爆竹等都属于爆炸品。

(1) 爆炸品的分类。爆炸品主要分为以下几类。

① 具有整体爆炸危险的物质或物品，如起爆药、爆破雷管、黑火药、导弹等。

② 具有抛射危险，但无整体爆炸危险的物质或物品，如无引信炮弹、照明弹、枪弹、火箭发动机等。

③ 具有燃烧危险和较小爆炸或较小抛射危险或者两者兼有但无整体爆炸危险的物质或物品，如导火索、燃烧弹药、烟幕弹药、C 型烟火等。

④ 无重大危险的物质或物品，如演习手榴弹、安全导火索、礼花弹、烟花爆竹、手操信号装置等。

⑤ 具有整体爆炸危险但极不敏感的物质或物品，如 E 型或 B 型引爆器、铵油、铵沥蜡炸药等。

(2) 爆炸品的危险性特征。爆炸性是一切爆炸品的主要特征，这类物品都具有化学不稳定性，在一定外界因素的作用下会发生猛烈的化学反应。危险爆炸品主要有以下特点。

① 敏感性。爆炸品爆炸所需的最小起爆能即为该爆炸品的敏感度。摩擦、撞击、震动、高热，都有可能给爆炸物爆炸提供足够的起爆能。因此，爆炸品必须严格远离发热源，避免发生剧烈撞击和摩擦，做到轻拿轻放。

② 毒性。有些爆炸品如梯恩梯、硝化甘油、苦味酸、雷汞等本身具有一定的毒性，发生爆炸时会产生一氧化碳、二氧化碳、一氧化氮、二氧化氮、氰化氢、氮气等有毒或窒息性气体，使大量有害物质外泄，造成人员中毒、窒息和环境污染。

③ 反应性。有些危险爆炸品与某些化学品反应可能生成更容易爆炸的化学品。如苦味酸遇某些碳酸盐能反应生成更易爆炸的苦味酸盐；苦味酸受铜、铁等金属撞击，可立即发生爆炸。

④ 静电聚集性。危险爆炸品大多是电的不良导体，在包装、运输过程中容易产生静电，一旦发生静电放电也可引起爆炸。

⑤ 化学反应快速性。危险爆炸品一般在极短的时间内完成化学反应，由于爆炸能量在极短时间放出，因此具有巨大的破坏力，如 1 千克硝铵炸药能在十万分之三秒内爆炸。

⑥ 高温性。危险爆炸品爆炸时产生大量的热量，中心温度可达数千摄氏度。

⑦ 高压性。爆炸时产生大量气体，造成高压，形成的冲击波对周围建筑物有很大的破坏性。

由于爆炸品具有敏感性、毒性、反应性、静电聚集性、化学反应快速性等特性，因此在储运过程中要避免摩擦、撞击、颠簸、震荡，严禁与氧化剂、酸、碱、盐类、金属粉末和钢材料器具等混储混运。

危险品押运员的岗位职责

议一议

我们生活中有哪些易燃易爆品？这些物品该如何妥善保管？

2. 特殊气体

本类危险货物包括永久性气体(在环境温度下不能液化的气体)、液化气体(在环境温度下经加压能成为液体的气体)、可溶气体及深度冷却的永久性气体(在低温下加低压液化的气体)。

(1) 特殊气体的分类。特殊气体按其危险性可分为易燃气体、非易燃气体、有毒气体。

① 易燃气体。这类气体自容器中溢出与空气混合，当其浓度达到爆炸极限时，如被点燃，便能引起爆炸及火灾。常见的易燃气体有氢气、甲烷、沼气、天然气、煤

气、瓦斯等。

② 非易燃气体。这类气体中有的本身不能燃烧，但能助燃，一旦和易燃物品接触，极易引起火灾；有的非易燃气体有窒息性，若处理不当，会引起人畜窒息。常见的非易燃气体有氧气、氮气、二氧化碳、氯气等。

③ 有毒气体。这类气体的毒性很强，若吸入人体内，能引起中毒；有些有毒气体还有易燃、腐蚀、氧化等特性。常见的有毒气体有环氧乙烷、二氧化硫、液氨、一氧化碳等。

(2) 特殊气体的危险特性。特殊气体的危险特性主要有以下几点。

① 易燃易爆性。易燃气体的主要危险性是易燃易爆性，所有处于燃烧浓度范围之内的易燃气体，遇火源都可能发生着火或爆炸，有的易燃气体遇到极微小能量着火源的作用即可引爆。易燃气体着火或爆炸的难易程度，除受着火源能量大小的影响外，主要取决于其化学组成，而其化学组成又决定着气体燃烧浓度范围的大小、自燃点的高低、燃烧速度的快慢和发热量的多少。

② 腐蚀性。一些含氢、硫元素的易燃气体具有腐蚀性，如硫化氢、硫氧化碳、氨、氢等气体都能腐蚀设备，削弱设备的耐压强度，严重时可导致设备系统裂隙、漏气，甚至引起火灾等事故。目前危险性最大的气体是氢，氢在高压下能渗透到碳素中去，使金属容器发生"氢脆"。因此，对盛装这类气体的容器，需要采取一定的防腐措施。

③ 窒息性、麻醉性和毒性。如氮气大量溢出，会因冲淡空气中氧气的含量而影响人畜正常的呼吸，严重时会因缺氧而窒息。

想一想

家用天然气漏气着火时应该怎么办？

3. 易燃液体

易燃液体是指易于挥发和燃烧的液态物质。易燃液体及其所挥发的可燃气体，遇火迅速燃烧；所挥发的可燃气体在空气中的浓度达到爆炸极限时，遇火星即发生爆炸；存放密闭容器中的易燃液体，受热后能使容器爆裂而引起燃烧；大量可燃气体扩散到空气中，使人畜中毒或窒息。

(1) 易燃液体的分类。易燃液体按其闪点大小分为三种类型。

① 一级易燃液体。一级易燃液体闪点＜−18 ℃，如汽油、乙醛、丙酮、乙醚、甲胺水溶液等。

② 二级易燃液体。二级易燃液体的闪点在−18 ℃(含)至23 ℃之间(−18 ℃≤闪点＜23 ℃)，如石油醚、石油原油、石脑油、正庚烷及其异构体等。

③ 三级易燃液体。三级易燃液体的闪点在23 ℃(含)至61 ℃之间(23 ℃≤闪点＜61 ℃)，如煤油、松节油、照相用清除液、涂底液、医用碘酒等。

(2) 易燃液体的危险特性。易燃液体的危险特性主要有以下几点。

① 易燃性。易燃液体的燃烧是通过其挥发的蒸气与空气形成可燃混合物，可燃混合物达到一定的浓度后遇火源而实现的，这种燃烧实质上是液体蒸气与氧发生的

氧化反应。由于易燃液体的沸点都很低，很容易挥发出易燃蒸气，其着火所需的能量极小，因此具有高度的易燃性。

② 挥发性。易燃液体具有较高的挥发性，会在空气中快速挥发，形成可燃性气体，引起火灾或爆炸危险。

③ 毒性。易燃液体大多本身（或蒸气）具有毒害性，可以通过皮肤吸收，进入人体内部，对人体健康造成潜在的危害。

④ 腐蚀性。易燃液体具有较强的腐蚀性，可以腐蚀金属、塑料、玻璃等材料，进而破坏设备，造成安全隐患。

⑤ 环境污染性。易燃液体具有较强的环境污染性，可以污染土壤、水体，破坏生态环境，对人类健康造成潜在的危害。

查一查

挥发性液体的种类和腐蚀性液体的种类有哪些？

4. 易燃固体、易自燃物质和遇水放出易燃气体的物质

本类危险货物是指除化学爆炸品以外的，在运输情况下易于燃烧或者可能引起火灾的物质。

(1) 易燃固体。易燃固体是指燃烧点低，遇火、受热、撞击、摩擦或与氧化剂接触后，极易引起急剧燃烧或爆炸的固态物质。有些易燃固体发生燃烧时还会放出有毒气体，一般多为化工产品，如赤磷、镁粉等。

(2) 易自燃物质。易自燃物质是指在正常运输条件下易自发地放热或与空气接触发生温度升高的现象，从而易着火的物质。《国际海运危险货物规则》将易自燃物质列为第 4.2 类危险货物，此类液体或固体物质的自燃点低，且能自行发热，当热量积聚使其温度到达自燃点时，不需要外界明火即能自行燃烧，如黄磷、未经抗氧剂处理的鱼粉等。

(3) 遇水放出易燃气体的物质。遇水放出易燃气体的物质是指遇水或受潮时，发生剧烈化学反应，放出大量易燃气体和热量的物质。遇水放出易燃气体的物质的危险特性是与水或潮湿空气中的水分能发生剧烈化学反应，放出易燃气体和热量；与酸反应比与水反应更加剧烈，极易引起燃烧爆炸；有些遇湿易燃物品本身易燃或放置在易燃的液体中，一旦遇火种、热源也有很大的危险。

5. 氧化物质(氧化剂)和有机过氧化物

(1) 氧化物质(氧化剂)。氧化物质(氧化剂)是指本身未必燃烧，但可释放出氧，可能引起或促使其他物质燃烧的一种化学性质比较活泼的物质。氧化物质(氧化剂)也指在无机化合物中含有高价态原子结构的物质和含有双氧结构的物质，其本身一般不会燃烧，如过氧化氢、过氧乙酸、重铬酸钠、铬酸、硝酸、高锰酸钾、过硫酸铵、次氯酸钠、溴、碘等都是氧化剂。

氧化物质(氧化剂)的危险特性：氧化剂与可燃物质，如糖、面粉、食油、矿物油等混合后易于点燃；有时甚至因摩擦或碰撞而着火，混合物会剧烈燃烧并导致爆炸；多

数氧化剂和液体酸类会发生剧烈反应，散发有毒气体；有些氧化剂具有毒性或腐蚀性，既能灼伤皮肤，还能致人中毒。

(2) 有机过氧化物。有机过氧化物是指分子组成中含有过氧基的有机物，其本身易燃易爆、极易分解的物质。

有机过氧化物的危险特性：一是氧化性，有机过氧化物由于含有过氧基，表现出强烈的氧化性能，绝大多数都可以作氧化剂；二是分解易爆性，有机过氧化物的分解产物是气体或易挥发物质，再加上可提供氧气易发生爆炸分解；三是易燃性，有机过氧化物本身是易燃的，而且燃烧迅速，可快速转化为爆炸性反应；四是敏感性，有机过氧化物中的过氧基是极不稳定的结构，对热、震动、碰撞、冲击或者摩擦都极为敏感，轻微的外力作用时就有可能发生分解爆炸；五是伤害性，有机过氧化物容易伤害眼睛，对皮肤具有腐蚀性，会对人体造成危害。

6. 有毒(毒性)物质和感染性物质

(1) 有毒(毒性)物质。有毒(毒性)物质是指被吞咽、吸入或与其接触易于造成死亡、重伤害或其他损害人体健康的物质。有毒(毒性)物质包括化学性毒物和生物性毒物两大类，化学性毒物如药物、工业毒物、军用毒物等，生物性毒物又分动物性毒物(如蛇毒、河豚毒等)和植物性毒物(如苦杏仁、毒蘑菇等)。

(2) 感染性物质。感染性物质是指含有微生物或其毒气会引起或有可能引起人或动物疾病的物质，对人或者动物都具有危害性。

7. 放射性物质

放射性物质是指能自然地向外辐射能量、发出射线的物质，其放射性比活度大于 70 kBp/kg 的物质。放射性物质一般都是原子质量很高的金属，如钚、铀等。

放射性物质放出的射线有 α 射线、β 射线、γ 射线及中子流 4 种。所有放射性物质由于会放射出对人体造成伤害但又看不见的射线，因此都具有或大或小的危险性。

8. 腐蚀性物质

腐蚀性物质是指通过化学作用使生物组织接触时会造成严重损伤，或在渗漏时会严重损害甚至毁坏其他货物或运载工具的固体或液体。

常见的腐蚀性物质有浓硫酸、浓硝酸、氢氟酸、高氯酸、五氧化二磷、四氯化硅、盐酸、氢溴酸、氢碘酸、甲酸、三氯乙酸、乙酸、氢氧化钾、氢氧化钠、硫化钠、硫化钾、氨水、甲胺、乙胺、高锰酸钾、重铬酸钾、过氧化钠、过氧化氢等，以及一些活泼非金属、活泼金属等。

腐蚀性物质的危险特性：具有强腐蚀性及刺激性，一旦触碰对人体伤害严重；对与其接触的物品会有不同程度的腐蚀；很多腐蚀性物质具有不同程度的毒性，有些能产生或挥发有毒气体而引起中毒。

烟花爆竹运输的注意事项

9. 杂类危险物质

杂类危险物质通常用于描述那些不属于明确分类(如爆炸品、易燃液体、氧化剂等)但仍具有潜在危险性的物质。杂类危险物质的危险特性可能多种多样，不局限于某一特定类别，如易燃易爆性、腐蚀性、毒性、氧化性等。

议一议

日常生活中有哪些物质具有放射性？

二、危险货物的积载与隔离

（一）危险货物的积载

1. 危险货物积载的含义

危险货物积载是指根据国际、国内相关法规和标准，对船舶、飞机、车辆等运输工具中的危险货物进行科学合理的装载、隔离、固定和堆放的过程。其核心目的是确保运输安全，防止危险货物在运输过程中因泄漏、反应、燃烧或爆炸等引发事故。

2. 危险货物积载的一般要求（以水运为例）

(1) 危险货物的积载方式。

除爆炸品之外，水运危险货物的积载方式如表 7-2 所示。

表 7-2　水运危险货物的积载方式

积载方式	积载类 A	积载类 B	积载类 C	积载类 D	积载类 E
货船	舱面或舱内	舱面或舱内	只限舱面	只限舱面	舱面或舱内
客船	舱面或舱内	只限舱面	只限舱面	禁止装运	禁止装运

根据积载类别，如允许舱面或舱内积载的危险货物，应尽量在舱内积载，在下列情况下选择在舱面积载：

① 要求经常查看的货物。

② 因特殊要求需接近检查的货物。

③ 能形成爆炸性混合气体、产生剧毒蒸气或对船舶有严重腐蚀作用的物质。

(2) 危险货物的积载要求。

危险货物的积载要求主要有以下几点：

① 装载危险货物的场所应清洁、干燥、通风良好，舱内不得留有酸、碱、煤、棉、油脂及有机物。

② 由于危险货物意外事故的突发可能影响到全船，因此那些需要在短时间内撤离大量人员的“其他客船”不得载运某些具有特殊危险的货物。

③ 如果危险货物有可能在货舱内发生溢漏，应采取预防措施，防止通过舱内的污水管路造成溢物的不当排放。

④ 危险货物包件堆积的最低高度是 3 m，在考虑到积载支撑程度和加固等情况下，允许船长自行选择较高的积载。

⑤ 危险货物在舱面积载时，应不影响船舶的安全操作和设施的正常使用，要保

证消防栓及其他类似设备和通道不受影响；甲板上货物应与消防栓、测深管道等设施保持一定的距离；货物要绑扎牢固，防止移动。

⑥ 对具有特殊危险的货物应按特殊要求进行积载。

⑦ 对于有毒气体、有腐蚀性的气体或蒸气，应避开生活居住处积载；标有有毒物品标志的货物或其他有感染性、放射性物质，应避开生活区或食品而积载；装运爆炸品和放射性物品时应做到最后装、最先卸，装毕即开航。

⑧ 标有海洋污染物标志的货物，如果允许在舱面或舱内积载，除非在露天甲板能提供等效的防护，否则应选择舱内积载。

（二）危险货物的隔离

1. 危险货物隔离的含义

危险货物隔离是将两个或多个不相容的物质或物品分开的过程。由于这些货物包装或积载在一起时，一旦发生泄漏、溢出或其他事故，会产生不必要的危险，因此隔离是危险品运输和储存时重要的安全措施，可以防止不同危险货物之间以及危险货物与所处环境之间发生物理或化学变化与反应，从而降低货物本来质量，使危险货物危险性加大或产生新的危险性，保证货物及财产、人员等的安全。

2. 危险货物隔离的原则

(1) 性质不相容的货物应进行有效的隔离。

(2) 某种特殊货物与助长其危险性的货物不能配装。

(3) 易燃物品与遇火可能爆炸的货物不能配装。

(4) 性质相似但消防方法不同的货物不能配装。

(5) 性质相似但危险性大、发生事故后不易扑救的货物不能混装。

(6) 同类物质可积载在一起而不必考虑危险性的隔离要求，条件是这些物质不会相互发生危险反应和引起燃烧或产生大量的热，不会产生易燃、有毒或令人窒息的气体，不会生成腐蚀性物质或不稳定物质。

知识拓展

危险货物的储存和运输

一、危险货物的储存

（一）危险货物的储存场所要求

储存危险货物的建筑物不得有地下室或其他地下建筑，耐火等级、层数、占地面积、安全疏散和防火间距应符合国家有关规定；储存地点及建筑结构的设置，除了应符合国家的有关规定，还应考虑对周围环境和居民的影响；储存场所的电气安装必须符合国家规定；储存场所的通风或温度调节符合要求。

储存场所的通风或温度调节的要求：

(1) 储存危险货物的建筑必须安装通风设备，并注意设备的防护措施。

(2) 储存危险货物的建筑通排风系统应设有导除静电的接地装置。

(3) 通风管道应采用非燃烧材料制作。

(4) 通风管道不宜穿过防火墙等防火分隔物，如必须穿过时应用非燃烧材料分隔。

(5) 储存危险货物的建筑采暖的热媒温度不应过高，热水采暖不应超过80 ℃，不得使用蒸气采暖和机械采暖。

(6) 采暖管道和设备的保温材料必须采用非燃烧材料。

（二）储存危险货物的基本要求

(1) 储存危险货物必须遵守国家法律法规和其他有关的规定。

(2) 危险货物必须储存在经公安部门批准设置的专门危险货物仓库中，经销部门自管仓库储存危险货物及储存数量必须经公安部门批准；未经批准不得随意设置危险货物储存仓库。

(3) 危险货物露天堆放的，应符合防火、防爆等安全要求，爆炸物品、一级易燃物品、遇湿燃烧物品、剧毒物品不得露天堆放。

(4) 储存危险货物的仓库必须配备具有专业知识的技术人员，库房及场所应设专人管理，管理人员必须配备可靠的个人安全防护用品。

(5) 危险化学品储存方式主要有三种：一是隔离储存，在同一房间或同一区域内，不同的物料之间分开一定距离，非禁忌物料间用通道保持空间的储存方式；二是隔开储存，在同一建筑或区域内，用隔板或墙将其与禁忌物料分离开的储存方式；三是分离储存，在不同的建筑物或远离所有建筑的外部区域内的储存方式。

(6) 灭火方法相互抵触的危险物品，不得在同仓库或同储存室内存放。

二、危险货物的运输

（一）危险货物运输的基本要求

(1) 运输、装卸危险货物，应当依照有关法律、法规、规章的规定和国家标准的要求，并按照危险货物的危险特性，采取必要的安全防护措施。

(2) 用于危险货物运输工具的槽罐及其他容器，必须依照《危险品安全运输管理条例规定》，由专业生产企业定点生产，并经检测、检验合格方可使用；质监部门应当对专业生产企业定点生产的槽罐及其他容器的产品质量进行定期或不定期的检查。

(3) 运输危险货物的槽罐及其他容器必须封口严密，能够承受正常运输条件下产生的内部压力和外部压力，保证危险货物在运输中不会因温度、湿度或者压力的变化而发生任何渗漏。

(4) 装运危险货物的槽罐应适合所装货物的性能，具有足够的强度，并应根据不同货物的需要配备泄压阀、防波板、遮阳物、压力表、液位计、导除静电等相应的安全装置；槽罐外部的附件应有可靠的防护设施，必须保证所装货物不发生跑、冒、滴、漏现象，并在封口装置集漏器。

(5) 通过公路运输危险货物，必须配备押运人员，并将货物随时处于押运人员的监管之下，不得超装、超载，不得进入危险货物运输车辆禁止通行的区域；确需进入禁止通行区域的，应当事先向当地公安部门报告，由公安部门为其指定行车时间和路线，运输车辆必须遵守公安部门规定的行车时间和路线；危险货物运输车辆禁止通行区域，由设区的市级人民政府公安部门划定，并设置明显的标志；运输危险货物途中需要停车住宿或遇有无法正常运输的情况时，应当向当地公安部门报告。

(6) 运输危险货物的车辆应专车专用，并有明显标志，要符合交通管理部门对车辆和设备的规定；车厢、地板必须平坦完好，周围栏板必须牢固；机动车辆排气管必须装有有效的隔热和熄灭火星的装置，电路系统应有切断总电源盒隔离火花的装置；车辆左前方必须悬挂黄底黑字危险品字样的信号旗；须根据所装危险货物的性质，配备相应的消防器材和捆扎、防水、防散失等用具。

(7) 定期对装运放射性同位素的专用运输车辆、设备、搬运工具、防护用品进行放射性污染程度的检查，当污染程度超过规定的允许水平时，不得继续使用。

(8) 装运集装箱、大型气瓶、可移动槽罐等的车辆，必须设置有效的紧固装置。

(9) 各种装卸机械、工具要有足够的安全系数，装卸易燃、易爆危险货物的机械和工具必须有消除产生火花的措施。

(10) 三轮机动车、全挂汽车列车、人力三轮车、自行车和摩托车不得装运爆炸品、一级氧化剂、有机过氧化物；拖拉机不得装运爆炸品、一级氧化剂、有机过氧化物、一级易燃品；自卸汽车除二级固体危险货物之外，不得装运其他危险货物。

(11) 危险货物在运输中包装应牢固，各类危险货物包装应符合《危险货物运输包装通用技术条件》(GB12463—2009)的规定。

(12) 性质或消防方法相互抵触，以及配装号类项不同的危险货物不能装在同一车、船内运输。

(13) 易燃、易爆品不能装在铁帮、铁底的车、船内运输。

(14) 易燃品闪点在 28 ℃以下，气温高于 28 ℃时应在夜间运输。

(15) 运输危险货物的车辆、船只应有防火安全措施。

(16) 禁止无关人员搭乘运输危险货物的车、船和其他运输工具。

(17) 运输爆炸品和需凭证运输的危险货物，应有运往地县、市公安部门的爆炸品准运证或危险货物准运证。

(18) 通过航空运输危险货物的，应按国务院民航部门的有关规定执行。

(二) 化学危险货物的装载和运输注意事项

(1) 轻拿轻放，防止撞击、拖拉和倾倒。

(2) 碰撞、互相接触容易引起燃烧、爆炸或造成其他危险的化学危险物品，以及化学性质或防护、灭火方法相互抵触的化学危险物品，不得违反配装限制，不得混合装运。

(3) 遇湿、遇潮容易引起燃烧、爆炸或产生有毒气体的化学危险物品在装运时应当采取隔热、防潮措施；装运化学危险物品时，不得客货混装。

(4) 载客的火车、船舶、飞机机舱不得装运化学危险物品。

练一练

用思维导图画出毒害品的运输安全要求。

案例分析

一、案例背景

2022年4月29日，广州海事局执法人员在广州某码头对"天××"船实施船载集装箱开箱检查，发现该船该航次所载运的一个集装箱所装货物"干饲料"疑是危险货物，而订舱时该货物名称为"干饲料"，以普通货物办理订舱手续。经抽样送检，广州海关技术中心出具的《危险特性分类鉴别报告》表明，该货物为UN2166，9类海运危险货物，该货物的正式运输名称为"鱼粉(稳定的)"。

二、问题分析

案例中，托运人明知所托运货物鱼粉具有危险性的情况下，出于侥幸心理仍将危险货物与普通货物混装在一起，对危险货物进行隐匿或谎报为普通货物，按照普通货物托运流程进行托运，违反了《中华人民共和国海上交通安全法》第六十三条第二款。

三、处理措施

海事部门依法对案例中的托运人做出了行政处罚。

四、案例启示

案例中，托运人未对危险货物采取合格的包装形式、设置相应的危险标志，致使承运人无法了解货物的危险特性，未采取相应的防护和应急处置措施，造成了极大的安全运输隐患。

实训任务

实训项目：制订烟花、爆竹的运输方案。

实训目的：掌握烟花、爆竹类危险品的级别以及运输包装要求、运输的流程。

实训内容：

背景资料：某物流公司是一家大型的第三方物流企业，具有危险品运输的资质。在春节前夕，该物流公司接到一份订单，将一批1吨重的烟花、爆竹从武汉运至广州。

为了顺利将该批货物运至目的地，需进行以下工作：

(1) 确定烟花、爆竹货物的危险品等级；

(2) 进行烟花、爆竹的运输包装；

(3) 确定刷制运输的唛头；

(4) 确定运输的车辆；

(5) 明确烟花、爆竹的装载和隔离的要求；

(6) 选择合理的运输路线；

(7) 制订出该批货物的运输方案。

实训要求：根据烟花、爆竹的危险品级别，确定运输包装的材料和器具、运输唛头、运输车辆、货物的积载和隔离要求；合理规划运输路线，确定运输的过程；制订该批货物从武汉至广州的运输方案；每组提交一份运输方案。

评分要点：评分要点如表 7-3 所示。

表 7-3　“制订烟花、爆竹的运输方案”评分要点

序号	评分要点	分值	得分
1	危险品的等级确定正确	10	
2	运输包装材料和器具选择正确	25	
3	运输唛头和运输车辆选择正确	20	
4	货物积载和隔离方法正确	25	
5	运输路线选择合理	10	
6	运输方案制订合理	10	
合计		100	

任务三 冷藏货物

建议教学时数：6

学习目标

1. 知识目标

(1) 掌握冷藏货物的概念和特征；

(2) 掌握冷藏货物储存的方法；

(3) 掌握冷藏货物运输与储存的注意事项；

(4) 理解冷藏货物运输流程。

2. 能力目标

(1) 能够运用所学知识进行简单的冷藏货物养护；

(2) 能够组织冷藏货物的运输和储存工作。

3. 素质目标

(1) 培养学生严谨认真的质量意识；

(2) 培养学生良好的服务意识。

案例导入

冷藏商运公司冷藏措施不足导致蔬菜腐烂

原、被告于某年2月23日口头商定：由被告承运海南产的蔬菜(油豆角)3 500千克，终点站为黑龙江省大庆市让湖路车站。当天原告将3 500千克蔬菜交给被告承运，还交了7 741元给被告的经办人李某。被告的经办人李某收到该款后出示收款收据，被告按约定将3 500千克蔬菜运往大庆。3月8日该批蔬菜到达终点站时，经哈尔滨市齐齐哈尔分局让湖路车站检查发现集装箱后面调温室无门锁，可自由开启，调温室内温度控制箱箱门开启，冷板温度显示表和箱内温度显示表失灵，调温机不工作。3月9日交付时开启箱内见绿水流出，竹筐内所装油豆角96箱全部腐烂变黑。

4月21日，原告以冷藏商运公司为被告，向海口市某法院提起诉讼称：某年2月23日，我方要求被告用保温冷藏箱发运海南产蔬菜(油豆角)3 500千克，我方依照约定向被告交纳310吨冷藏箱租费1 500元、车费1 800元、冷藏费400元、铁路运输费4 041元，共计人民币7 741元，而且于当日将所运蔬菜交给被告指定的冷藏仓库；后经铁路部门检验发现所运蔬菜全部腐烂；由于被告的过失，没有尽到谨慎运输的责任，致使冷藏箱后面温室内温度控制箱箱门开启，冷板温度显示表和箱内温度显示表失灵，调温工作机不工作，造成我方经济损失498 099.2元(包括运费7 741元在内)。现诉至法院要求判令被告赔偿我方经济损失及退回运费,并承担本案诉讼费用。

分析提示

案例思考

本案例中,冷藏商运公司应该承担责任吗?请分析原因。

相关知识

一、认知冷藏货物

(一)冷藏货物的概念

冷藏货物是指在生产、流通和消费的各个环节中,为了保持其质量、营养价值和口感等特性,需要在低温条件下进行储存、运输和销售的货物。这些货物通常包括各类易腐食品,如肉类、鱼类、乳制品、果蔬、花卉、熟食、半成品以及生物制品、化学试剂等。一般认为,货物的冷藏是在低于常温但不低于物品冻结温度条件下,实施对冷冻冷藏类货物保持货物所需的低温或恒温温度环境,从而保持货物原有的品质,减少货物损耗的一种保存措施。冷藏的温度一般控制在 0 ℃—5 ℃,这种保存措施主要是通过冷藏设备,如冷藏车、冷藏集装箱、冷库等,实现对货物的低温储存和运输。

(二)冷藏货物的特点

1. 易腐性

冷藏货物多为生鲜食品,如肉类、鱼类、乳制品、果蔬等,这些货物在常温下容易腐败变质,因此需要冷藏来延长其保质期。

2. 温度敏感性

冷藏货物对温度条件有严格要求,需要在特定的低温范围内储存和运输。不同类的冷藏货物对温度的要求不同,如生鲜肉的冷藏温度为−1 ℃—2 ℃,苹果和梨的冷藏温度要保持−4 ℃,香蕉的冷藏温度要保持 12 ℃—14 ℃等。运输冷藏货物适宜使用冷藏车、保温车,对于要求保持零度以上的货物,可采取加盖保温材料和封闭车厢的措施运输。

3. 季节性

冷藏货物的季节性强,如水果的高产量季节为夏季与秋季,海洋水产有冬汛期和春汛期,鲜蛋的运输旺季在 4—6 月,蔬菜运输旺季为冬季和春季等。各地自然地理条件和气候不同,各种物资的产量受到影响,继而使货流产生波动。

4. 时效性

冷藏货物通常需要在较短的时间内从产地运送到销售地,以保持其新鲜度和口感。因此,冷链物流需要高效、快速的运输和配送服务。

鲜切花的养护技巧

想一想

果蔬在常温下质量发生变化的原因是什么？

（三）冷藏货物的分类

1. 按储藏温度分

（1）冷冻货物：运输温度约为 0 ℃以下。如肉类、鱼类、黄油等，在长途运输中，以完全冻结的状态储藏。

（2）冷却货物：运输温度约为－2 ℃～5 ℃。如生鲜肉、鱼类的短途运输，以及必须用不致引起冻结的低温来储藏的鲜蛋、果蔬等。

（3）凉温货物：运输温度约为 0 ℃～10 ℃。如部分水果、蔬菜的短途运输，干肉、熏肉、咸肉、鱼干、熏鱼、咸鱼等。

2. 按通风情况分

（1）无须通风：如甜菜、芋头、椰子等。

（2）一般通风：要求设置冷藏舱通风量≤30 立方尺/分的一类果蔬，如白菜、青豆、苹果和梨等。

（3）旺盛通风：要求设置冷藏舱通风量≥30 立方尺/分的一类果蔬，如小白菜、油菜、菠菜、黄豆芽和花叶生菜等。

查一查

货物冷藏保鲜的原理是什么？

二、冷藏货物的储存

（一）冷藏食品

1. 冷藏食品的冷藏方法

（1）用空气鼓风冷冻。这种冷冻方法所用的介质是低温空气，常见的冷藏方法是鼓风冻结隧道，主要有下面两种形式。

① 被冷冻的食品装在小车上推进隧道，在隧道中被附近的低温空气冷却、冻结后再推出隧道，主要用于产量小于 200 kg/h 的场合。

② 采用流态化冻结装置。对于散装食品，如切成小块儿的胡萝卜、梨等，食品被冷风吹浮在传送带的上空，能得到很好的冷却与冻结。此法的产量可以很大，冻结时间很短，一般只有几分钟，可以实现单体快速冻结。

（2）直接接触冷却食品。这种方法又包括以下两种方式。

① 利用低温二氧化碳和液氮对食品进行喷淋冷冻。该方法传热效率高，初期投资低，可以达到快速冻结的目的，但运行费用较高。

② 冷冻干燥。食品先被冻结，再在真空下升华脱水，就可以密封在常温下保藏。

2. 冷藏食品的冷藏条件

（1）在食物允许的温度下，温度越低保质期越长，因此许多食物在冰箱里冷冻冷藏。

(2) 在食品允许的条件下，湿度越低保存时间越长，因此有的食物需要干燥保管。

(3) 一般食品在无氧环境下可充氮或二氧化碳进行保管。

(二) 果蔬

果蔬一般失水超过5小时就会显示出萎蔫状态，表面皱缩、光泽消退、细胞空隙增多、组织变成海绵状。因而在果蔬保鲜工作中，必须防止过多的水分蒸发，以防果蔬萎蔫。果蔬的主要保管办法有以下几种。

(1) 加强预冷处理，尽量降低入库后品温和库温的温差。

(2) 加强储存期间温湿度的控制，保证果蔬所需要的适宜温湿度。

(3) 控制好空气流速。

(4) 储存期间防止果蔬"发汗"。

议一议

苹果应如何保管？香蕉的保管方法和苹果一样吗？

三、冷藏货物的运输

(一) 冷藏货物运输的种类

1. 冷冻蔬菜

冷冻蔬菜在冻结前通常用热水或蒸气烫洗，以起到杀灭大量的细菌和减缓酶的作用；用水密的复合材料包装，且储存在低于－18 ℃的温度，延长蔬菜的冻藏期。

2. 冻畜肉

畜肉类一般按客户要求或进口国习惯进行分割，再用水密的复合材料包装，避免水分散失造成脱水干耗；然后装入纸箱，纸箱必须施封、绑扎，并附识别标签，在冷冻过程中应避免纸箱变形。

3. 冻鱼和水产品

鱼类和水产品主要含有水分、蛋白质、脂肪、矿物质、酶和维生素，与畜禽肉相比，肌组织松软，不饱和脂肪酶和酶含量高。鱼类和水产品长距离运输时，通常需要将其冷冻至－18 ℃以下，以抑制微生物的生长和酶的活性，保持产品的新鲜度和营养价值。

4. 冻禽类

禽肉类肌肉组织比畜肉类肌肉组织更丰富，更易出现质量下降，因此禽肉类应使用气密的复合材料包装，并在－18 ℃以下运输，以避免脂肪氧化、脱水干耗和腐败菌繁殖。

5. 冷冻水果

冷冻水果在冷冻前往往经过精选，有时还去皮去核以方便食用。随后，被迅速冷冻以锁住新鲜度和营养价值，并使用气密或真空包装技术来防止氧化和保持口感。这些包装好的水果通常存放在－18 ℃以下的低温环境中，以保持其冷冻状态并延长保质期。

6. 冷冻乳制品

冷冻乳制品，如冰淇淋、酸奶和冷冻奶酪等，在生产过程中会添加稳定剂和乳化剂以改善其质地和口感。随后被迅速冷冻以防止细菌生长和品质下降，并使用专门的冷冻包装材料来保持低温并防止冰晶形成。这些产品通常存放在家用或商业冷冻设备中，温度控制在－18 ℃至－24 ℃之间。

7. 温度敏感货物

温度敏感货物是指在运输期间温度必须保证在冰点或损害点 1 ℃之内的货物，如保鲜肉类、根茎蔬菜（如胡萝卜）、水果（如橙、香蕉）和一些活植物。

8. 温控货物

温控货物是指货物在运输期间需要保持稳定的温度的货物，如电影胶片和药品等。为了避免变质，货物在装箱之前应该预冷到运输温度才行。

说一说

哪些水果可以冷冻储藏？

（二）冷藏货运的包装要求

包装是冷藏货物运输的重要组成部分，是防止货物被损坏和被污染的基础。高质量的包装材料和合理的设计应能承受冷冻和运输全过程。冷藏货运的包装主要有以下要求：

（1）能承受运输途中发生的冲击和碰撞。

（2）低温和潮湿情况下能够保持一定的强度。

（3）防止货物积压损坏。

（4）防止货物脱水或降低水汽散失速度。

（5）能支持堆放高度 2.3 m 的货物。

（6）标准的外型尺寸适于货盘或直接装入冷箱。

（7）防止氧化作用。

（8）防止串味。

（三）冷藏货物的运输和装卸要求

1. 无间隙积木式堆装

箱内堆装的货物应低于红色装载线和不超出 T 型槽的垂直面，以保证冷气良好循环，不能用塑料薄膜等材料覆盖货物。

2. 货盘堆装法

冷藏货物应做到货盘上堆装箱子的四个角上下对齐，以便重量均匀分布，箱子顶部和底部的通气孔应上下对齐，使冷空气循环畅通。

3. 箱内堆装

保鲜货物由于呼吸作用而产生二氧化碳、水汽、少量乙烯及其他微量气体和热量，堆装方式应当使冷空气能在包装材料和整个货物之间循环流动，从而带走因呼吸产生的气体和热量，补充新鲜空气。

（四）冷藏货物的温度要求

(1) 保鲜类货物，如蔬菜鲜花、水果、保鲜疫苗、鲜活水产品、电子元器件，一般温度要求在 2 ℃—8 ℃；

(2) 冷鲜类货物，如排酸肉品、江海鲜产品、豆制品、疫苗制品、巧克力等，一般温度要求是 0 ℃—5 ℃；

(3) 冷冻类货物，如速冻食品、速冻海鲜江鲜产品、冻肉制品等，一般温度要求是 −18 ℃—−10 ℃；

(4) 深冷冻货物，如高级冰淇淋、高危险品、高级面包活菌酵母面团，一般温度要求是−45 ℃—−20 ℃。

（五）冷藏货物运输的组织

易腐货物的运输应坚持“四优先”的原则，即优先安排运输计划、优先进货装车、优先取送、优先挂运。

发货人在托运之前，应做好不同性质的货物包装工作。托运时，托运人应告知承运人货物最长的运达期限、某一种货物的具体运输温度及特殊要求，提交卫生检疫等有关证明，并在托运单上注明；检疫证明应退回发货人或随同托运单代递到终点站，交收货人；承运人在承运易腐货物时，在运输之前应对货物的质量、包装、温度等进行仔细检查；在易腐货物装车前，应认真检查车辆及设备是否处理完好状态，做好车厢的清洁、消毒工作，适当风干后再装车；承运人应根据货物的种类、性质、运送季节、运输距离，来确定不同货物具体的运输服务方法。

对于易腐货物的运送，应充分发挥公路运输的快捷、直达的特点，协调好仓储、配载、运送各环节，及时运送；在运输途中，应由托运方派人沿途照料，天气炎热时，应尽量利用早晚时间运输。

练一练

写出下列货物适宜的冷藏温度。

鲜花（　　）	鸡蛋（　　）	香蕉（　　）	猪肉（　　）
苹果（　　）	白菜（　　）	菠菜（　　）	土豆（　　）

知识拓展

冷链运输保鲜技术在鲜花储运中的应用

随着社会的发展和人们对生活品质要求的提高，鲜花作为一种常见的礼品和装饰品，受到越来越多人的喜爱。然而，鲜花的运输、储存和销售往往面临着保鲜难题。为解决这一问题，冷链运输保鲜技术应运而生。

一、鲜花冷链运输的基本原理

鲜花冷链运输是指通过恒温、恒湿的条件，采用特殊的运输设备，保持鲜花在生长环境中的温度、湿度和气体组成，以达到最佳保鲜效果的一种运输方式。其基本原理包括以下几个方面。

（一）温度控制

鲜花冷链运输需要在一定的温度范围内进行，一般控制在 2 ℃—5 ℃，以保持鲜花的新鲜度和保鲜期。

（二）湿度控制

合适的湿度可以保持鲜花的水分平衡，避免花瓣脱水和凋谢。一般而言，鲜花的湿度保持在 90%以上比较理想。

（三）气体控制

鲜花冷链运输设备会监测和调节运输箱内的氧气和二氧化碳含量，以确保鲜花的呼吸正常，延长其寿命。

二、鲜花冷链运输的设备和包装材料

为了实现鲜花冷链运输，需要使用专门的冷链设备和包装材料。冷链设备主要包括冷藏车、冷藏箱和温湿度控制系统等；而包装材料则通常采用保温和保湿性能良好的材料，如泡沫箱、冰袋等。

（一）冷藏车

冷藏车是一种专门用于鲜花冷链运输的车辆，其车厢内设置制冷设备，可保持运输箱内温度的恒定。

（二）冷藏箱

冷藏箱是冷链运输中常用的装载和保鲜鲜花的容器，其内部通常有保温材料和湿度调节装置。

（三）温湿度控制系统

温湿度控制系统主要是指在冷藏箱内设置的用于调节湿度和温度的设备，通过精确地控制，可以确保鲜花处于最佳的生长环境。

三、鲜切花储运中的保鲜技术

（一）低温储存技术

低温储存是目前应用比较成熟的技术，可减弱花卉生命活动、减缓呼吸、减少能量消耗、抑制乙烯的产生，延长花卉的观赏期，保持较好的品质，并在一定程度上能够避免花卉变色、变形及微生物、病菌的侵袭。各类花卉冷藏保鲜温度与花卉的品种产地有关，一般温带花卉适宜的储存温度为 0 ℃—1 ℃，而热带和亚热带的花卉贮藏温度分别为 7 ℃—15 ℃和 4 ℃—7 ℃左右，所有花卉一般适宜的湿度为 85%～95%。

鲜切花可分为湿藏和干藏两种方式。湿藏是将花的茎部浸入充满水或保护液的容器中，可保持花卉充足的水分，可保持花的形态，防止机械损伤，但运输较困难，占用设备较多，费用较大，适于短期储存及运输；干藏是在储存过程中不提供任何补水措施，一般采用薄膜包装，减少水分蒸发，降低呼吸作用，延长寿命，适用于鲜切花的长期贮藏。

（二）远距离综合运输保鲜技术

远距离综合运输保鲜技术是在预冷及预处理液处理的基础上，综合应用聚乙烯膜保湿限气包装、有害气体吸收剂、蓄冷剂与聚苯乙烯保冷隔板等技术，在常温下实现远距离保鲜运输，是现在国内较先进的鲜切花远距离运输综合保鲜技术，可使远距离运输损耗由原来的40%以上降低到20%以内。与常规保鲜技术相比，远距离综合运输保鲜技术提高了花卉质量，有利于提高花卉的价格。

（三）鲜切花立式容器含水包装运输技术

该技术是在鲜切花采集分级结束后，将一定数量的花卉放入含有一定高度水位（水中加入保鲜剂）的立式塑胶容器中，另以纸板嵌入立式容器四周边缘的沟槽内形成侧边，再覆盖上塑料顶盖，用塑料带包装机打包捆绑牢固，出货时将相关资料书写于立式容器纸板上的一种运输方式。该技术主要应用于飞机、火车、汽车长途运输，特点是可延长切花的瓶插寿命（10—12天），提高鲜切花的品质，经济效益突出。据统计，通过鲜切花立式容器含水包装运输的鲜切花售价同比增加10%—15%，每枝利润同比增加0.5—1.0元。

（四）干制鲜切花保鲜技术

干制鲜切花保鲜技术的工艺流程是：鲜切花→预冷前处理→轻微脱水→上膜液→干制→复水→鲜切花。

在工艺流程中，脱水以鲜切花不萎蔫、不皱缩、不失鲜为宜；膜液的主要成分是复合改性魔芋葡甘聚糖、甘油、乳化剂、蒸馏水等，上膜液可以采用浸液法或喷涂法，注意上膜液一定要均匀、全面；干制时可以采用真空冷冻干燥、热风干燥或微波干燥；复水可以采用温水或冷水进行浸泡或喷洒的方法。复合改性魔芋葡甘聚糖由于具有吸水膨胀性和保水性，可以使鲜切花在吸水过程中逐渐恢复至新鲜状态。

（五）其他保鲜技术

在运输过程中，还可结合具体情况采用一些相应的保鲜技术，如在储运时用含糖、杀菌剂、乙烯活性抑制剂及生长类调节剂等物质的保鲜液快速处理，可使鲜切花品质得到提高；加入蔗糖补充储运时内源呼吸消耗完的蔗糖，可推迟衰老症状的出现；疾病控制可防止花卉采摘后品质的损失，储存及运输的花卉应远离可见的侵染，如灰霉病侵染，可采用降低储运温度、使用杀菌剂等方法减少花卉的疾病。

案例分析

一、案例背景

某家肉类加工企业与冷藏车运输公司签订了一份运输合同，将2吨猪肉运输到其他城市的分公司。在运输过程中，由于冷藏车的温度控制不当，导致部分猪肉腐烂，给企业造成了数万元的经济损失。

二、问题分析

（一）冷藏车温度控制不当

根据相关规定，肉类在运输过程中需要保持低温状态，以免影响口感和卫生。冷藏车作为运输肉类的专用车辆，必须保证车厢内的温度控制在规定范围内；如果冷藏车温度控制不当，会使肉类受潮腐烂，影响货物质量。

（二）运输前检查不充分

运输公司在接受订单后，应对冷藏车进行检查，确保车辆状态良好，冷藏系统正常运转，温度控制达标。如果在运输前检查不充分，可能无法发现车辆存在的问题，给运输过程带来风险。

三、案例启示

为了避免货物在运输过程中的损失，企业和运输公司在选择冷藏车运输之前，应该进行多方面的考察和比较，选择经验丰富、信誉好的运输公司，避免车辆维护不善、温度控制不合格等问题的出现。在运输过程中，企业和运输公司之间应当保持沟通畅通，及时处理发生的问题，并及时采取措施，防止问题越来越严重。

企业在货物交付之前，应对货物认真检查，并清晰明确双方责任和协议内容，明确运输期限、保险期限等细节要求。运输公司应当遵守相关规定，对运输车辆和货物负责，如发现问题应及时处理，并承担相应责任。

实训任务

实训项目：制订果蔬产品的储存保鲜方案。

实训目的：掌握果蔬产品的储存和保鲜技术。

实训内容：

背景资料：某物流有限公司为华美超市储存一批果蔬产品，主要有大白菜、黄瓜、西红柿、洋葱、土豆、小青菜、苹果、橘子、香蕉等。

实训要求：每组选择两种果蔬产品来进行周期为5天的果蔬保鲜试验，并做好记录；制订果蔬产品的保鲜方案。

评分要点：评分要点如表7-4所示。

表7-4 “制订果蔬产品的储存保鲜方案”评分要点

序号	评分要点	分值	得分
1	对果蔬产品易腐变质的原因分析正确	25	
2	对果蔬产品的保鲜温度分析正确	25	
3	果蔬产品的保鲜试验记录完整	20	
4	果蔬产品保鲜方案制订合理	20	
5	小组分工明确，成员参与度高	10	
合计		100	

参考文献

[1] 孔月红.货物学[M].北京:机械工业出版社,2024.

[2] 赵颖.货物学[M].3版.北京:北京理工大学出版社,2022.

[3] 郭妍,杨高英,李墨溪.智慧仓配运营管理[M].北京:化学工业出版社,2023.

[4] 于威.商品学基础[M].北京:人民邮电出版社,2023.

[5] 黄艳丽,陈烨.物流仓储管理实务[M].重庆:重庆大学出版社,2022.

[6] 胡建波.现代物流基础[M].5版.清华大学出版社,2024.

[7] 张家忠,盛虎.危险物品管理[M].武汉:武汉大学出版社,2016.

[8] 魏引尚.危险化学品安全管理[M].徐州:中国矿业大学出版社,2022.

[9] 黄建辉,刘世明.冷链物流管理[M].北京:清华大学出版社,2024.

[10] 文军,唐慧敏.特种货物航空运输[M].成都:西南财经大学出版社,2024.